日本人のための英仏独三国志

世界史の「複雑怪奇なり」が氷解！

八幡和郎
Yawata Kazuo

さくら舎

はじめに――イギリス、フランス、ドイツは日本人の精神的な源

英仏独のいいところ取りで学んできた日本

日本人には、一般教養（リベラル・アーツ）を大事にした旧制高校の教育を懐かしむ人も多い。旧制高校では、外国語の読み書きを徹底的に学び、欧米的な一般教養を究《きわ》め、帝国大学へ進んで専門の学問を学ぶ準備をした。

英語を第一外国語とする甲類、ドイツ語の乙類、フランス語の丙《へい》類と分けられ、特定の国の植民地だった国と違い、欧州各国の制度や文物《ぶんぶつ》を分野ごとに比較し、もっともすぐれ、日本の国情にも合うものを選び採用した。

そのことが、明治日本を、西洋各国の文明のいいところ取りをしたユニークな文明国に押し上げた。

「和魂洋才《わこんようさい》」などといわれ出したのは、明治の中ごろになって伝統的なものの価値を再発見した結果で、スタート時点では無邪気といってよいほど素直に西洋文明を受け入れた。

中国が「中体西用《ちゅうたいせいよう》」（中国の伝統思想を本体とし、西欧の科学・技術を利用しようとする考え

方）にこだわって徹底さを欠いたのに対し、日本は西洋のものを、その背後にある思想まで含めて受け入れることで差をつけたのである。

ビスマルクが「中国人はモノや技術だけを取り入れたがるが、日本人はその背後にある考え方も一緒に学ぼうとする」といったというが、そこが決め手だった。

「われわれはすべてギリシア人である」

「われわれの法律、文学、学芸のいずれとしてギリシアにルーツをもたないものはない」

と19世紀イギリスの詩人シェリーはいったが、それにならうなら、われわれ日本人はイギリス人であり、フランス人であり、ドイツ人でもある。

そして、古代の日本人に本格的な文明を伝えてくれた中国の歴史を学ぶことが大事なのと同じように、英仏独三国の過去を知ることは、私たち自身の文明が生まれ歩んできた歴史を振り返ることなのである。

いまも新しい価値観の源泉に

日本人は英仏独の歴史を世界史の一環として学んで、大きな流れは知っている。また、それぞれの国が好きな人なら、その国の歴史の本を読んでいるだろう。ただ、三つの国の歴史がどう絡みながら展開してきたかとなると、理解している人は少ないように思う。

なにしろこの三国の帝王たちはみんな親戚で、互いに絡み合い、国家は分裂と統合をくり返し、国境も頻繁に動いているので、非常に頭の整理をするのがむずかしい。それを、できる限り単純化したり、日本人になじみがある東洋の歴史を例にとった類似例など示しながら解説した。

そして、この偉大な三つの文明国の歴史を、あたかも中国古代の『三国志』のように描き出してみようというのが本書の狙いである。

近年は、経済や社会の変遷《へんせん》から歴史を論じるのが流行だが、伝統的な英雄と美女の織りなす世界も歴史の重要な鍵だし、人々はそれを読みながら歴史を学んできた。とくにヨーロッパ史は、それぞれの国は日本の武士の領地のように、帝王たちの私有財産という位置づけだったのだから、なおさらだ。本書では、そちらを軸に経済、社会、文化などをその背景として描いていきたい。

かつて新潮文庫から出ていたフランスの作家アンドレ・モロワの『アメリカ史』『英国史』『フランス史』の三部作は、中学生のころの私の愛読書だった（ところどころ引用しているのは、オマージュとしてである。その後、『ドイツ史』も論創社から刊行された）。

同じ作者が書いたものだったので、理解をおおいに助けられた。やはり別の著者のものだと相互の関係はわかりにくい。本書では、あえて、2世紀くらいの単位で三国を並行して語るという手法を採っている。

いまさらヨーロッパなんて、という人もいるだろう。しかし、私はかつて、『アメリカもアジアも欧州に敵《かな》わない』（祥伝社新書）という本を書いたときにも強調したのだが、世界の進歩をもたらす新しい価値観の多くが、いまもなお、ヨーロッパ、とくに英仏独から生み出されている、ということもつけ加えておきたい。

本書で扱った時代は、ヨーロッパ中世のはじまりといわれるフランク国王クローヴィスがローマ教皇から戴冠《たいかん》された5世紀あたりから、ドイツで帝政が消滅した第一次世界大戦終結あたりが主体である。そして、それに先立つ時代と現代の世界は、プロローグとエピローグとした。

サブタイトル「世界史の『複雑怪奇なり』が氷解！」の「複雑怪奇」は、平沼騏一郎《ひらぬまきいちろう》の言から取っている。平沼が第二次世界大戦開戦直前の1939（昭和14）年、独ソ不可侵条約締結を受けて、「欧州情勢は複雑怪奇」の一語を残して首相を退陣したことにちなんだものだ。

本書が世界史の複雑怪奇を生み出す三国の歴史と人物の関係が氷解し、日本の未来のためにも、世界で起きる出来事を正確な歴史認識とともに受け止められる一助になれば幸いである。

八幡和郎《やわたかずお》

はじめに　イギリス、フランス、ドイツは日本人の精神的な源

プロローグ　ヨーロッパは深い森の中から生まれた

第1章 フランク王国成立とイングランド統一

第2章 十字軍と英仏百年戦争

第3章 ハプスブルク帝国全盛と宗教改革

第4章 ドイツ三十年戦争と絶対王政

第5章 フランス革命とナポレオン戦争の激震

エピローグ　世界大戦とEU統合、ブレグジット

日本人のための英仏独三国志

――世界史の「複雑怪奇なり」が氷解！

►ヨーロッパの歴史的都市名

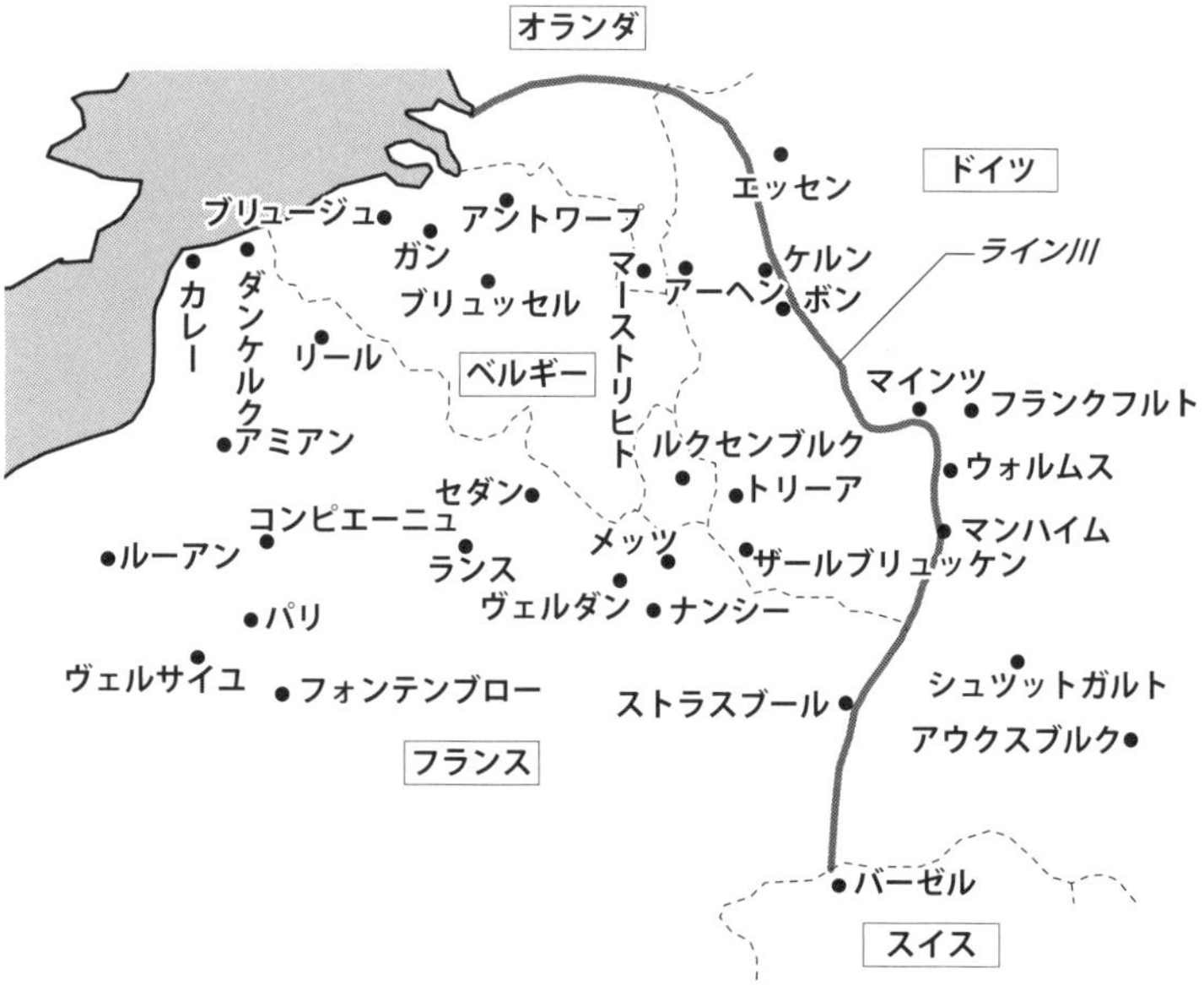

►ヨーロッパのおもな地形

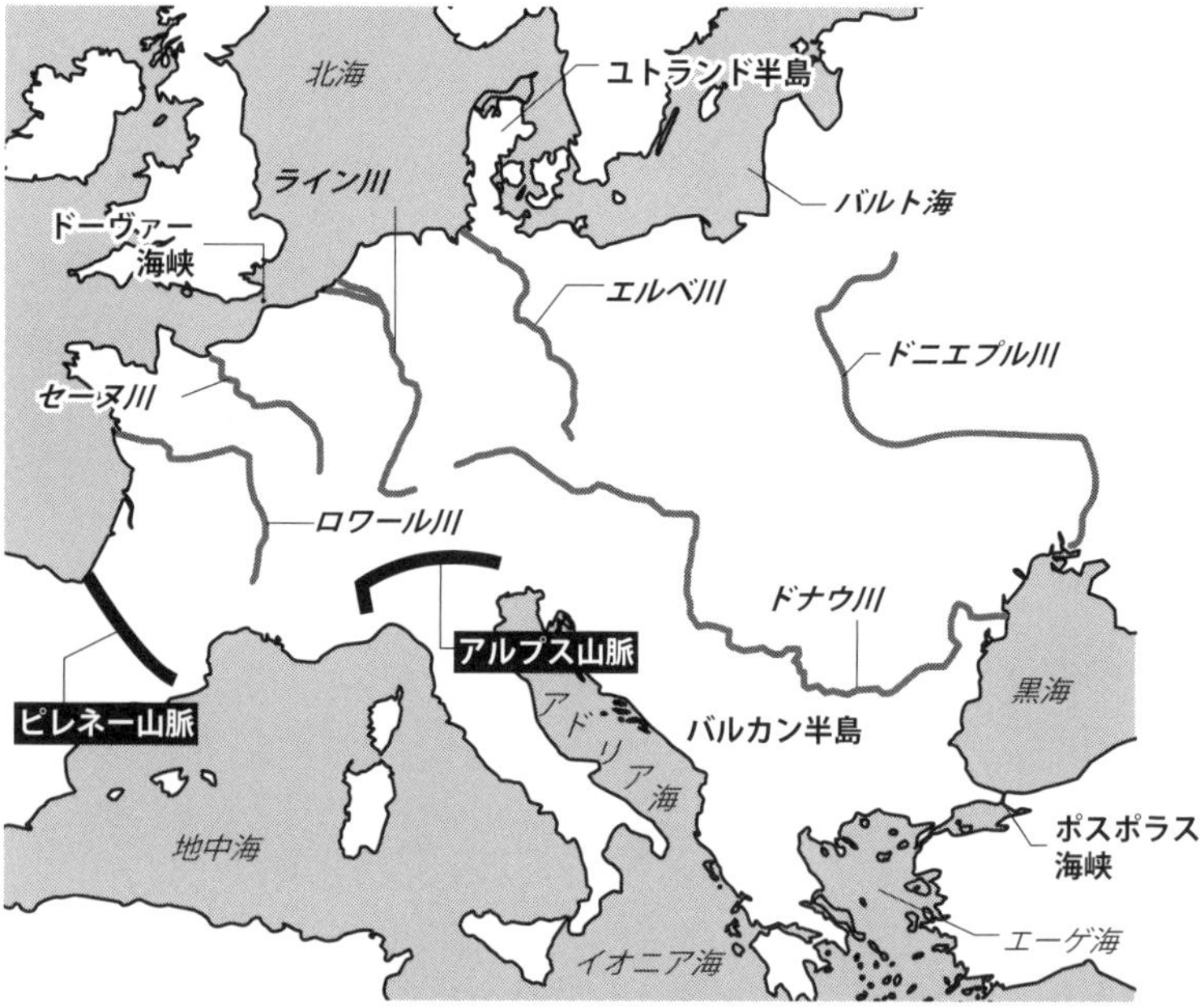

►ヨーロッパの歴史的地名

⑤1603年

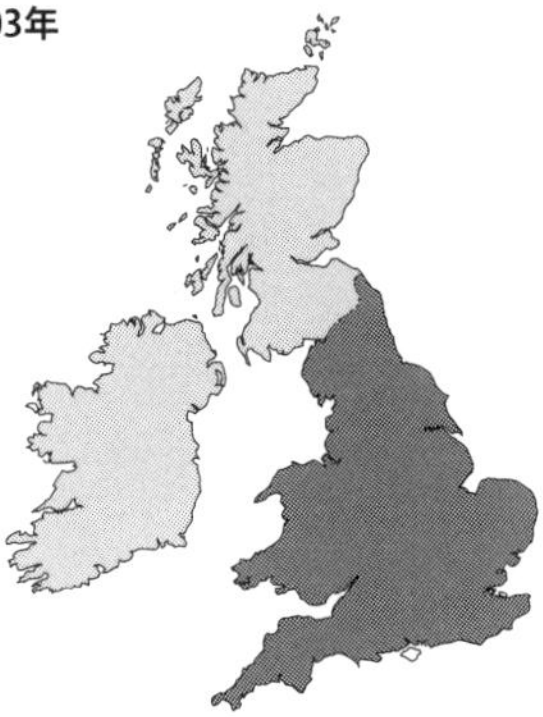

⑥1707年

⑦1801年

⑧20世紀

⑨現在

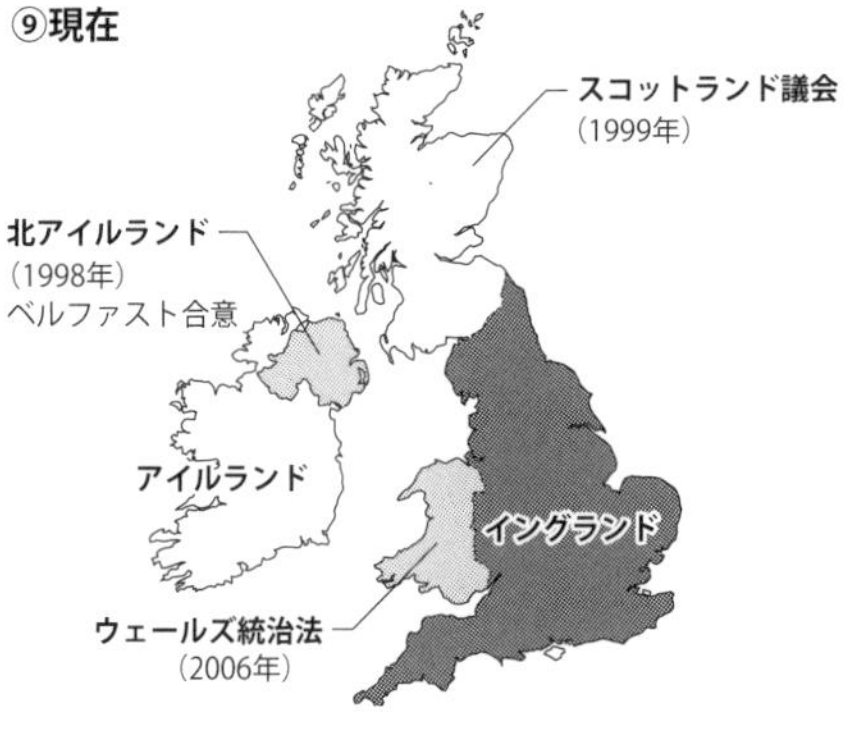

= 本国

= 同君連合

►イギリス領土の変遷

①七王国（ヘプターキー）：６世紀末〜９世紀

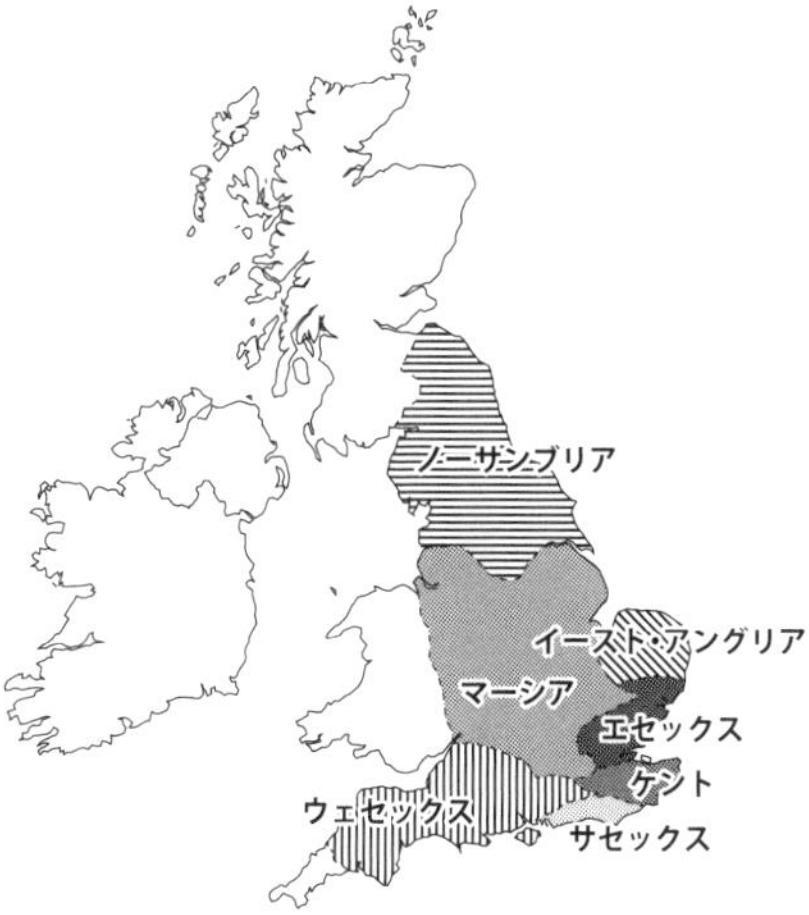

②ヘンリー２世の「アンジュー帝国」：1154年

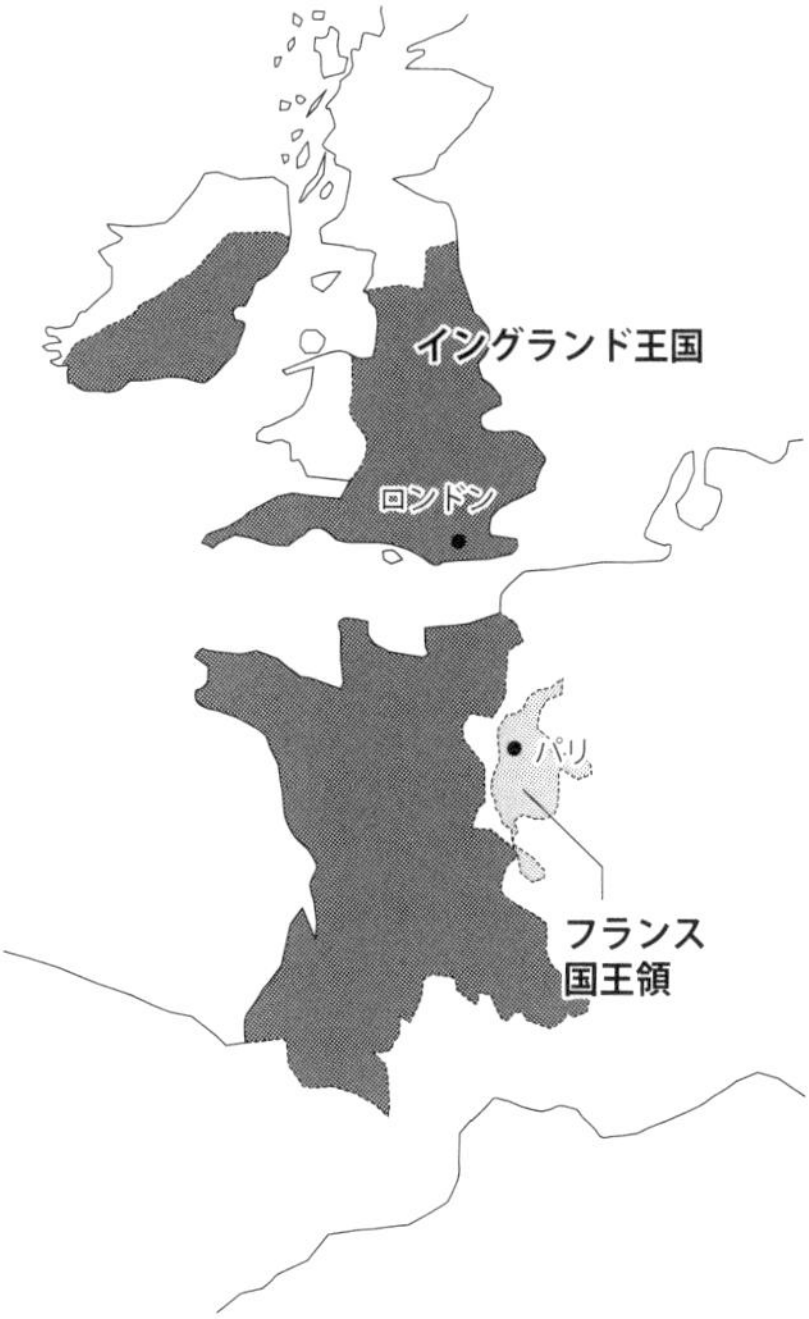

③1171年

④1284年

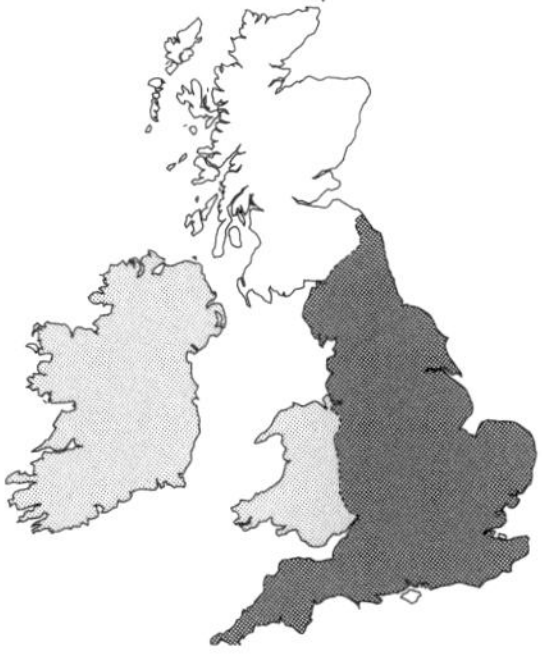

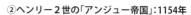

⑤増えていくフランス王国の領土

⑦現在

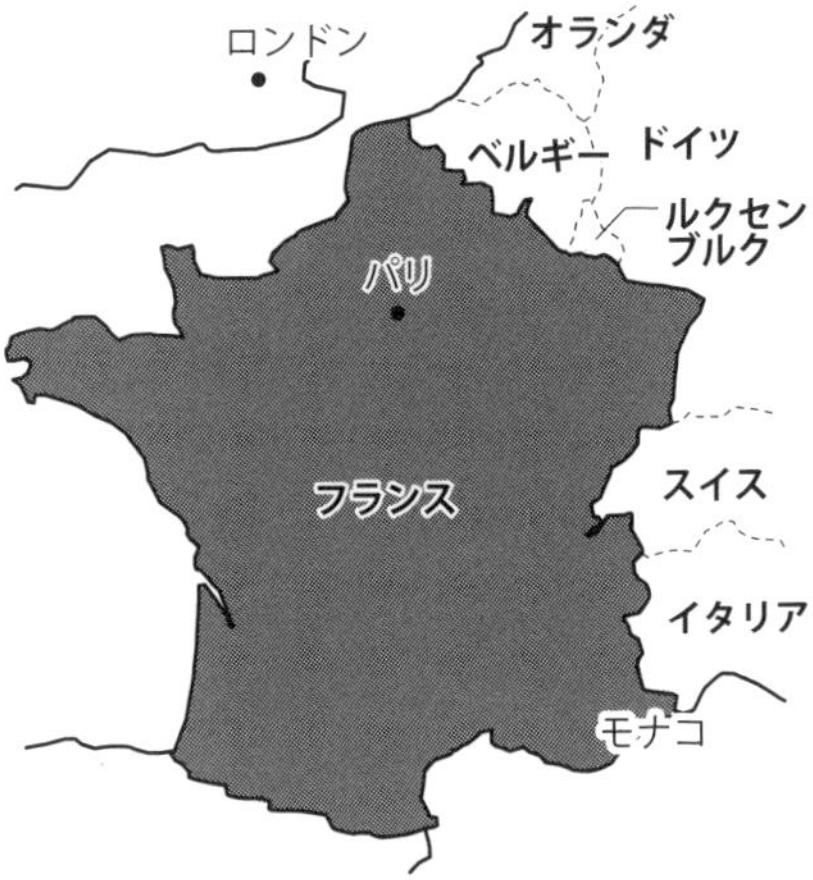

⑥ナポレオン全盛期のフランス帝国（1810〜12年）

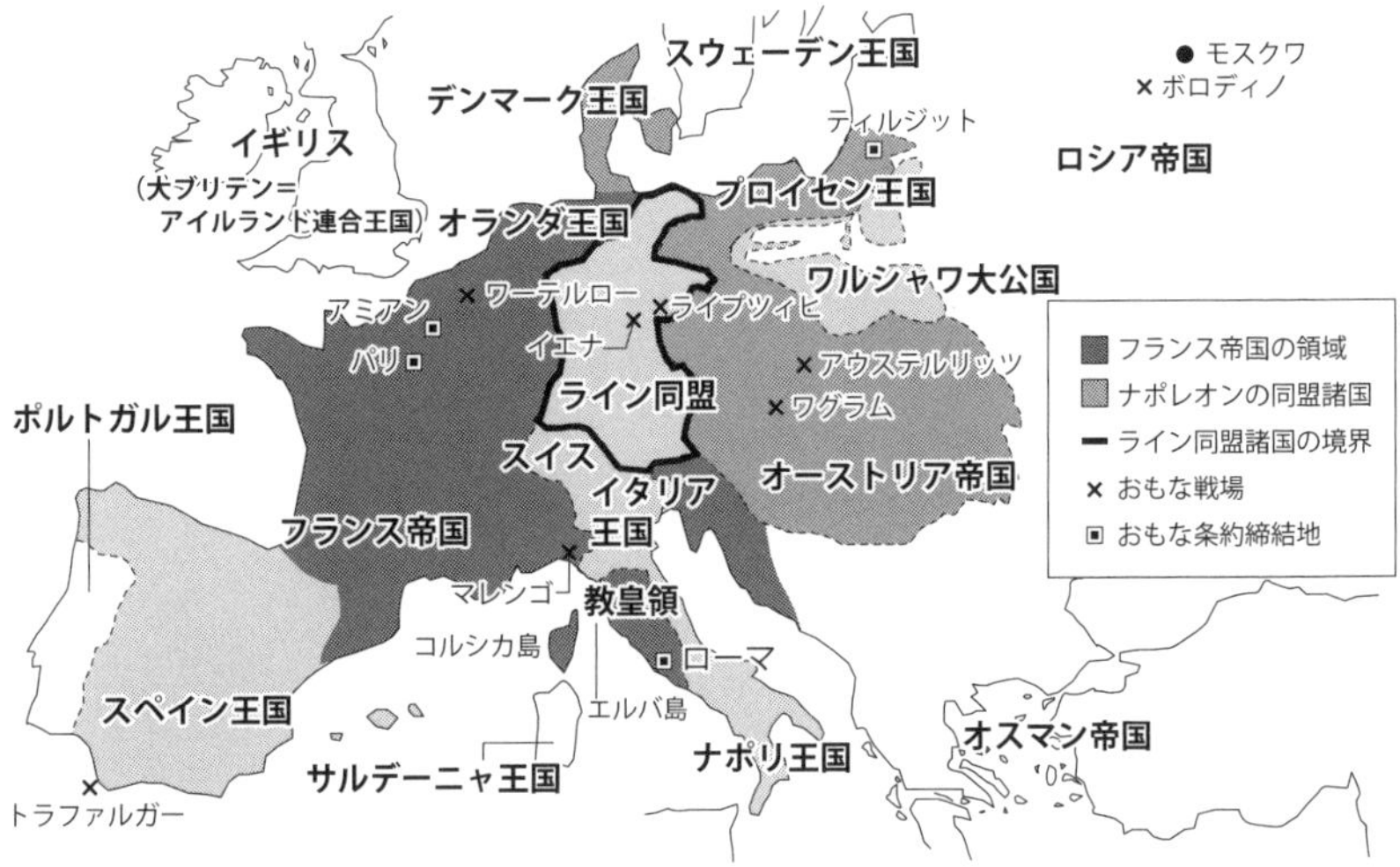

►フランス領土の変遷

①クローヴィス１世の建国時のフランク王国
(481年)

②カールマルテル宮宰就任直前のフランク王国
(714年)

③シャルルマーニュ(カール大帝)の「西ローマ帝国」(800年)

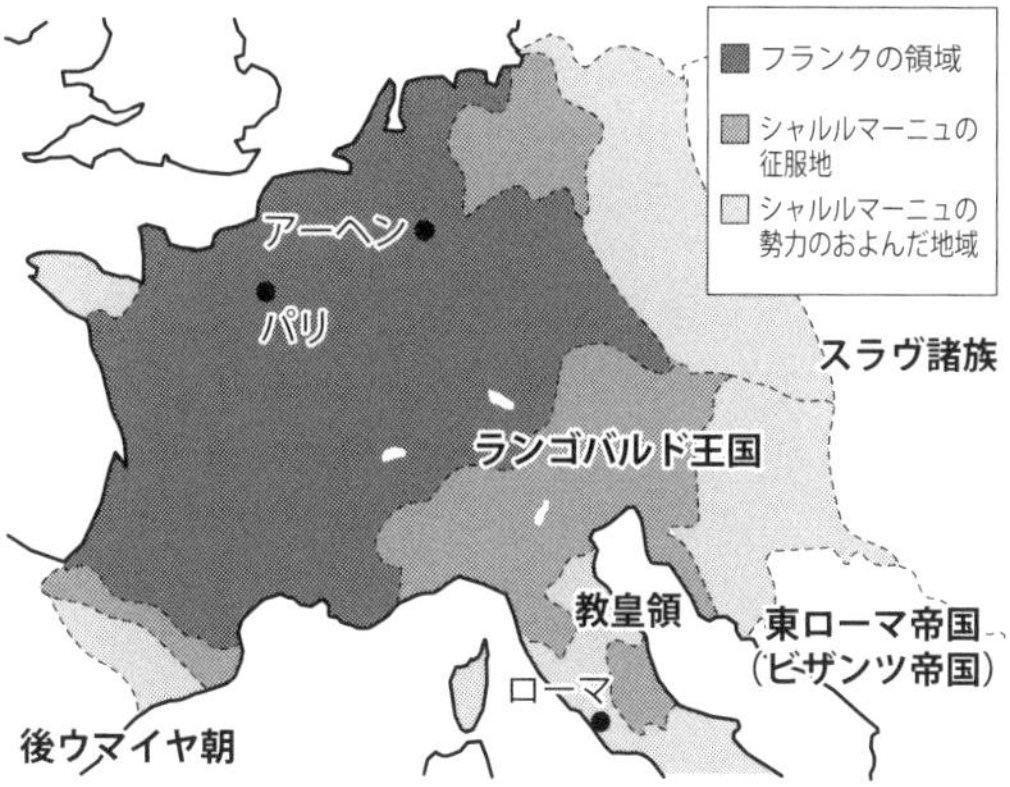

④ヴェルダン条約で三分割された
フランク王国(843年)

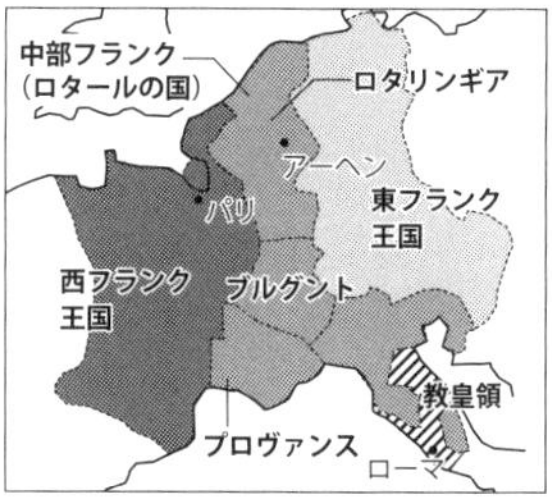

⑤メルセン条約で再分割され
仏・独・伊の原形が成立(870年)

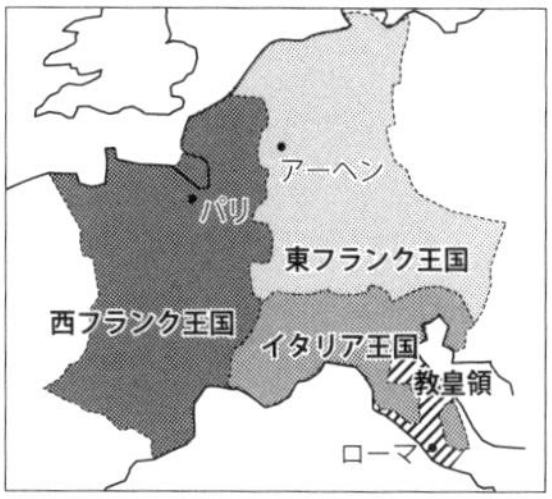

⑩1914年　第一次大戦前

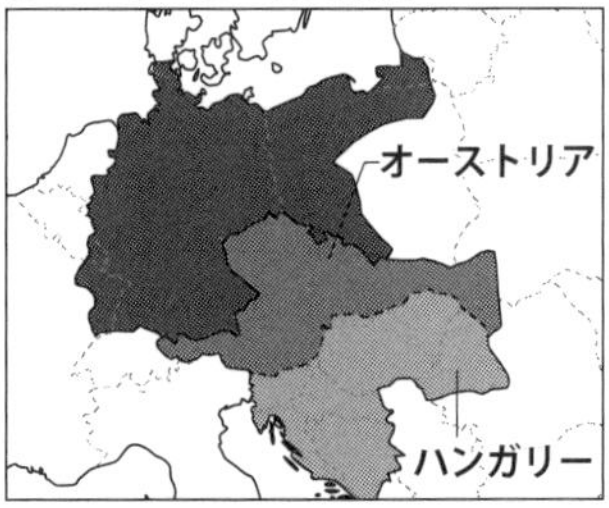

⑪1919年　第一次大戦後

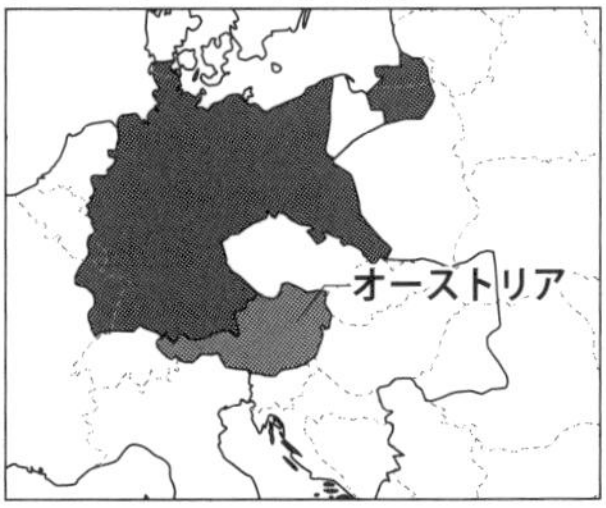

⑫1950年　東西ドイツ

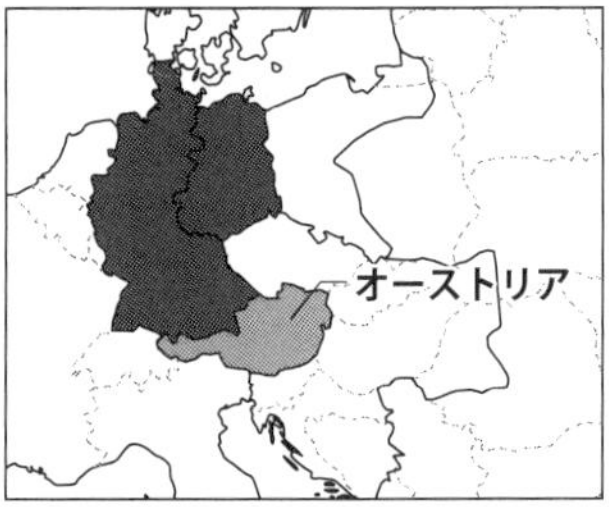

⑬1991年　東西統一

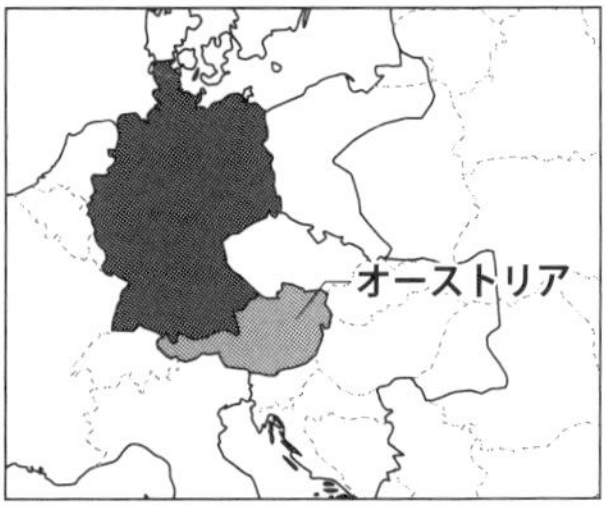

Ⓐ1740年　プロイセン王国の領土

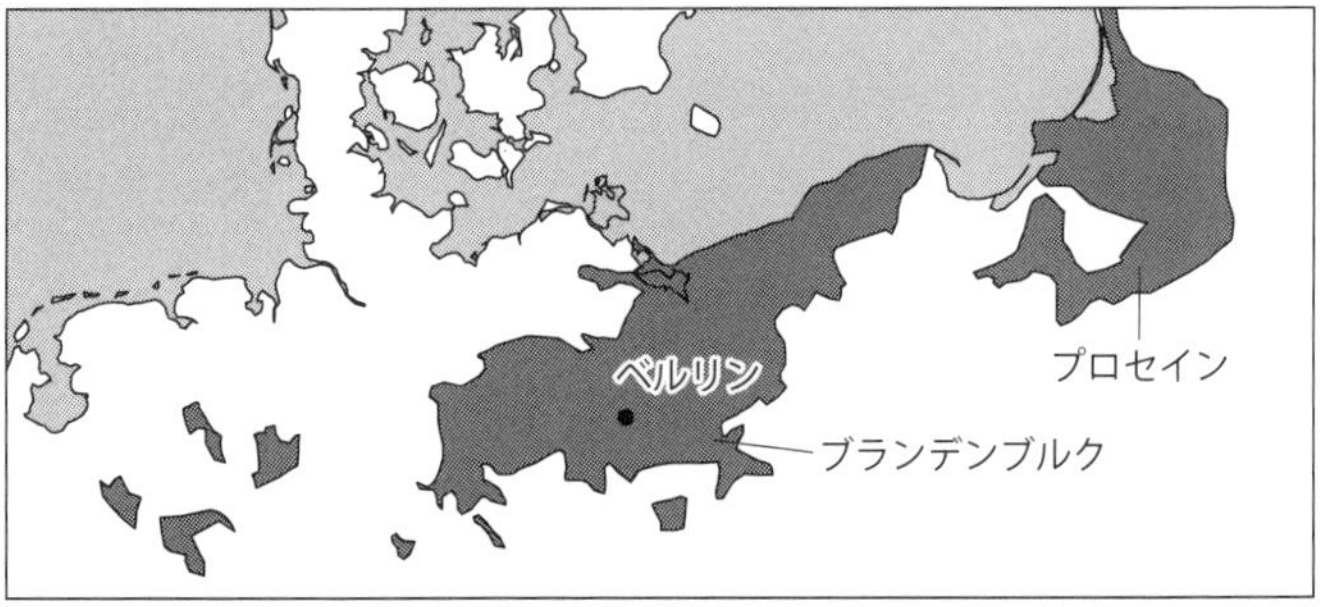

Ⓑ1786年　プロイセン王国の領土

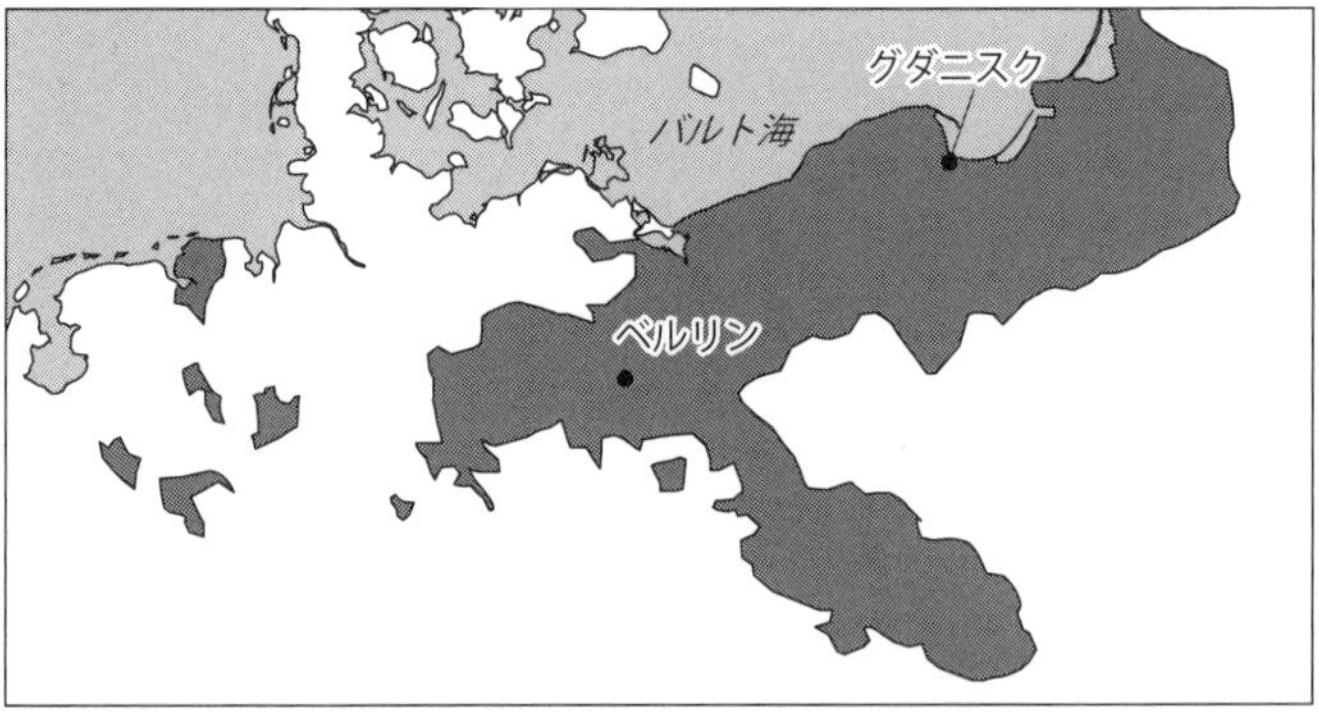

►ドイツ領土の変遷

①843年
ヴェルダン条約

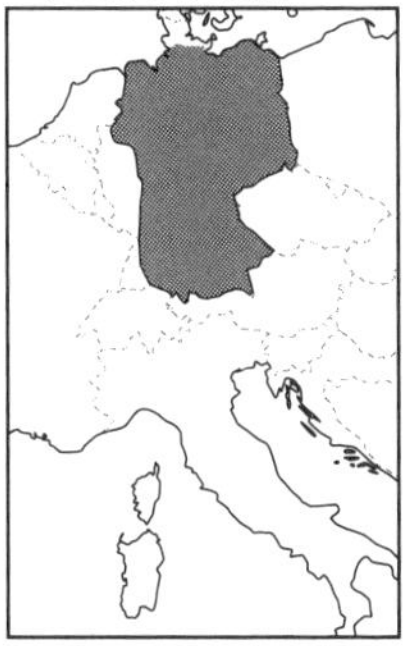

②870年
メルセン条約

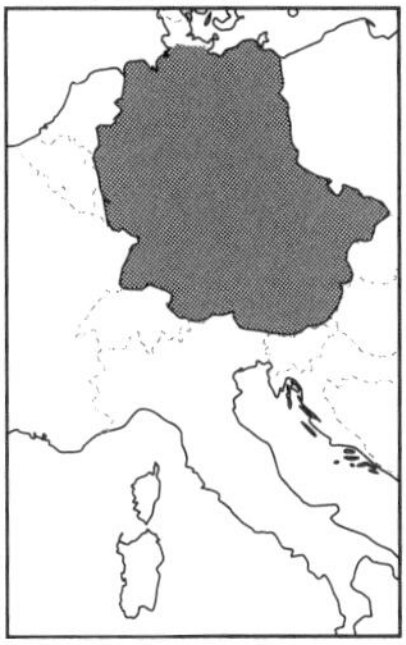

③962年
オットー１世

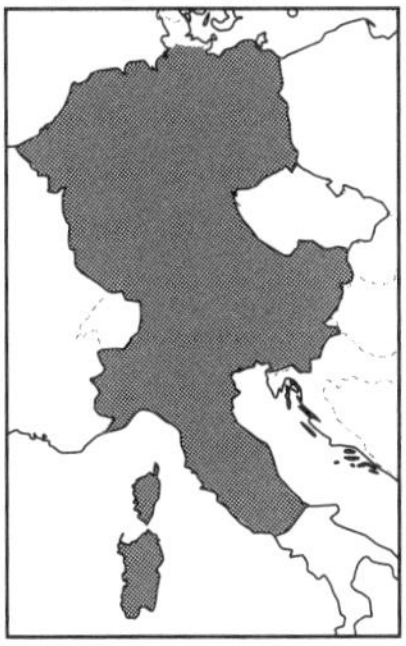

④12世紀
フリードリヒ１世

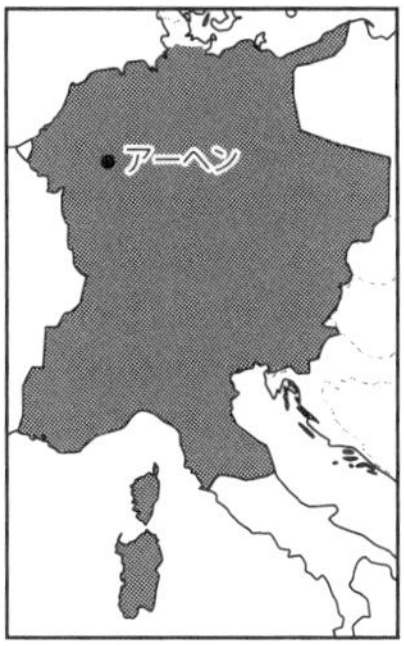

⑤14世紀
カール４世

⑥16世紀
シャルルカン（カール５世）

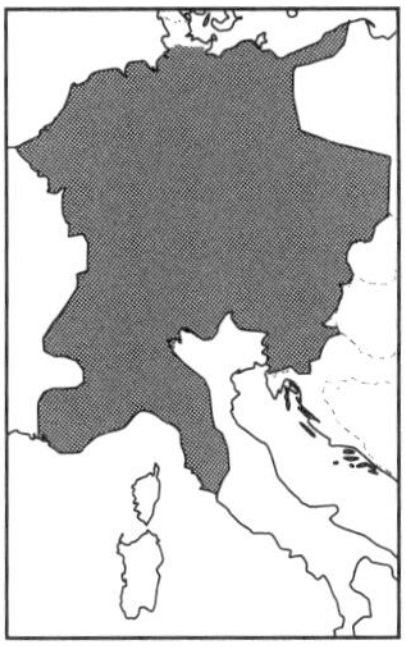

⑦1648年
ウェストファリア条約

⑧1806年
神聖ローマ帝国滅亡前

⑨1815年
ウィーン体制

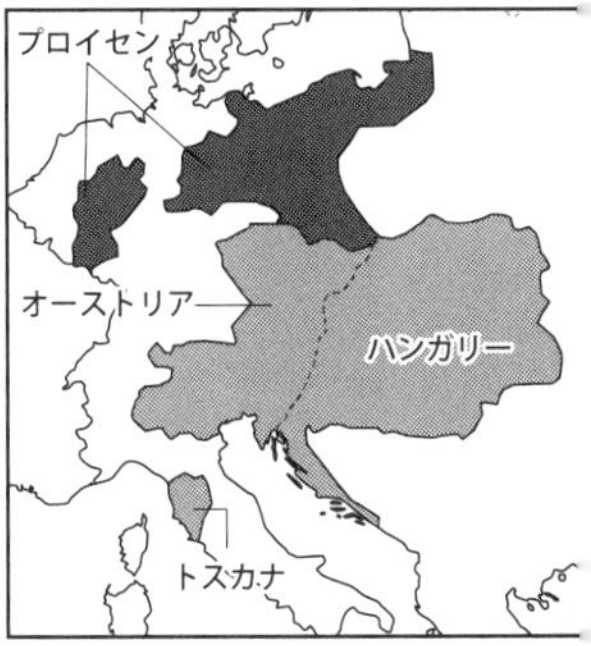

プロローグ

ヨーロッパは深い森の中から生まれた

►年表・プロローグ

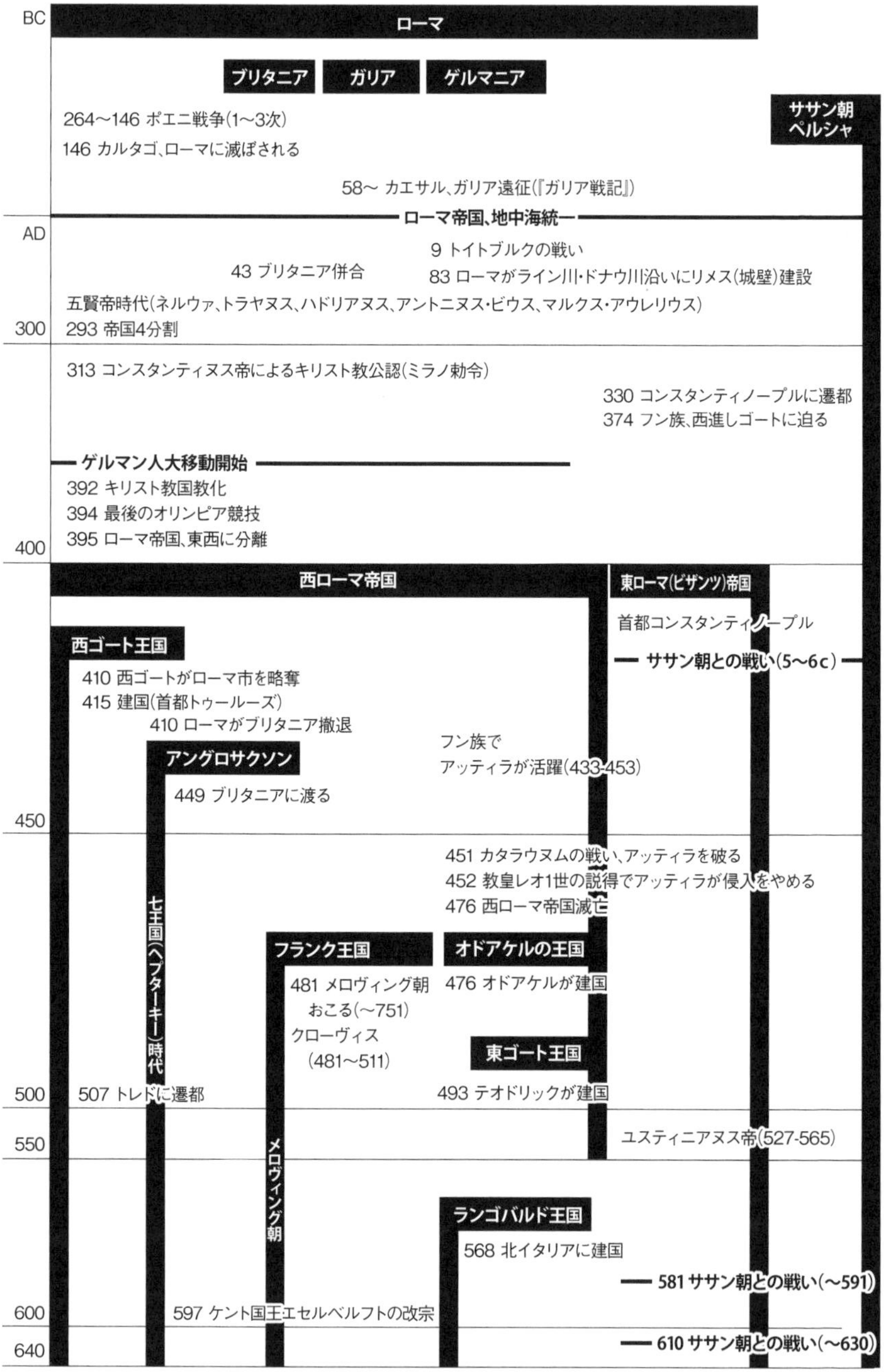
BC
ローマ
ブリタニア
ガリア
ゲルマニア
ササン朝ペルシャ
264〜146 ポエニ戦争(1〜3次)
146 カルタゴ、ローマに滅ぼされる
58〜 カエサル、ガリア遠征(『ガリア戦記』)
ローマ帝国、地中海統一
AD
9 トイトブルクの戦い
43 ブリタニア併合
83 ローマがライン川・ドナウ川沿いにリメス(城壁)建設
五賢帝時代(ネルウァ、トラヤヌス、ハドリアヌス、アントニヌス・ピウス、マルクス・アウレリウス)
300
293 帝国4分割
313 コンスタンティヌス帝によるキリスト教公認(ミラノ勅令)
330 コンスタンティノープルに遷都
374 フン族、西進しゴートに迫る
ゲルマン人大移動開始
392 キリスト教国教化
394 最後のオリンピア競技
395 ローマ帝国、東西に分離
400
西ローマ帝国
東ローマ(ビザンツ)帝国
首都コンスタンティノープル
ササン朝との戦い(5〜6c)
西ゴート王国
410 西ゴートがローマ市を略奪
415 建国(首都トゥールーズ)
410 ローマがブリタニア撤退
フン族でアッティラが活躍(433-453)
アングロサクソン
449 ブリタニアに渡る
450
451 カタラウヌムの戦い、アッティラを破る
452 教皇レオ1世の説得でアッティラが侵入をやめる
476 西ローマ帝国滅亡
七王国(ヘプターキー)時代
フランク王国
481 メロヴィング朝おこる(〜751)
クローヴィス(481〜511)
オドアケルの王国
476 オドアケルが建国
東ゴート王国
493 テオドリックが建国
500
507 トレドに遷都
550
ユスティニアヌス帝(527-565)
メロヴィング朝
ランゴバルド王国
568 北イタリアに建国
581 ササン朝との戦い(〜591)
600
597 ケント国王エセルベルフトの改宗
640
610 ササン朝との戦い(〜630)

▼ヨーロッパ人の祖先はだれか

ネアンデルタール人が発見されたのは、ドイツのデュッセルドルフに近いネアンダル渓谷《けいこく》でのことだ。農作業の途中で発見された人骨を、地元の学校の先生が友人の学者と一緒に調査して、これが40万年も前の人類のものであることを突き止めた。

しかし、現代の人類学は、彼らは現代人の祖先ではないと考えている。現生人類のほとんどは、約5万年前にアフリカからアラビア半島に引っ越した数百人から1000人あまりの集団から出ているらしい。ただし、若干《じゃっかん》の混血がネアンデルタール人とあった可能性は否定できない。

それでは、ヨーロッパにやってきた初期の現生人類の痕跡《こんせき》はどこにあるかというと、フランス南西部のペリゴール地方のあたりで、4万年ほど前からクロマニョン人たちがドルドーニュ川の断崖《だんがい》にうがった洞穴《ほらあな》に住んでいたことが知られている。

ラスコーの洞窟《どうくつ》に、世界ではじめての芸術作品といわれる洞窟画を1万5000年ほど前に遺したのも彼らだ。彼らをクロマニョン人というのは、ここから10キロほど離れたクロマニョン洞窟から、彼らの保存状態のよい骨が出土したからだ。この洞窟はホテルになっており、私も宿泊したことがある。フォワグラと鴨《かも》のコンフィがこの地方の名産だ。

イギリスへ目を向けると、ストーンヘンジと呼ばれる最大50トンもの巨大な列柱がイングランド南部ソールズベリーの郊外にある。紀元前3000～前1500年ごろに三期にわたって建造されたもので、祭祀《さいし》用に使ったと見られるが解明されていない。

中世には、『アーサー王物語（イギリスの古い伝説をもとにした騎士道物語）』に出てくる魔術師の所業と信じられていたのだそうだ。

これらをつくったのは、イベリア人といわれるスペインを中心に住んでいた古いコーカソイド（かつては白人といっていた）の一派らしい。イベリア人は他の民族と混合してしまっているが、系統不明の言語を話すバスク人たちは彼らと同系民族の後裔《こうえい》なのかもしれない。

彼らは近世にあっても船乗りとして活躍したし、フランシスコ・ザビエルのように日本までやってきた者もいるくらいだから、海をへだてたイギリスにこうした記念碑《ひ》を残したのでないかと想像をめぐらすこともできる。

こうした有史以前の人々の活躍の場になったことが、現代ヨーロッパの人々にとって誇りであることはいうまでもない。しかし、現代のヨーロッパ人の先祖たちを語るなら、やはり森の民であったケルト人たちからはじめるべきであろう。

▼英仏独に広がった先住民族ケルト人

現在のヨーロッパ人における四大勢力は、ラテン、ゲルマン、スラヴ、そしてケルト民族である。そのうち、最古のものがケルト人だ。彼らは人種的には雑多だったが、共通の言語と文化をもっていた。

ケルト人は紀元前6世紀ごろにはオーストリア、バイエルン、スイスあたりのヨーロッパ中央部の森林地帯にいて、東方から鉄器文化を受け入れた。この地方では良質の鉄鉱石がとれるので、たちまち勢力を拡大し、イギリス、フランスなど各国に広まった。ちなみに、ローマ帝国時代の英仏独はブリタニア、ガリア、ゲルマニアと呼ばれた。

ケルト人は騎馬戦を戦えるほど頑健《がんけん》で大きい馬をもたなかったので、戦士たちは鉄製の車輪をもつ二輪戦車に乗ってやってきて、そこから降りて戦い、形勢不利とみると家来たちに手伝わせてこの戦闘用馬車に乗って逃げた。

ギリシア人が「北方に住む、金髪で肌が白く巨大な人々」として語ったのも、キリスト誕生の少し前にローマ帝国の将軍カエサルが戦ったガリア人も彼らである。

このケルト人（ガリア人）が現在のフランス人のＤＮＡのどのくらいを占めているかは微妙なところなのだが、日本人が縄文人を先祖だと思っているのと同じような意味で自分たちの精神的なルーツと受け止められている。

かつてのフランスの教科書には「わが祖先ゴール人（ガリア人の仏語名）は、背が高く金髪で口ひげをたくわえていた。勇敢で、天が頭の上に落ちてくるのではないかということ以外には恐れを知らなかった」と書かれて、アフリカの植民地の小学校ですら、子供たちはそれを暗唱させられた。

森の民と呼ばれるケルト人の世界でもっとも権威があったのは、自然崇拝《すうはい》をするドルイド教の聖職者だった。彼らは予言者であり、呪術《じゅじゅつ》師であり、裁判官だった。

オペラが好きな人ならだれでも知っている、マリア・カラスの当たり役だったオペラ『ノルマ』（ベルリーニ作曲）は、ドルイド教の巫女《みこ》ノルマとローマ帝国の将軍の悲恋物語だが、冒頭で月の光を浴びながらノルマが歌う「清らかな女神よ（カスタ・ディーヴァ）」の清冽《せいれつ》な空気から は、ケルト人たちの森の民としての精神が感じられ、よく似た文化をもつ日本人にとって好ましい。

ただ、彼らは血縁集団ごとに小さくまとまっていたうえに、同じケルト人同士はもちろん、一族同士すらつねに二つの党派に分かれて争っていた、とカエサルも『ガリア戦記』に書いている。

カエサルの軍勢がガリアを攻撃したときには、ブリタニアからも海峡を越えてケルト人への支援があったようだが、まとまって、国家のようなものを形成する発想はなかった。ヨーロッパに国家をつくることを教えたのはローマ人たちであり、それを彼らなりの方法でまねたのはゲルマン人だ。

ケルト人たちは、ドイツではゲルマン人と、フランスではラテン人たちと一体化して彼らの言語を失った。イングランドでも同じだが、ウェールズやアイルランドでは彼らの言語はいまも残っているし、スコットランドもイングランドよりは濃厚にケルトの文化や語彙《ごい》を残している。

中村俊輔《なかむらしゅんすけ》選手が所属していたスコットランドのグラスゴーに本拠を置くサッカーチームは、ケルトを意味する「セルティク」という名前だった。

さらに、イングランドの一部であるコーンウォール（南西に突き出た半島）も同じくケルト系の地域でそれなりの独立性がある。イギリスの皇太子の領地とされているので、カミラ夫人は「コーンウォール公爵夫人」を肩書にしている。

また、コーンウォールにいたケルト系のブリトン人の一部は、フランスのブルターニュ半島に移住し、そこには、いまもブリトン語が残る。ちなみにスコットランド・イングランド・ウェールズの三地方からなる現在のグレートブリテン島のうち、ローマ時代にブリタニアと呼ばれたのはイングランドとウェールズだが、これは「ブリトン人の国」の意だ。

ケルトの叙事詩にヒントを得たワグナーの楽劇『トリスタンとイゾルデ』は、コーンウォールの国王のもとへ嫁《か》すアイルランドの王女イゾルデと、彼女を護衛する甥《おい》でブルターニュ人のトリスタンが恋に落ちるという物語である。

▼カエサルの『ガリア戦記』とフランス語の誕生――仏

ケルト人(ガリア人)たちは、発展途上のローマにとっても脅威であった。また、共和制がはじまってそれほど時間がたたないころのローマ市を一時的に占領したことすらある(前390もしくは前387年)。マケドニア(ギリシア)にアレクサンドロス大王が出現するより前である。そこで、カルタゴにポエニ戦争で勝利し地中海を制したローマは、ガリアへ進出をはじめた。

ポエニ戦争で獲得したスペインの属領とイタリア本国のあいだに位置する南フランス一帯をケルト人が支配していることは危険だったからだ。やがてナルボンヌを中心としたフランスの地中海沿岸地方はローマの支配下に入り、属領を意味する「プロヴィンキア」は「プロヴァンス」の語源となる。

季候がイタリアとよく似たこの地方へのローマ文明の定着は、ほとんど困難をともなわなかった。アルルやニームの闘技場や神殿もみごとだが、49メートルもの高さがある「ポン・デュ・ガール」と呼ばれる水道橋はもっとも感動的な世界文化遺産のひとつだ。

ローマがガリアの地の北部にまで勢力を拡げようとしたことには、二つの動機がある。ひとつは、国家をもたないケルト人のガリアは不安定で、その外側からより組織されて手強いゲルマン人の脅威が迫っていたからである。

もうひとつは、ガリアが珍しい産物や奴隷《どれい》などの供給地として魅力的であり、軍人にとっては征服によって名声を上げるチャンスを与えたからだ。

野心家で雄弁家で「男にも女にももてた」魅力的な英雄ユリウス・カエサルがガリアに現れたのは、紀元前58年のことである。

スイス西部にヘルウェティイ族（スイスのラテン語名で硬貨に国名として刻まれているヘルヴェティアの語源）という部族がいたのだが、これがスエビ族（ゲルマン系か）に圧迫されて、ローマ領を通過して西へ移住したいと願った。しかし、カエサルはこれを拒否して押し返しつつ、アルザス南部からヴォージュ地方の戦いで破り、ゲルマン族の侵入からガリアを守った。

カエサルはライン川を渡ってゲルマン人を攻撃し、現在のベルギーの語源となったベルガエ族と戦い、ドーヴァー海峡を渡ってブリタニアのケルト人（ブリトン人）も攻撃した。最初の渡海では待ち伏せに遭い撤退を余儀なくされたが（紀元前55年）、翌年の遠征ではブリトン人たちを屈服させた。

しかし、ガリアの完全掌握は困難をきわめ、ついには、オーベルニュ出身のウェルキンゲトリクスという英雄を首領としたガリア人の大反乱が起きて、苦境に立った。しかし、カエサルはブルゴーニュ地方アレシアの戦いに勝利して、ウェルキンゲトリクスを降伏させた。カエサルはこれをしばらくは捕囚《ほしゅう》としていたが、結局は処刑した。

ウェルキンゲトリクスはフランス史におけるもっとも古い英雄であって、それをモデルにした「アステリックス」という主人公が活躍するアニメはフランス人に大人気だった。

ローマ人たちは森を切り開いて町や村をつくり、巨大な建造物を造り上げ、田園には「ヴィラ」という館を建てて優雅な生活をいとなんだ。最近、衛星画像を利用すると、あちこちの麦畑の下にヴィラの跡が隠されていることがわかるようになっている。

だが、ローマ人の最大の遺産はフランス語である。ラテン語（ローマ帝国の公用語）の方言として北フランスで話されていたオイル語が発展したものだが、オイル語というのは、「イエス」を「ウイ（オイ）」といったことに由来し、同様の観点から名づけられた南フランスのオック語と並立していたものだ。

もうひとつの遺産がキリスト教である。多くの教会が建てられ、村々には聖人の名前がつけられた。とくに、4世紀にローマ帝国の軍人から転向してトゥールの司教となった聖マルティネスの努力は、ガリアの地をカトリックの金城湯池《きんじょうとうち》とした（彼の名に由来する「マルタン」という地名がフランスでは最多である）。

▼ブリタニアに生まれたアーサー王伝説――英

ブリタニアでは、カエサルはブリトン人（ケルト人）たちに内部分裂を起こさせて朝貢《ちょうこう》させ、とりあえず成功をおさめたが、しっかりした支配体制は確立できなかった。また、たいした産物も見出せなかったし、奴隷の質は悪かった。

しかし、商人たちはローマの平和を満喫《まんきつ》して、着々と活動を拡げ、ローマ文明や貨幣経済をこの地に植えつけた。

そして紀元43年、ローマ皇帝クラウディウス帝は大規模な遠征軍を送って、グレートブリテン島をローマ帝国の完全支配下においた（ブリタニア併合）。

ローマ人は、テムズ川の河港で架橋《かきょう》できるいちばん下流の地点にロンディニウム（現ロンドン）を建設し、すべての街道がここを通るようにした。そして、守備隊を置く城塞《じょうさい》都市チェスターを開いた。マンチェスターなどチェスターといった語尾をもつ都市はその後裔である。また、イングランド中部の都市バースは、ローマ人の大好きな温泉地だった。

ただ、ローマ人たちは暗い北海の島に移住することを好まなかったので、常駐した守備隊は少数であって、現地人への抑圧はさほどでもなかったし、独自の文化も維持された。ローマの支配は、国家による統治という理念とキリスト教とをイングランドに根づかせた。また、ロンドンをはじめ、ヨーク、リンカーンなど多くの都市がローマ支配に起源をもつ。

英語におけるラテン語起源の言葉のほとんどは、後述するノルマン人による征服（１０６６年）よりあとにフランス語を経由してもたらされたものだが、道路（ストリート）はストラータ・ヴィアから、マイルは1000歩を意味するミレから直接に由来している。

この時代、スコットランドの「ヒースや茨《いばら》に覆われた草原のはずれ」のケルト人たちがローマ都市を襲撃したが、撃退し追いかけてもたいした戦果は出なかった。そこでローマ五賢帝のひとりであるハドリアヌス帝は、イングランドとスコットランドのあいだに高さ約5メートル、長さ118キロにもおよぶ長城を築いた。この「ハドリアヌス帝の長城」は現在もかなり残り、世界文化遺産になっている。

一方、大陸からのゲルマン人の侵入は、ブリタニアでは緩慢《かんまん》だった。騎馬軍団が海峡を渡る船団を組めなかったからである。逆に、ブリタニアの軍団がローマ皇帝候補を担ぐこともあった。

ローマの軍司令官カラウシウスは、英仏海峡にまたがる地域を支配して皇帝を自称し（在位286～293年）、一時は四皇帝のひとりとして一部からは認められた。同じく軍司令官であるマグヌス・マクシムスはブリタニアで皇帝に擁立され、イタリアまで支配したが388年に討ち取られ、ブリタニア人も参加した軍団も故郷に帰れなかった。

大陸でのゲルマン人のガリア侵入に対して、ブリタニアから応援に出ることも多く、ブリタニアの守りが手薄になった。それに乗じてスコットランドのピクト族がイングランドへの侵入をはかり、アイルランドからはスコット族がスコットランドに渡ってきた。

ガリアを治めることすら危なくなってきたローマ帝国は、410年、ブリタニアの人々に

「蕃族《ばんぞく》からの防衛は自分たちでするように」という、事実上の領有放棄の宣言をしたのである。

ゲルマン人の一派であるアングロサクソン人たちの起源については、第1章のテーマとしたいが、その本格的な侵入はローマ軍が去って40年ほどたった449年、ブリトン人の首長のひとりが、ピクト族やスコット族に対抗するために、二人のサクソン人を招聘《しょうへい》してイングランド南東部のケントで領地を与えたことが転換点となった。

アングロサクソン人の侵入は、6世紀前半にはいったん沈静化したが、ふたたび加速して、6世紀の後半には彼らの諸王国がイングランドを支配し、ケルト系のブリトン人たちは、ウェールズ、アイルランド、ブルターニュなどに追いやられた。ただ、イングランドでも侵略者であるアングロサクソン人と濃厚に混血したようだ。

ブリトン人たちは、アングロサクソン人に対して組織だった抵抗をするどころか、内部紛争を有利にするためにめいめいがゲルマン人を雇い入れた。逆にそういう現実を忘れたいためか、「アーサー王と12人の円卓の騎士」という伝説が生まれた。

アーサーは、「これを引き抜いた者は王となるだろう」と記された台座に刺さっていた剣を引き抜き、魔法使いの助けで名君に成長していく。湖の中で聖剣エクスカリバーを入手したり、キャメロット城を居城に巨人退治やローマ遠征などをして大陸にまでおよぶ王国を築く。

グィネヴィア妃を迎え、アーサーは家臣を平等に扱うために円卓に席を与えて騎士団をつくる。

ところが、騎士ランスロットと王妃の不倫から騎士団は崩壊し、ランスロットと戦うためにフランスに遠征した。英国は異父姉との子であるモルドレッドに任せたのだが、モルドレッドは謀反を起こし、グィネヴィアを妃に迎えようとしたが、グィネヴィアが断ったためロンドン塔に籠《ろう》城《じょう》した。これを聞いて帰国したアーサー王はカムランの戦いでモルドレッドを槍で討ち取るが深手を負い、湖の水面から現れた手に聖剣エクスカリバーを返してアヴァロンの島へ去る。

モデルとなるべき王者がいたかどうかもわからないのだが、12世紀あたりから『アーサー王物語』は人気のある騎士物語としてもてはやされ、また、父祖がウェールズ出身のテューダー王朝では、王家の先祖という位置づけを与えられ、現代においても映画の題材になっている。そこに出てくる妖精、巨人と小人、魔法使いといった道具立ては、ケルト的な世界の描写に不可欠だ。

▼ローマと対峙したゲルマニア人がやがて傭兵に——独

『ローマ帝国衰亡史』を書いたギボンは、「五賢帝の時代」(96〜180年)を「人類史上で最良の時代」といった。ローマでは市民たちが一種の徴兵制で兵士となっていた。そして、経済や社会を支えたのは奴隷だった。奴隷の供給源は戦争の敗者であるが、彼らも、そこそこよい生活をした。ただし、普通は結婚して家庭をもつことはできなかったから、結果的に社会にとって安上がりだったのだ。

しかし、だんだん戦争で征服する土地がなくなってきたとき、このシステムは成り立たなくなり、広い領土の維持や、異民族もふくむようになったローマ市民たちの結束を保つこともむずかしくなってきた。

これに対応するために、皇帝たちは三つの方策を採用した。

第一は、迅速《じんそく》に軍事的な対応ができるようにするための分割統治である。軍人皇帝であるディオクレティアヌス帝は、帝国を四分割して分割統治をはじめた。首都はミラノ、トリーア（ドイツ西部の都市でカール・マルクスの生地）、シルミウム（セルビア）、ニコポリス（トルコ）だった。

第二は、キリスト教の公認である。ローマ市民がさまざまな民族をふくむようになってくると、ローマ伝来の神様では帝国の広い地域で受け入れられなくなったのだ。そこで、より普遍的な価値観をもつ宗教が求められて、そのなかで、ユダヤ教から出た新興宗教だったキリスト教が浮上した。

ユダヤ教の特異な民族慣習とは決別していたし、「神のものは神へ、カエサルのものはカエサルへ」という考え方は、敵視しないで取り込んでしまえば帝国の支配に向いていた。そのために弾圧は徐々に下火になり、ついに313年、コンスタンティヌス大帝がミラノ勅令《ちょくれい》でキリスト教を公認した。

4世紀末のテオドシウス大帝は、392年にキリスト教を国教としてほかの宗教を禁止した。

ギリシアのオリンピアでおこなわれていた古代五輪が最後に開かれたのは394年のことである。そして、395年には帝国は東西に分割されて、東ローマ帝国、西ローマ帝国となった。

すでに330年にコンスタンティヌス大帝は、ビザンティウム（のちのコンスタンティノープル、現イスタンブール）に遷都をしていたが、ここが東ローマ帝国（ビザンツ帝国）の首都となった。西ローマ帝国の首都はローマだったが、徐々に沼地に囲まれ要害堅固《ようがいけんご》なラヴェンナが皇帝の居場所となった。

そして第三が、勇猛なゲルマン人を傭兵《ようへい》として取り込むことだった。ゲルマン人は、スカンディナヴィア半島南部からユトランド半島で発祥し、部族ごとに分かれて牧畜と農耕をいとなんでいた。紀元前1000年あたりから南下し、東欧にも広がっていた。1世紀ごろルーン文字を使いはじめたが、だんだんローマ字に取って代わられた。ガリア人を圧迫し、カエサルとも戦ったことはすでに紹介したとおりだ。

ケルト人がローマ社会に吸収され、フランス（ガリア）でガロ・ロマン文明といったものが栄えていたころ、ライン・ドナウ川の向こうの地域には、ゲルマン人の諸族が割拠《かっきょ》していた。彼らは勇猛で、王者のもとに統率されていた。その王者は、戦士たちの集会で選ばれ、盾《たて》の上に担ぎ上げられる儀式で祝福されることが習わしだった。

カエサルの後継者である初代皇帝アウグストゥスは、ウァールスという将軍に三軍団をつけてライン川を渡らせ、アルミニウスという英雄が率いるゲルマン人と、トイトブルクの森（ハノーヴァーの南西。主としてノルトライン・ウェストファーレン州）で戦ったがほとんど全滅してしまった（トイトブルクの戦い、紀元9年）。

そこで、ローマ帝国は、ライン川とドナウ川の線まで防衛ラインを下げた。皇帝ドミティアヌスは、いま欧州議会があるフランスのアルザス地方ストラスブールのライン川対岸からダイムラー・ベンツ社の本拠があるドイツのシュツットガルトあたりに広がるシュワルツワルト（黒い森）を囲い込む形で、「リメス」いう土塁《どるい》と堀と柵からなる城壁を築き（83年）、それから2世紀ほどはこれがローマの北の国境として安定した。

ケルンとかアウクスブルク、ウィーンなどは兵営地であり、引退した兵士たちが住む町としても発展した。ゲルマン人のなかには、帰順してリメスの内側に住むようになった者もいたし、ローマ帝国から部族ごと雇われた盟約者（フェデラリティ）になることもあった。

4世紀ごろのゲルマン族の状況をみると、ライン川の河口付近にフランク族、ポーランドにブルグント族、南西ドイツにアラマン族、いまのウクライナからルーマニアにかけては東ゴート族、西ゴート族などがいた。

▼フン族来襲でゲルマン人の大移動が起きた

騎馬遊牧民のフン族は、漢《かん》帝国と戦い滅びた匈奴《きょうど》であるという説がある。名前がよく似ているからだったが、あまり有力な根拠ではない。ただ、フン族の首領だったアッティラも東洋系の風貌《ふうぼう》だったらしいし、匈奴にしてもフン族にしてもモンゴル系ないしトルコ系で、そもそもこの両者はきちんとは区別できないので、縁はあるかもしれない。

中央アジアからカスピ海と黒海のあいだへ西進してきたフン族が、375年にさらに西に進み東ゴート族を支配下に入れた。

これを見た西ゴート族は東ローマ皇帝に許しを得て、ドナウ川を渡ったのだが、これがバルカン半島を荒らし回り、410年にローマ市を大略奪した。さらに、ガリアに侵入し、412年には南西フランスとスペインを攻略してそこに落ち着いた（415年、西ゴート王国の建国）。はじめはフランス南西部のトゥールーズを首都にしたが、のちにスペインのトレドに移った。711年にイスラム帝国に滅ぼされたが、その生き残りが、レコンキスタ（国土回復運動）を繰り広げて、現代のスペインとポルトガルの成立につながっている。

また、ドイツ南部にあったヴァンダル族は406年に寒波で氷結したライン川を渡って移動して、イベリア半島経由でアフリカに渡ってカルタゴにヴァンダル王国を建て、スエビ族はイベリア半島の北西部に移りスエビ王国を建てた。

フン族は東西のローマ帝国などを攻撃したり、取引したり、傭兵として雇われたりしていた。統一王権のもとで一致して行動していたわけでもなく、434年には西ローマ帝国の内戦に皇帝側で参戦し、恩賞としてパンノイア（ハンガリー）を得てそこを本拠にした。

フランクフルトの南にあるウォルムス（宗教改革の舞台として再登場する）を首都としていたブルグント王国を滅ぼしたが、この戦いがワグナーの楽劇『ニーベルンゲンの指輪』の下敷きとなった。

ただし、このブルグント王国はのちにスイスからフランス南東部で再建され、ブルゴーニュの語源になった。現代の国でいえば、スイスとオランダ、ベルギーはこのブルグント王国の末裔《まつえい》ともいえる。

このころフン族の王となったアッティラは、最初は東ローマ帝国（ビザンツ帝国）を攻撃していたが、ガリアに矛先《ほこさき》を転じた。

ローマ人とガリア人たちは、ゲルマン人とともに立ち向かった。のちにパリの聖人となった聖ジュヌヴィエーヴの起こした奇跡のかいもあって、ローマ帝国の将軍アエティウスの指揮のもと、北フランスのカタラウヌムの野でアッティラの軍勢を打ち破った（451年、カタラウヌムの戦い）。将軍アエティウスはかつて西ゴートやフン族の宮廷で人質だったことがあり、異民族たちを知り尽くしていたのである。

しかし、アッティラは北イタリアに転戦し、ローマ帝国の命運も尽きたかと思えたが、ローマ教皇レオ1世の説得でパンノイアに戻った。どのような説得だったのかは不明だが、このことでローマ教皇が西ローマ帝国の守護者としての地位を確立できたのは確かだ。

アッティラは、東ローマ帝国の攻撃に矛先を変えたが、若いゴート族の女性との結婚式の夜に急死した（453年）。若い妻が刺殺したというのが文学者好みのストーリーだが、病死説も他殺説もあってよくわからない。

▼西ローマ帝国滅亡と古代の終わり

そのあとも西ローマ帝国は20年ほど生き延びた。しかし、本来はローマ皇帝の肩書であった最高神祇官《じんぎ》はローマ教皇のものとなった。

そして、476年、スキリア族出身のゲルマン人傭兵隊長オドアケルが最後の西ローマ皇帝ロムルス・アウグストゥルスを退位させて、皇帝の記章を東ローマの皇帝に贈り、自らは東ローマ皇帝のイタリアにおける代官に任命してもらった。これが「西ローマ帝国の滅亡」といわれる事件だ。

オドアケルは西ローマ帝国の行政機構も活用して善政をしいたが、東ローマ帝国の跡目争いにゼノン帝の対抗馬を推して介入して失敗。ゼノン帝は東ゴート国王のテオドリックをイタリアに送り込んでイタリア王とした。

テオドリック大王（在位471〜526年）はイタリア北部のラヴェンナを首都にして安定した治世をおこなったが、後継者に恵まれず、東ローマ帝国のユスティニアヌス帝（在位527〜565年）がイタリアまで支配下に入れ再統一した。『ローマ法大全（欧米では「市民法集成」を意味するコルプス・ユーリス・チヴィリスと呼ぶ）』で知られる皇帝である。

ラヴェンナの町にはすばらしいモザイク画が多いが、そのなかでユスティニアヌスの肖像は世界史の教科書にもよく登場する。イタリア旅行でもここまで足を延ばす人は稀《まれ》だが、数々のモザイクを精密に立体復元したものが徳島県の大塚国際美術館にある。

しばしば西暦476年の出来事を古代と中世の分かれ目となった大事件のようにいうが、西ローマ皇帝の権力は滅亡する前からほとんど機能しておらず、一方、帝国の機能はオドアケルやテオドリックのもとでもひきつづき機能していたので、この事件を機に実質的な大変化が起きたとまではいえない。

東ローマ帝国のイタリア支配回復に協力した部族のひとつが、スカンディナヴィア半島から何世紀もかけて南下してきたゲルマン民族のひとつ、ランゴバルド族（ロンバルド族）だが、これが、ミラノ南方のパヴィアを首都とするランゴバルド王国を568年に建国した。

彼らは言葉こそラテン語に同化されたが、統治はローマの伝統を否定した。このランゴバルド王国の建国によって、イタリアにおける古代は終焉《しゅうえん》したというべきだろう。

東ローマ帝国の圧力に対しては教皇と協力関係にあり、異端であるキリスト教アリウス派からカトリックに改宗したが、やがてラヴェンナなど教皇領を侵したので、教皇は北方のフランク族に救援を求め、774年に滅亡させられた。

しかし、ランゴバルド王国は中世イタリア王国の起源と意識されている。イタリア北部モンツァにある『ロンバルディアの鉄王冠』は、イエス・キリストが磔《はりつけ》にされた釘を引き延ばしてあしらったものとされ、のちにフランク王国のシャルルマーニュ（カール大帝）をはじめ、歴代の神聖ローマ帝国皇帝、ナポレオンなどが戴冠《たいかん》式に使用した。

中世イタリアのフェラーラ公国はランゴバルド人の末裔とされ、その血統はパルマ公国に引き継がれ、そこから現代の多くのヨーロッパの王家におよんでいる。また、ランゴバルドはミラノをふくむロンバルディア州の名前のルーツでもある。

フランス北部からドイツ西部にかけてでは、フランク族の勢力が圧倒的となり、イギリスにはケルト系のブリトン人にかわってゲルマン系のアングロサクソンの支配が確立していった。このあと北方ゲルマン族であるヴァイキングの進出という事件がまだあるのだが、民族大移動の時代はいちおう終わった。

ようやく、ヨーロッパのおもな国のルーツになる民族が出そろってきたわけである。これこそが、古代の終わりであり中世のはじまりということになる。

第1章

フランク王国成立とイングランド統一

►年表・第1章

アングロサクソン / **フランク王国** / **ランゴバルド王国**

（〜700）

- アングロサクソン：七王国（ヘプターキー）時代
- フランク王国（メロヴィング朝）：
  - 481 クローヴィス（481〜511）、メロヴィング朝を開く
  - 496頃 アタナシウス派（カトリック）に改宗
  - 558 クロタール1世、4分割された王国を統一
  - 584 キルペリク1世、暗殺
  - 613 クロタール2世、4王国に分裂した全土を統一
  - ダゴベルト1世下の全盛期（629〜639）
  - 687 カロリング家宮宰の中ピピン、実権を握る

700〜750

- アングロサクソン：七王国（ヘプターキー）時代
- フランク王国（メロヴィング朝）：
  - 714〜 カール・マルテル宮宰に（〜741）
  - 732 トゥール・ポワティエの戦い（イスラム撃退）
  - メロヴィング朝最後のキルデリク王（743〜751）

750〜800

- アングロサクソン：787 ヴァイキング（デーン人）初めて侵入
- フランク王国（カロリング朝）：
  - 751 小ピピン（751〜768）即位。カロリング朝を開く（〜987）
  - 768 シャルルマーニュ（カール大帝）即位（〜814）
  - 774 シャルルマーニュ、ランゴバルドを滅ぼしイタリア王を兼任
  - 800 教皇レオ3世より皇帝として戴冠（西ローマ帝国の復興）「カロリング・ルネサンス」
- ランゴバルド王国：
  - 756 ピピンの寄進（ローマ教皇領の起源）
  - 774 滅亡

800〜850

- **イングランド**
- アングロサクソン：829 ウェセックス王エグバート、イングランド統一
- フランク王国（カロリング朝）：
  - ルイ1世敬虔王（814〜840）
  - 843 ヴェルダン条約（フランク王国を3分割）
- **このころからヴァイキングがヨーロッパ各地に進出（約200年間）**

西フランク / **中部フランク** / **東フランク**

- 西フランク：シャルル2世（843〜877）
- 中部フランク：ロタール1世（840〜855）
- 東フランク：ルートウィヒ2世（843〜876）

850〜900

- 中部フランク：ルドヴィーコ2世
- **870 メルセン条約で再分割**
- （フランス）／（イタリア）／（ドイツ）
- イングランド（ウェセックス朝）：アルフレッド大王（871〜899）
- 西フランク：888 パリ伯ウード
- イタリア：875 カロリング朝断絶
- **イタリア・ローマ教皇**

900〜950

- イングランド：エドワード長兄王（899〜924）、アゼルスタン（925〜939）
- 西フランク：911 ノルマンディー公国成立（ロロ）
- イタリア：ベレンガーリオ1世（帝位915〜924）
- 東フランク：911 カロリング朝断絶
- ドイツ（ザクセン朝）：
  - 初代ドイツ王コンラート1世（911〜918）
  - ザクセン朝（919〜1024）
  - ハインリヒ1世（919〜936）
  - オットー1世（936/帝位962〜973）

950〜1000

- 西フランク：ロテール王（954〜986）
- **951 オットー1世、イタリア遠征（〜952）**
- ドイツ：955 レヒフェルトの戦い（マジャール撃退）
- イングランド：エセルレッド2世（978〜1016）
- フランス（カロリング朝→カペー朝）：
  - 987 カロリング朝断絶
  - 987 カペー朝成立（〜1328）
  - ユーグ・カペー（987〜996）
  - ロベール2世（996〜1031）
- **神聖ローマ帝国**
- **962 オットー1世戴冠**
- オットー2世（帝位973〜983）

1000〜1050

- イングランド（デーン朝）：1016 デーン王クヌート、イングランド支配
- フランス（カペー朝）：アンリ1世（1031〜60）
- 神聖ローマ帝国（ザーリアー朝）：
  - オットー3世（983/帝位996〜1002）
  - ハインリヒ2世（1002/帝位1014〜24）
  - 1024 ザーリア朝（〜1125）
  - コンラート2世（1024/帝位1027〜39）
  - ハインリヒ3世（1039/帝位1046〜56）
- イングランド：1042 エドワード懺悔王即位、ウェセックス朝復活（〜66）

1050〜1100

- フランス：フィリップ1世（1060〜1108）
- 神聖ローマ帝国：ハインリヒ4世（1056/帝位1084〜1105）
- イングランド（ノルマン朝）：
  - 1066 ノルマンディー公ギヨーム、イングランド征服 ノルマン朝成立（〜1154）
  - ウィリアム1世（1066〜87）
  - 1086 ドゥームズデイ・ブック作成

▼ヨーロッパの基礎となるフランク王国の成立―――仏独

「中世ヨーロッパがはじまった」あるいは「西ヨーロッパが誕生した」のは、フランク族の王クローヴィスがキリスト教に改宗したときだとされる。

彼とその子供たちが築いたフランク王国は、フランス、旧西ドイツ、ベネルクス三国（ベルギー、オランダ、ルクセンブルク）にあたる地域が領土で、現在のＥＵ（欧州連合）のルーツである欧州経済共同体（ＥＥＣ）が１９５７年にローマ条約で発足したときの領域からイタリアを差し引いた地域と一致する。

クローヴィスの洗礼式がおこなわれたのは、美しいゴシックのカテドラルがあるフランス北部シャンパーニュ地方のランスの町で、司教レミギウスが立ち会った。４９６年というのがカトリックの公式見解なのでそれにしたがっておくが、最近ではその2年後という人が多い。

これを記念して、歴代フランス国王の戴冠《たいかん》式はランスでおこなわれた。英仏百年戦争のとき、ジャンヌ・ダルクがイギリス王と王位を争っていたシャルル7世をここに連れてきて戴冠させたのは、フランス王統譜における正統な継承者であることを印象づけるのに最適の地だったからだ。

最後の戴冠式は１８２４年のシャルル10世のためのもので、作曲家ロッシーニの隠れた最高傑作といわれる『ランスへの旅』はこれを題材にしている。ベルリン・フィルの音楽監督だった指揮者クラウディオ・アバドが発掘して、CDは大ベストセラーになり、ウィーン国立歌劇場の来日公演でも話題沸騰《ふっとう》だったオペラだ。

クローヴィスは、フランス（ガリア）北部をローマ人の支配から解放したが、首都としてのパリの創立者でもある。パリは古代、「ルテティア」と呼ばれるローマ帝国都市で、浴場や競技場の跡が残っているが、重要都市ではなかった。だが、フン族の侵入のとき人々を鼓舞《こぶ》して勝利をもたらした聖ジュヌヴィエーヴを守護神とするこの町にフランク王国の首都を置いたことは、精神的な意味でも慧眼《けいがん》だった。

王宮はセーヌ川に浮かぶシテ島の西側を占め、現在は最高裁判所（パレ・ド・ジュスティス）となっている区域にあった。ノートルダム大聖堂が東側を占めている。

クローヴィスの墓は、ソルボンヌ大学がある聖ジュヌヴィエーヴの丘に置かれた。作家ヴィクトル・ユゴーら国家的な功労者を祀《まつ》る神殿である「パンテオン」の隣接地だと記録にあり、何世紀も前から考古学者たちが調査しているが、いまだ発見されていない。

ゲルマン民族のひとつであるフランク族は、ライン川の河口付近にいた。「フランキスカ（投げ斧）」が語源といわれ、すぐれた鍛冶の技術をもっていた。クローヴィスの父キルデリクは、ベルギーのトゥルネを首都にしていたが、その墓が19世紀に発見されて、東ローマ帝国（ビザンツ帝国）とつながりをもちながらも伝統的なゲルマン文化を保持していたことが出土品から明らかになった。

クローヴィスの王妃のクロティルドはジュネーヴ付近にあったブルグント王国の王族だった。ブルグントの国王はイエス・キリストを神と認めない異端のアリウス派だったが、彼女はその母にならってカトリックだった。

ローマ教会は西ローマ帝国が滅亡したあと、西欧全体を統括するネットワークを維持しつづけていたが、東ゴート、西ゴート、ブルグントといった有力国の王はアリウス派だったので、なにかと不便だった。

そこで、ローマ教会はクロティルドとともに、まだ民俗宗教の信者だったクローヴィスの改宗を試みた。ライン川上流に割拠するアラマン人（フランス語でドイツを指す「アルマーニュ」の語源）と戦ったとき、王妃クロティルドが神に祈って勝利をおさめたことが口実とされたが、すぐれた政治的センスをもっていたクロティルドが、教会と夫の調整を念入りにおこなったとみられ、のちに彼女は列聖された。

クローヴィスは残酷非情で心温まるようなエピソードなどなく、容赦なく競争者を滅ぼした。王妃クロティルドも、息子たちをけしかけて実家のブルグント王国も滅ぼさせた。

クローヴィスの死後、フランク王国は4人の子供たちに分配されたが、血なまぐさい抗争を経て、末っ子のクロタールによって再統一された。

クロティルドは、このクロタールから、「(甥である彼女の孫たちの）髪を切って僧とするか、死か」の選択を迫られ、長髪を切られることを恥とするゲルマン族の風習ゆえに孫たちの死を選んだという。クロタールはまた、反逆した自分の息子すら、家族とともに小屋に閉じ込めて焼き殺させた。

しかし、トゥールーズを首都としていた西ゴート王をピレネー山脈の向こうに追いやって、フランスとスペインの境界を成立させたのも、異教徒のゲルマン族であるザクセンやチューリンゲンを手荒に制圧したのもこのクロタールだ。

▼分裂と内戦に明け暮れたメロヴィング家の愛憎劇──仏独

クローヴィスとその子孫たちのメロヴィング家は、300年ものあいだ西欧の地を支配した。江戸時代より長い期間である。そして、ゆっくりであるが、キリスト教的なヨーロッパの基礎を築いた。

知る人ぞ知るという存在だった「メロヴィング朝」が、21世紀になって急に有名になったのは、映画にもなった小説『ダ・ヴィンチ・コード』のおかげだ。イエス・キリストとマグダラのマリアの娘で、フランスで布教した伝説をもつサラの子孫がメロヴィング家、という設定だった。

しかも、第一次十字軍でエルサレム王国の初代君主になったゴドフロワ・ド・ブイヨンはメロヴィング家の秘密の子孫で、イエスの子孫をフランス王に復位させようとするシオン修道会（アリウス派）という組織に担がれて、ローマ教皇庁と敵対したという筋書きだった。

メロヴィング家では、フランク族伝統の分割相続の習慣のために、兄弟たちが殺し合い、統一と分裂をくり返した。分割の仕方はそのたびに違ったが、日本人にもわかりやすいように、ソワソンやパリなど北西部フランスを占めるネウストリア王の系譜を仮に「南朝」として正統だとみて、フランス北東部ランスやメッツを中心にドイツにまでおよぶ地域を支配したアウストラシア王を対抗勢力たる「北朝」ととらえて説明することにする。

最終的には、アウストラシアの実力者であるカロリング家が、ネウストリア王家を名目上の王として担いで統一国家にすることになる。

フランク王国の王族たちは淫らで、荒淫《こういん》のために早死にした。凄惨《せいさん》な愛憎劇は中国史も顔負けだが、極めつきは王妃ブルンヒルドの悲劇である。南朝のキルペリク1世は、北朝のシギベルト1世の妃だった西ゴート王女ブルンヒルド（ブリュヌオー）が才色兼備なのをうらやみ、その姉ガルスヴィントと結婚した。しかし、彼女は美しくなかったので殺してしまった。

シギベルトとブルンヒルド夫妻は怒ってキルペリクを討った。しかし、シギベルトは盾《たて》の上に乗って兵士たちに担ぎ上げられる勝利の儀式の最中に、キルペリクの後妻であるフレデグンド王妃が雇った刺客《しかく》に暗殺された。

このとき、ブルンヒルドも捕虜となったが、なんとキルペリクの子のメロヴィクがブルンヒルドに懸想《けそう》し結婚してしまった。この混乱のなかで、キルペリクもメロヴィクも殺された。形勢は逆転して、ブルンヒルドの子のキルデベルト2世がフランク王国を再統一する勢いだったが、20歳で死んでしまい、遺された子が祖母ブルンヒルドの後見で国を治めた。

しかし、キルペリクとフレデグンドの遺児で押し込められていたクロタール2世が復讐に立ち上がり、捕虜となったブルンヒルドは車裂きにされて惨殺《ざんさつ》されてしまったというわけである。

▼王国の実権を握ったカロリング家の宮宰ピピン――仏独

メロヴィング朝の中興の祖が、7世紀前半のダゴベルト1世である。フランス歴代の王の墓所があるサン・ドニの聖堂を建立した人物だ。1998年FIFAワールドカップの主会場があった町だが、ここの聖堂の地下には苦悩に満ちた遺骸を等身大でリアルに再現した彫刻（ジサン）をあしらった大理石の棺桶が並んでいる。ただし、遺骸は、フランス革命のときにゴミ捨て場に棄てられ空っぽだ。

この時代は、王が各王国の王位を兼ねても、他の地域の自治も尊重したので安定が保たれた。このとき、「北朝」アウストラシアの宮宰《きゅうさい》（メートル・デュ・パレ）という日本史でいえば鎌倉幕府の執権《しっけん》のような存在が、カロリング家の大ピピン（ピピン1世）だった。

カロリング家は、EU条約の締結地であるオランダ南部のマーストリヒト周辺出身といわれてきたが、ベルギーのブリュッセルに近いブラバント地方からそこに移ったらしい。

カロリング家は、アウストラシア宮宰の世襲化に成功し、グリモアルドのとき、王位を狙って画策したが失敗した。そこにつけ込んだのが、南朝の宮宰エブロインで、北朝最後の王子であるダゴベルト2世も暗殺したらしい。この事件から想像を膨らませて、ダゴベルト2世の子が生き延びてマグダラのマリアの子孫と結婚したというのが『ダ・ヴィンチ・コード』の筋書きだ。

南朝ではアングロサクソン系奴隷《どれい》出身の王妃バルチルドが夫であるクローヴィス2世の死後も院政を敷いたが、エブロインによって修道院へ幽閉《ゆうへい》された。しかし、エブロインも暗殺され、カロリング家の中ピピン（ピピン2世。出身地の名を冠して「ヘルシュタルのピピン」と呼ばれる）が、北朝と南朝の両方を掌握した。

このころ、北アフリカではイスラム（サラセン）帝国が怒濤《どとう》の勢いで進出し、711年にはジブラルタル海峡を渡った。フランス中部トゥール・ポワティエの戦いまで、あと21年である。

▼イスラムを撃退したトゥール・ポワティエの戦い――仏独

カロリング家のカール・マルテルの活躍で、ヨーロッパがイスラム教徒の攻撃を撃退したのが、トゥール・ポワティエの戦いである。732年のことだ。かつてフランスのエディット・クレソンという女性貿易相が、日本製ビデオデッキの輸入通関を内陸部のポワティエ税関に限定して嫌がらせをしたとき、この戦いの故事に倣ったのかと話題になった。

イスラム勢力の拡大をざっと見ておこう。メロヴィング朝がはじまったころは東ローマ帝国とササン朝ペルシャが対立してシルクロードが使いにくくなり、アラビア半島経由でインド洋に出る通商路が栄えていた。

そのため一神教であるユダヤ教がアラビア半島でも浸透し、その影響のもとでムハンマドがイスラム教を創始した。発展のきっかけとなったヒジュラ（聖遷《せいせん》。メッカからメジナへのムハンマドの移住）は622年のことで、先述の王妃ブルンヒルドが虐殺《ぎゃくさつ》された事件のころだ。

そして、ムハンマドの死後、イスラム帝国はササン朝ペルシャを滅ぼしたが（651年）、コンスタンティノープル攻略には失敗し（673年）、矛先《ほこさき》をマグレブ地方（アフリカ北岸）に変えてカルタゴを滅ぼし（697年）、ジブラルタル海峡を渡ってイベリア半島の西ゴート王国を滅亡させて（711年）、さらにピレネー山脈を越えて、トゥール・ポワティエの戦いでフランク王国軍と雌雄《しゆう》を決したのである。

この戦いのときイスラム側はウマイヤ朝で首都はダマスカスだったが、まもなくバクダードを首都とするアッバース朝となった。

一方、イベリア半島では、ウマイヤ朝の残党がコルドバに後ウマイヤ朝を建てた。これに対して、西ゴート王国の残党がレコンキスタ（国土回復運動）に立ち上がり、1492年のグラナダ陥落まで戦いはつづいた。

その過程でイベリア半島では多くのキリスト教小国が割拠《かっきょ》したが、最終的には、カスティリャ、アラゴンが合体してスペイン（エスパーニャ）となり、ポルトガル（王家はフランスのブルゴーニュ出身）は単独で残った。フランスとの国境地帯では、ナヴァール（バスク地方。スペイン語でナヴァラ）とカタロニアで仏西争奪戦がつづき、いまでもバスクとカタロニアは両国にまたがっている。

トゥール・ポワティエの戦いでフランク王国が勝利できたのは、ちょうど、フランク王国の分裂が収束に向かっていた時期だったからでもある。カール・マルテルはピピン2世の庶子だったが、北朝の宮宰となり、ちょうど北朝の王統が絶えたので、アキテーヌ（ボルドー付近の地方名）公にかくまわれていた南朝のキルペリク2世をフランク全体の王としていたときに、イスラムの来襲を迎えたのである。

そのあと、数年間も王座が空のままになったりしたが、カール・マルテルの子の小ピピン（ピピン3世）は、キルデリク3世にかわって、自らがフランク国王となった（カロリング朝）。日本では奈良時代のことである（751年）。

▼シャルルマーニュ（カール大帝）が西ヨーロッパを統一――仏独

中世のヨーロッパでは、食料を配送するシステムが壊れていたので長期の逗留は困難で、宮廷はあちこち放浪の旅をくり返し、立派な首都はいとなまれなかった。しかし、神聖ローマ帝国の皇帝の選出や戴冠《たいかん》式は、長くオランダやベルギーとの国境に近いドイツのアーヘン（仏語ではエクス・ラ・シャペル）という温泉町で挙行されていた。

というのは、ここがフランク王国最盛期の王であるシャルルマーニュ（独語ではカール大帝。しかし、英語でもフランス語名で呼ばれることが多いのでこちらを主として使う）が宮廷をいとなんだ場所だったからだ。いまも八角形のドームをもつビザンチン様式の大聖堂（ドーム）があって、世界遺産第一号である。シャルルマーニュの玉座や霊廟《れいびょう》もここにある。

のちの1356年に発布された「金印勅書《ちょくしょ》（ブラ・アウレア。皇帝カール4世が発布した帝国法）」では、フランクフルトで国王選挙をおこなうことになり、1562年からは戴冠式もフランクフルトになった。ローマ帝国からドイツ帝国への移行を象徴している。

最後にアーヘンで戴冠式をしたのは、スペイン王なども兼ねて「日の沈むことなき帝国」に君臨したシャルルカン（カール5世）である。

メロヴィング家は信心厚く寄付もしてくれたが、キリスト教の守護者としてはいささか頼りなかったので、ローマ教皇は頼りになるボディーガードを欲していた。白羽の矢が立ったのがカロリング朝の始祖小ピピンである。「ピピンの寄進《きしん》」として世界史の教科書に登場するのは、小ピピンがラヴェンナ周辺をランゴバルド王国が侵したのを排除して、それを本来の領主である東ローマ帝国（ビザンツ帝国）でなく、教皇に寄進したことをいう。現在のバチカン市国につながる「教皇領（伊語でスタト・ポンティフィチオ）」のはじまりだ。

小ピピンはメロヴィング家などが寄付して肥大していた修道院財産を接収したが、見返りに教会の安定財源として「10分の1税」の制度をつくって、関係を強化した。

その子がシャルルマーニュである。身長は1メートル90センチを超え、水泳を得意とした。満71歳まで生き、半世紀近くも王座にあった。自分の名も書けなかったが、ラテン語やギリシア語の会話を学び、聖アウグスティヌスの著作を朗読させて聞くのを楽しみにした。

シャルルマーニュは、ランゴバルド王国を滅ぼしてその国王を兼ねた。西ヨーロッパを統一し大帝国を築いた。さらに、教皇レオ3世が８００年のクリスマスに、ローマのサンピエトロ大聖堂で皇帝としての帝冠を授けた。「西ローマ帝国」の復活である。

とはいえ、教皇が帝冠を授けられるかは疑問で、本来なら東ローマ皇帝の了承が必要だった。シャルルマーニュは東ローマ帝国の女帝イレーネと結婚しようとするなど、いろいろ工作をして、東ローマ帝国へのヴェネツィア返還を条件に12年後に同意をとりつけた。

こうしてシャルルマーニュは西ヨーロッパの盟主としての地位を固めたが、これ以降ローマ教皇によって認められることが皇帝となる条件になり、教皇権の強化に手を貸した。

シャルルマーニュは、ドイツ東部ザクセンやスペインへの遠征もおこなった。ザクセンでは、宇宙を支えるという神木イルミンズールを切り倒して強引に改宗させた。スペインでは首尾よくいかず、退却のときピレネー山脈ロンスボー渓谷でバスク人に殿軍《でんぐん》（しんがり）が襲われて大損害を出した。叙事詩『ローランの歌』はこの事件にヒントを得たものだ。

このころ、「カロリング・ルネサンス」と呼ばれる文芸復興があった。アルプスの北側各地に学校が設立され、混乱していたアルファベット字体の統一もおこなわれた。その指導者が、イングランド北東部ヨークで教えていた神学者で、シャルルマーニュに招聘《しょうへい》されてアーヘンにやってきたアルクインだった。

▼アングロサクソン人によるイングランド統一 英

英国人などアングロサクソンの人々は、手足が長く背も高く、赤みがかった金髪で、眼光は鋭く、健啖《けんたん》家で運動能力が高く、色恋には奥手で、味覚は敏感でない。権力者の命令にしたがうとか、法律で細かく縛られるよりは、集会を通じて決めることを好む。

アングロサクソンは、アングル人、ジュート人、サクソン人の三民族からなっており、デンマークのユトランド半島からそのつけ根の北西ドイツに住んでいたゲルマン人の一派だ。

彼らのうち最初にイングランドに定着したのは、ケント王国をつくったジュート人たちだった。この王国が全盛期を迎えたのは、エセルベルフト王（在位560頃～616年）のときで、メロヴィング朝カリベルト王の王女を妻として迎えた。後述のようにキリスト教に改宗したのもこの王である。

これを皮切りに、ヘプターキーと呼ばれるアングロサクソンの七つの王国（ノーサンブリア、マーシア、イーストアングリア、エセックス、ウェセックス、ケント、サセックス）が順次つくられた。

これらの王国は統一されなかったが、中国の春秋戦国時代のように、ほかの王国に対して優位な覇王（ブレトワルダ）と呼ばれる有力者がいた。ヨークなどを主要都市とする北東部ノーサンブリア王国のエドウィン（在位616～633年）、現在のバーミンガムなどをふくむイングランド中央部にあったマーシア王国のオファ（在位757～796年）などはその代表だ。

マーシア王国は土地税制の整備をおこない、オファ王はウェールズとの境界に長城を築いた。オファ王の在位は、フランク王国のピピン3世からシャルルマーニュ初期にあたる。

ノーサンブリア、マーシアはいずれもアングル人のもので、ラテン語のアングリアから、イングランドという呼び名が確立した。

オファも「全アングル人の王」を名乗ったのだが、サクソン人のウェセックス王国のエグバートが829年に覇権を握ってからは、ウェセックス王がその地位を継承したので、これをもってイングランドの統一という。フランク王国では、シャルルマーニュの子ルイ1世の時代である。

このアングロサクソン人の支配は、その後デンマーク人、ついでノルマン系フランス人によって覆されるが、英語の骨格は彼らの言葉だし、社会の特色も相当程度に維持された。

▼アイルランドで独自発展したケルト民族のキリスト教——英

ローマ帝国時代のブリタニアでは2世紀にキリスト教が伝わり、ミラノ勅令《ちょくれい》（313年）による公認以後はケルト系のブリトン人にも広がり、ローマ帝国撤退後の混乱期にも、教会が社会的なネットワークとして残った。

アングロサクソン人は原始宗教の信者だったが、七王国時代の597年に教皇グレゴリウス1世から修道士アウグスティヌス（哲学者とは別人）が送りこまれ、先述のとおりケント王国のエセルベルフト王を改宗させ、ほかの国王たちも改宗していった。

こうした歴史から、ケント王国の都だったカンタベリーは、カトリックと英国国教会の時代を通じ現在にいたるまでイングランドにおけるキリスト教の総本山としての地位を保ちつづけている。ときどき、ロンドンのウエストミンスター大聖堂が本山だと誤解している人がいるが間違いだ。

しかし、ここで生じた面倒な問題は、ローマ帝国が撤退したあと、ケルト系の人々が、アイルランドの修道院を中心にキリスト教を独自に発展させていたことだった。ゲルマン人の移動を避けて逃げてきた修道士は、共同生活をしながら信仰に生きた。このケルト人の習慣がヨーロッパ大陸にも広まって、各地に修道院ができた。

さらに、ケルトでは復活祭の日も違った。アイルランドでは司教区も設けられなかった。そこで、ノーサンブリア王の肝《きも》いりで、ウィットビー教会会議が664年に開かれ、ローマ教会の方式に統一された。

ただし、アイルランドの風習はしぶとく生き残り、ハロウィンなどは、アメリカを中心にクリスマスやイースターと並ぶお祭りになっているし、5世紀に活躍したアイルランドの守護聖人聖パトリックの命日である3月17日には、ニューヨークでも緑色の衣装を身にまとった人たちによって盛大なパレードがおこなわれる。

▼フランク王国の分割で仏独伊の原型ができた　仏独

フランク王国を三分割したヴェルダン条約（843年）がフランス、ドイツ、イタリアのはじまりだと世界史の教科書には書いてある。だが、ヴェルダン条約は統一されたフランク帝国の終わりにすぎず、フランク王国を再分割したメルセン条約（870年）でフランス、ドイツ、イタリアが生まれたと理解したほうがいいと思う。

いまとなってはこの三国は、三つの言語と文化圏となっているのでごく自然に見えるが、自然の地形、言語、歴史的な経緯のどれからいってもこの分割方法には合理的な理由はなく、相続のいたずらにすぎない。

では、どうしてこういう分割になったか。ややこしいが、ここを理解しておかないとヨーロッパ史の構図を理解できないので、巻頭の地図や巻末の系図を参照しながら読んでほしい。

「西ローマ帝国」を復活したシャルルマーニュ(カール大帝)が死んだときに、息子のルイ1世(敬虔王)は父の帝国をそのまま相続できたが、これは兄たちが、父に先立って死んでいたからである(次兄ピピンの庶子から出たシャンパーニュ地方のヴェルマンドワ家は別に残った)。

ルイ1世は、フランス中部のポワティエで生まれた。兄たちの死までは南西フランスのアキテーヌ地方を治めるべくその地方の習慣で育てられたから、南西フランス人だ。

しかし、兄たちの死で、ドイツのアーヘンの宮廷と帝国全体を引き継いだが、さほど長生きはしないと思い込んで、817年の帝国遺贈令で、嫡男ロタール1世を西ローマ皇帝とし、残りのピピンとのちのルートウィヒ2世にはアキテーヌとバイエルンだけを与え、帝権に従属すべきことを命じた。

フランク族の慣習と教会を守護し、帝国の絆《きずな》を維持するためだ。しかし、ルイ1世はこのあとも長く生き、しかも、ジュディットという女性と再婚してシャルル2世（カール2世。禿頭王）が生まれた。

ジュディットはシャルルのために領土を確保しようと画策した。そのため、ルイ1世の死後、各国語で書かれたヴェルダン条約が843年に結ばれ、早く死んだアキテーヌ王ピピンを除く兄弟3人による分割が決まった。

ルートウィヒ2世は東フランク、シャルル2世はアキテーヌをふくむ西フランクを取った。ロタール1世は皇帝にはなったが宗主権は認められず、アーヘンなど仏独中間地域と、プロヴァンスとブルグントとイタリアをふくむ中部フランク王国を得た。

中部フランク王国は855年のロタール1世の死にともない、3人の息子であるルドヴィーコ2世（皇帝ルイ）、ロタール2世、シャルルによってさらに分割され、それぞれイタリア・ロタリンギア・プロヴァンスを治めることとなった。仏独中間地帯をロタリンギア（仏語名ロレーヌ、独語名ロートリンゲン）と呼ぶのは、ロタール1世でなく、ロタール2世に由来する。

しかし、863年にプロヴァンス王のシャルルが死に、さらに869年にロタール2世が死んだので、東フランクのルートウィヒ2世と西フランクのシャルル2世が中部フランク王国の分割を取り決めたのがメルセン条約である。

ルドヴィーコ2世はイタリア王国と帝位のみとなり、アーヘンをふくむロタリンギア東部および上ブルグントの大半は東フランク王国に、ロタリンギア西部およびプロヴァンスは西フランク王国に組み込まれることとなった。皇帝でイタリア王のルドヴィーコ2世は、イスラム勢力が南イタリアにやってきたので、アルプスの北に手が回らなかったのである。

さらに、ロタリンギア西部も880年のリブモン条約で東フランク王国に移譲され、のちにプロヴァンスも神聖ローマ帝国の域内となって、フランスはこれを取り戻すために苦労するのだが、それはのちに解説する。

こうしてライン川とアルプスという自然の地形に沿ったもっとも合理的な国境線（自然国境）より西側にずれた独仏国境が形成された。フランスが自然国境を求め、ドイツ側がそうはさせじとしたことが、二度の世界大戦にまでつながる仏独の対立となる。

皇帝ルドヴィーコ2世は、875年まで四半世紀も西ローマ皇帝でありつづけたのだが、男子のないまま死去した。ローマ教会は西フランクのシャルル2世を皇帝としたが、彼には実力がともなっていなかった。

この時期に、西フランクでも東フランクでも国王が短命で頻繁に交代したのでややこしい経緯をたどったのだが、最終的には東フランク王カール肥満王が皇帝となり（881年）、イタリア、ロタリンギアなどの国王も兼ね、さらには、シャルル2世の末子が幼少だったことから西フランク王にもなって統一を回復した（884年）。

だが、イタリアは戦国時代のような状況になって、フリウーリ辺境伯、トスカーナ辺境伯、カメリーノ辺境伯、スポレート公らが争いつつ、かわるがわる、イタリア王や皇帝の肩書を教皇から認められた。

とはいっても、皇帝になったルドヴィーコ3世が皇帝ルドヴィーコ2世の外孫であったように、カロリング家の女系の子孫であることが多く、962年に神聖ローマ帝国皇帝のオットー1世がイタリア王を兼ねるまでは、カロリング家嫡系でありヴェルダン条約の締結者のひとりである皇帝ロタール1世の血筋であることにも大きな値打ちがあったのだ。

カロリング家が衰退した原因には、メロヴィング家と同様の分割相続と、若いころからの放蕩《ほうとう》と、その結果としての短命があった。それとともに、王家の直轄地が少ない一方で、地方ごとに有力諸侯が現れたことも問題だった。日本でいえば、室町時代に似ている。

西ヨーロッパ全体にまたがる広い領土をもちながら、ローマ帝国全盛期のような充実した街道が整備されていなかったのも領土維持を困難にした。

▼ユーグ・カペーがフランス王国を創始　仏

フランスで王政復古があった場合の候補者は、パリ伯爵ジャン・ドルレアンで、フランス王位請求者といわれる。ルイ14世の子孫であるブルボン本家は断絶して、ルイ13世の弟だったオルレアン公フィリップの系統が正統だと認められているからである。

ただし、オルレアン公の肩書は皇太子にあたる人物が使い、当主はパリ伯爵を名乗っている。どうしてパリ伯爵なのかというと、その先祖ではじめて西フランク王になったウードに由来する称号だからだ。

ヨーロッパの各地を荒らしまわっていたヴァイキング（ノルマン人）が、885年には西フランク王国のパリを襲った。住民たちはセーヌ川のシテ島に立て籠もって下流から攻撃する敵と戦い、現在アンリ4世の騎馬像があるポン・ヌフのあたりで攻防戦が繰り広げられた。

このとき、フランク全域の王を兼ねていた西ローマ皇帝カール肥満王はイタリアにあったので、代わってパリ防衛の先頭に立ったのが、のちにカペー家となる一族のウードだった。

ライン川中流フランクフルトに近い地方から出た一族で、始祖ロベール・ルフォールがロワール川中流で活躍して地盤を築いた。

中世にはカペー家の先祖はパリの肉屋のせがれだという噂が広く信じられ、イタリアの詩人ダンテも叙事詩『神曲』に書いているが、事実でない。父のロベール・ルフォールはヴァイキングとの戦いで戦死したが、その子のウードはパリ市民を鼓舞《こぶ》し、自ら弓で敵を押しとどめ、パリを抜け出して援軍を呼ぶのにも成功し守りきった。

カール肥満王は、ノルマン人の略奪をほとんど放置し、最後に金銭を払って撤退させただけだった。しかも、本国の東フランクでも庶出の甥であるアルヌルフに反乱を起こされ、鎮圧途上に南東ドイツのノイディンゲンで死んだ。

亡き王には嫡子がいなかったので、アルヌルフが東フランク王となり、西フランクでは、カロリング家のシャルル3世（単純王）がなお幼少だったので、とりあえず、カペー家のウードが王座に就いた。

しかし、シャルル単純（サンプル）王が成長してくると、シャルルを早く王にという勢力と争いが起きた。ランスの司教はシャルルを聖別し、東フランク王アルヌルフもシャルルを支持したが、ウードも妥協しつつも粘り腰で退位はしなかった。

だが、ウードの死後は、このシャルル単純王が西フランクの王位に就いた。ヴァイキングの指導者ロロとサンクレール・シュール・エプト条約を結び、長女ジゼルを降嫁させ、ロロが占拠していた北フランスにノルマンディー公国を創設することを認める代わりに、臣下として服することで妥協を成立させた（911年）。このノルマンディー公家が、のちに英国を征服して現イギリス王室の先祖となる。

このあと、カロリング家とカペー家やその縁戚が交互に西フランク王となった。東フランクで神聖ローマ帝国の皇帝となったオットー1世はカロリング家を支持したのだが、カロリング家のロテール王がアーヘンをめぐってオットーと争ったりしたので離れた。

そして、カロリング朝最後の王であるルイ5世怠惰王が、狩猟中の事故で死んだとき、ユーグ・カペーがフランス国王となった（987年）。この王朝断絶により西フランク王国は形式上消滅し、フランス王国となったのである。

カロリング家ではルイ5世の叔父である低ロレーヌ公シャルルが王座への意欲を見せたが、ランス大司教アダルベロンは「王は血統の高貴さのみならず、知恵と武勇と寛大な精神の持ち主こそふさわしい」と演説し、ユーグを後押しした。

ユーグが所有していた修道院領（荘園のようなもの）についての利権が害されるにもかかわらず、クリュニー修道院の唱える改革運動に理解を示していたことも聖職者たちの支持を集めた理由だった。

とはいえ、この段階ではカペー家による継承が保証されたわけではなかった。そこで、ユーグは、その年のクリスマスに息子のロベールを共同統治者として聖別させたが反発も強かった。

「カペー」というのは、サン・マルタン（聖マルティネス）が着用したフードつきの短いマントのことで、ユーグ・カペーがトゥールにあるこの聖人の俗人修道院長だったことに由来するものだったが、これが王朝の通称になった。王座に就いたユーグは「フランキア、ブルトン、ノルマン、アキテーヌ、ゴート、スペイン、ガスコーニュの人々の王である」と宣言した。

ユーグ・カペーの母は、神聖ローマ帝国のオットー1世の妹だった。そして、その後のフランス王統は男系男子嫡系で連続しており、「ヴァロワ」「ブルボン」「オルレアン」などの王朝の名で呼ばれるとしても、19世紀のシャルル10世まですべてユーグ・カペーの子孫であり、英国王室などヨーロッパの王室に広くDNAを伝えている特別の存在である。

▼神聖ローマ帝国という名のドイツ国家の誕生 独

神聖ローマ帝国（サクルム・ロマヌム・インペリウム）は、毒舌で知られる啓蒙《けいもう》時代の哲学者ヴォルテールから「神聖でもローマ的でも帝国でもない」と評されたが、それでもナポレオン時代まで生き延びた。ドイツ王がイタリア王と皇帝を兼ねて名乗った肩書である。

その初代はオットー1世（在位936〜973年）である。すでに書いたように、全フランクを実力もないのに統一する幸運にめぐまれたカール肥満王は、本拠である東フランクで甥のアルヌルフに反乱を起こされ、皇帝にはアルヌルフ、つづいてその嫡子のルートウィヒ4世がなった。

しかし、ルートウィヒ4世に跡継ぎがいなかったので、甥でアルヌルフの外孫にあたるフランケン（バイエルン北部）のコンラート1世（在位911〜918年）がドイツ王に推挙された（皇帝にはなれず）。

しかし、実力がともなわず、コンラートは東フランクの統一維持のために、有力者だったザクセンのハインリヒ1世を指名した。シャルルマーニュ（カール大帝）の仇敵《きゅうてき》だったはずのザクセン族に、フランクの王位が移ったというわけだ。このあたりから、東フランクでなくドイツの歴史ということになる。

シャルルマーニュのことを、フランス人もドイツ人も自国人だといいたがる。だが、フランスではメロヴィング朝のクローヴィスを初代国王とするのに、ドイツ人はドイツ王のコンラート1世から、あるいは、ザクセン家のハインリヒ1世から数えることが多い。

そして、ハインリヒ1世の子であるオットー1世は父から後継者として指名され、諸侯によってドイツ王に選ばれたが、その一方で、シャルルマーニュの宮廷があったアーヘンで戴冠《たいかん》式をおこなうことで、シャルルマーニュの後継者であることを強調した。

このころ、イタリア王ロターリオ2世の未亡人であるブルグントのアデライーデが、帝位を狙うイブレア辺境伯ベレンガーリオ2世（ベレンガーリオ1世の外孫）からその息子と結婚するように迫られてオットーに救援を求めた。

これに応じたオットーは、アデライーデと結婚してイタリア王ともなり、オットー2世が生まれると前妻の子の長男を差し置いて跡継ぎとした。そして、ドイツに侵入したマジャール人に対し、955年のレヒフェルトの戦いで決定的な勝利をおさめ権威を確立した。

このころイタリアでは、ベレンガーリオが教皇ヨハネス12世と対立したので、オットーはローマに遠征し、962年に、教皇から皇帝の冠《かんむり》を受けることができた。この事件を一般に「神聖ローマ帝国の誕生」という。ただし、「神聖」という名が帝国に冠せられたのは1254年からのことだ。

オットーはなにかと騒動のたねになる近親者でなく、聖職者に世俗的な権力を行使させてそれに影響力を行使することに作戦変更した。その筆頭は末弟のブルーノで、ケルンの大司教でありながら仏独中間地帯ロタリンギアの領主を兼ねた。ブルーノは、まだカロリング朝がつづいていた西フランク王国の摂政《せっしょう》まで兼ねた。

オットー1世はオットー2世のために東ローマ帝国（ビザンツ帝国）の皇女テオファヌを嫁として迎えた。このテオファヌは誇り高く有能でオットー2世を支配した。そして、子であるオットー3世をローマ人として育て摂政となった。

神聖ローマ帝国がドイツそのものという性格をもちはじめたのは、だいたい13世紀の後半になって、オットー1世のザクセン王朝を引き継いだホーエンシュタウフェン王朝も衰退して、ルクセンブルク家やハプスブルク家が帝位を占めるようになったころからであって、それまではむしろ、主要な関心はイタリアにあったといってよい。

オットー3世は、本物のローマ帝国の再建をめざしてローマの七つの丘のひとつであるパラティーノの丘にローマ風の宮殿を建てて住んだ。西暦1000年にはローマへの大巡礼事業を計画し、アーヘンではシャルルマーニュの墓を開かせて、石の玉座に座った形でミイラ化していた大帝と対面した。

そして、中世でも最高の知識人・教育者といわれるフランス人、オーリャックのジェルベールを教皇（シルウェステル2世）にした。ジェルベールは農夫の子だったが、碩学《せきがく》でギリシアの哲学やアラブの自然科学にも通じ、カロリング・ルネサンスとイタリア・ルネサンスをつなぐ存在だった。ハンガリーとポーランドのドイツとは別の王国創立と教会の独立を認めたのも彼らで、東欧にとって恩人である。

だが、イタリアでの集権化は貴族たちの反発を買い、オットー3世はラヴェンナに逃げ22歳で無念の死を遂げた。沼の多いこの地の風土病であるマラリアが原因らしい。オットー3世は東ローマ皇女と結婚する予定だったが、その前に死んだので、遠縁でバイエルン公だったハインリヒ2世が継いだ。

ハインリヒはイタリアには執着をもたなかったが、クリュニー派（クリュニー修道院）とも協力して教会の改革を進め、それと連携することで帝国の権威を高めて成功し、列聖された。この段階では皇帝と教皇は利害をともにしていたのである。

こうして東フランクと中部フランク、あるいは、ドイツとイタリアを併せた「神聖ローマ帝国」がつくられたのだが、世襲は慣習としても確立しなかった。ゲルマンの風習により、ドイツ国王を諸侯が選び、教皇から認められれば皇帝となるという脆弱《ぜいじゃく》な構造だった。

しかも、イタリアの魅力にとりつかれた皇帝たちは、そこでの作戦を有利に進めるためにドイツの諸侯の力を借りなければならない立場になった。これが、ドイツが統一国家としてのまとまりに欠けるままになった理由である。

ただし、イタリアとの継続的な交流が、ゲルマン民族の文明化をもたらした。

ゲーテの文学も、モーツァルトの音楽も、神聖ローマ帝国というロマネスクな枠組みなくしては生まれなかったものだし、ローマ法がドイツ人たちの生活と人生を律することもなかっただろう。言語だけは、ドイツ語に多くのラテン語の単語が入ったにとどまったが、統一ヨーロッパはこの神聖ローマ帝国を抜きには語れない。

かくして、962年の神聖ローマ帝国の創立、987年のフランス王国の誕生で仏独の枠組みができたのだが、イングランドでも大きな変化が起きていた。

▼イングランドはアルフレッド大王からクヌートへ　英

アングロサクソン七王国（ヘプターキー）は、ヴァイキングの一派であるデーン人（デンマークに住むノルマン人の一派）の侵蝕に悩まされ、それに対抗するため統一が進んだ。最初の襲撃は8世紀末ごろだが、851年からは移住しはじめ、ノーサンブリアから南下して全土を支配下におさめんばかりの勢いだった。これに敢然と立ち向かったのが、アルフレッド大王（在位871〜899年）である。

22歳の若さで王になったアルフレッドは、デーン人と取引し、貢納金の見返りにウェセックスからの撤退を引き出し、時間稼ぎをして決戦の準備を整えた。エディントンの戦いで勝利し、デーン人たちと合意をまとめ、ロンドンからマンチェスターを結ぶ線より北東側のデーンローと呼ばれる地域にデーン人を住まわせ、南西側を統一王国らしくした。

フランスの作家アンドレ・モロワは、アルフレッドが「キリスト教でイングランドを救った」という。アルフレッドは、素直な人物だった。ものごとをややこしく考えずに、普遍的な価値や制度を採り入れる意欲を見せたが、民族の伝統的な習慣を無理に変えることは避けた。

法典を整備し、犯罪でも親族が金で償《つぐな》えば許すといった制度の存続を認めたのは一例である。一方、反逆罪についてはそれを許さなかった。反逆の許しは金で償えなくなった。

若いころに学問を学べなかったことを心底悔しがり、学校をつくり学術を盛んにした。また、王になる前にローマに巡礼し、デーン人たちにも改宗を強いた敬虔《けいけん》なクリスチャンだったが、祈《き》禱《とう》を英語に翻訳したことは、ラテン語を忘れてしまったイングランドでは現実的であり、やがてローマからの分離の道へつながっていった。

キリスト教関係以外の著作の翻訳も奨励したが、自分で納得できるまで修正を要求し、場合によっては言葉を書き加えたりした。さらに、イングランドの歴史を編纂《へんさん》したことは民族意識を高めた。

アルフレッドの孫アゼルスタンのときには、さらに、政治的統一が進み「イングランド王」を名乗るようになり、デンマーク人支配地のデーンローも併合した。

ところが、欲張りすぎてデーン人を排斥《はいせき》したので、エセルレッド2世のあと、エドマンド2世剛勇王（アイアンサイド）はウェセックス地域に領土を限定され、しかも、すぐに死んだのでデンマークの王子クヌートがイングランド王となった（デーン朝、在位１０１６～35年）。

クヌートは、エルギフ・オブ・ノーサンプトンと仮祝言していたが、これをやめて、エセルレッド2世の継室でノルマンディー公の娘だったエマを王妃とした。クヌートは兄の死ののちに、デンマーク王やノルウェー王も兼ねて「北海帝国」を築きよく統治したので、大王といわれる。

嫡男はエマとの子のハーディクヌートだったが、デンマークを離れられなかったので、クヌートとエルギフの子のハロルド1世がいったん貴族たちに推されて即位し、その死後はハーディクヌートが継いだ。だがデーン朝の衰退も早かった。

その後、同母だが異父兄（父親がエセルレッド2世）で、母親の実家であるノルマンディーで亡命生活を送っていたエドワード懺悔王（在位１０４２～66年）が即位した。アングロサクソン人の王朝が復活したのである。

エドワード懺悔王は24年間国王だった。修道士のような生活をしたがり、イングランドの名門貴族出身の王妃は純潔のままだったといわれる。ウエストミンスター寺院（英国教会）の創始者であるので、英国教会では聖王のように扱われている。

王位継承について気をもたすようなことを複数の人にいっていたようで、アンドレ・モロワは「全財産をお前だけにやると甥たちに片っ端から約束している叔父さんのようなもの」と表現している。その後継候補のなかに、母親の兄弟の孫であるノルマンディー公ギヨームもいた。

しかし、晩年になってエドワード懺悔王は、エドマンド剛勇王の忘れ形見でポーランドなどに亡命していたエドワードをイングランドに呼び寄せた。

だが謎の急死をしたので、今度は、王妃の兄であるハロルド2世に譲るとして、臣下たちもそれを認めた。これにノルマンディー公ギヨーム（英語名ウィリアム1世、征服王）が異議を唱え、イングランドを武力で制圧して新しいノルマン王朝をつくったというのが、「ノルマン征服（ノルマン・コンクエスト）」の経緯である。

ただし、アングロサクソン王朝の悲哀に同情したい人にとって気が休まるのは、あとで紹介するように、ウィリアム1世の妃であるマティルドはアルフレッド大王の子孫であるし、暗殺されたらしいエドワードにはマーガレットという娘がいて、これが、スコットランド王マルカムの王妃となり、その王女がウィリアム1世の子であるヘンリー1世の王妃となったことである。

さらに、ヘンリー1世と王妃マティルダの外孫であるヘンリー2世がプランタジネット朝を創始したために、アルフレッド大王のＤＮＡは二重に現英国王室にも伝えられている。

▼イギリス王家初代はノルマン人のウィリアム征服王――英

かつてエリザベス女王が日本へ来たときに、「わが祖先ウィリアム1世（征服王）のときから」といったので、日本人は驚いた。イングランドには、フランスのノルマンディー公ウィリアム1世による征服（１０６６年）の前からアーサー王とかアルフレッド大王のような王様がいたはずだし、万世一系である日本と違って頻繁に王朝が交代したと思っていたので、エリザベス女王とウィリアム1世が容易に結びつかなかったのだ。

しかし、イギリス王室にとってウィリアム1世こそが、日本人にとっての〝神武天皇〟だ。ノルマン人によるイングランド征服が、〝神武東征〟なのだ。それ以前の、イングランド統一をしたウェセックス王国エグバートなどは、皇室の先祖に国譲りをした出雲《いずも》神話の大国主命《おおくにぬしのみこと》のような存在だ（本書ではだいたいイングランドとスコットランドの合一以降に関してイギリスという呼称を使う）。

ウィリアム1世からのちは、男系の継承者がいないときにのみ、ノルマン人の習慣にしたがって女子や女系での継承がおこなわれている。日本でなら養子、あるいは婿養子だが、ヨーロッパでは、原則として名字も代わってしまう。

たとえば、現在のエリザベス女王はウィンザー家だが、ヴィクトリア女王の夫アルバート公の実家であるサクス・コバーグ・ゴータ家が本来の家名だ。そして、チャールズ皇太子が国王になるときには、父であるエジンバラ公フィリップ殿下の実家の名字を採り入れて、マウントバッテン・ウィンザーという複合姓になることが決まっている。

イングランドには、すでに書いたようにケルト人がいたが、それを征服したのがローマ帝国だ。支配は表面的にとどまり、その後、アングロサクソン人に征服された。騎士伝説で知られるアーサー王はケルト人で、アルフレッド大王はアングロサクソン人の王だ。そして、フランスのノルマンディー地方の領主ギヨーム（英語でウィリアム）に征服された。

こうした歴史ゆえに、イギリスの文化には、ケルト、アングロサクソン、フレンチ・ノルマンという各民族の影響が重層的に残る。ケルトの影響はアイルランドやスコットランドでより濃厚だが、イングランド式の庭園にみられる自然への愛好とか音楽好きは、ケルトの遺産だ。

ノルマン人の航海術の巧みさや工業技術の高さ、同じ種族同士の団結心と助け合い、集会での決定にしたがういさぎよさ、統率のとれた行動力、そして勇気は、イギリス人が世界を制した原動力となった。

ノルマン人に征服はされなかったフランスやドイツでも、ノルマン人との抗争によって人々と国家は鍛えられ、多くのものを学んだ。

ノルマン人はヴァイキングのうち、スウェーデンやデンマークでなく、ノルウェーを故郷とする人たちである。ヴァイキングは北欧の海岸に住み、農業、林業、狩猟、漁業をし、商人でもあった。

彼らは細長く軽い船を操り高速で移動し、広い範囲で商人として活躍したが、倭寇《わこう》と同じで略奪することもあった。大集団で押し寄せてきたとする古文書は多いが、実際には数百人までのことが多かったようだ。

修道院を襲って金銀財宝を奪ったので、教会からはひどく嫌われた。当時のヨーロッパでは聖職者しか読み書きができないに近かったし、ヴァイキングの文字は初歩的なものしかなかった。そこで、聖職者たちに恨まれたヴァイキングは単なる野蛮人のように記録されたが、いまはそれは一面的な見方だとされている。

ヴァイキングは、はじめは略奪するだけだったが、やがて定期的な貢納《こうのう》を要求し、そして、定着して領主となった。そのひとつが、イングランドを征服するフランスのノルマンディー公国である。

英単語の7割がフランス語起源の理由

英

ノルマン征服の話に少し戻る。ノルマンディー公ウィリアム1世は領地を与える約束を乱発しながら、ヨーロッパ中から騎士たちを集めた。

ハロルド2世率いるイングランド軍も迎撃する準備を整えたが、運の悪いことにやはりイングランドの王位を狙ったノルウェー王が北部に上陸した。ハロルドはこのため北部に移動し、勝つには勝ったが、勝利の喜びの最中にノルマンディー軍団がほとんど無抵抗でドーヴァー海峡を渡るのに成功したことを聞く羽目になった。

そして、ヘイスティングズの戦いでノルマンディーの騎馬隊にイングランドの歩兵は蹴散らされて、ハロルドも戦死した。

このときイングランドの領主たちでウィリアムについたものはほとんどいなかったから、領地安堵《あんど》は必要なかった。このおかげで、ウィリアムは家臣たちに領地を自由に分け与えられたし、国王の直轄《ちょっかつ》領も全土の5分の1に達するなど財政基盤も確立できた。

また、1086年に土地台帳であり戸籍ともいうべきドゥームズデイ・ブックを作成したが、これは、太閤《たいこう》検地のようなもので、これで安定した徴税も可能になった。

腹心でローマ教皇庁への根回しも周到にしたランフランクをカンタベリー大司教とし、教会再編成にも成功して、1086年には、領主たちを集めて忠誠を誓わせる「ソールズベリーの宣《せん》誓《せい》」を演出させた。

こうして、ノルマン朝のイングランドでは、フランスやドイツに比べて、国王の権威がはるかに早く確立したというわけである。

ノルマン朝は、ドーヴァー海峡をはさんで、支配がイングランドとフランスの一部であるノルマンディー公国にまたがる国家である。フランスで彼らが得た文化的な素養に加え、フランス語の知識もあることで、ほかのゲルマン諸語と比べて英語の語彙が豊富で国際的に使いやすいものになった。それどころか、ノルマン朝やそれにつづくプランタジネット朝の初期の王や貴族はフランス語を母国語として使いつづけた。

やがて原住民たちの言語が使われるようになったが、英語の単語の約7割がフランス語起源だとされる。このことが英語の表現を豊かにし、ほかの言語との互換性を高めたことはイングランドにとって大きな財産となった。

ウィリアム1世は、フランスのノルマンディー公国だけを相続させようとした長男ロベールと争い、ノルマンディーで軍事行動中に落馬事故で死んだ。遺体はノルマンディー地方カーンにあるサンピエール寺院に葬られたが、フランス革命のときに荒らされて捨てられた。

さて、『バイユーのタピスリー』と呼ばれる刺繡《ししゅう》作品がノルマンディー地方西部の町バイユーの博物館にあって、ウィリアムによるイングランド征服の模様をビジュアルに再現してくれている。これが2022年にイギリスに貸し出されて展示されることになっており、文化交流として大事件となりそうだ。ウィリアムの妃であるマティルドが作成させたと伝えられているが、異論もある。

マティルドはフランドル伯家の出身だが、父はイングランドのアルフレッド大王の娘の玄孫《やしゃご》であり、母親はフランス王ロベール2世の王女だった。そして、ロベール2世は初代ノルマンディー公ロロの曾孫《ひまご》だったので、ウィリアムとは10親等の親戚だった。

当時のローマ教会はそれでも問題だとして、カーンの地に男女二つの修道院を奉納することを条件に、やっと結婚を許した。

▼厳しすぎる近親婚禁止が生んだ悲喜劇

当時は、近親婚についての規制が厳しく、しかも、国王の結婚相手はどこかの国の王女でなくてはならなかったので、悲恋もあった。離婚したいときは、じつは近親婚だったからということが口実になった。

フランス王ロベール2世は、両ブルグント王の娘でカロリング家ルイ4世渡海王（英国育ちだったことの意味）の孫であるベルトと結婚したが、ローマ教皇グレゴリウス5世はふたりがともにドイツ王ハインリヒ1世の曾孫であるとして認めてくれなかった。

当時は7親等までの結婚は禁止で、しかも、祖父が共通なら2親等といった計算の仕方をしたので、彼らは3親等になった。

このころは、キリスト生誕1000年が近づき末世になると人々が心配していたので、ローマ教皇の命令にもかかわらず一緒に暮らすふたりは非難された。家臣たちも接触すら拒《こば》み、彼らはふたりだけで引きこもり、使った食器はそのたびに火で清められた。

格別に信心深かったロベール2世とベルトは、ローマまで出向いて新教皇シルウェステル2世に結婚を願ったが断られた。結局、子供ができなかったこともあって彼らは結婚を無効とし、王はアルル伯の娘コンスタンスと再婚したが、ベルトの死までふたりの関係はつづいた。

王妃となったコンスタンスは、南フランスからトルバドゥール（吟遊詩人《ぎんゆう》）たちを宮廷に呼び寄せて恋の歌を歌わせた。コンスタンスとのあいだには6人もの子供ができたが、父ロベールは彼らと争い、パリ南東のムランで戦死した。

ロシアをキリスト教国としたのは、キエフ大公ウラディミル1世である。その孫娘がロベールの次男アンリ1世の妃になったのは、気の遠くなるような両地の距離と、ギリシア正教ということを思うといかにも唐突な印象だ。

だが、近親婚の禁止で、アンリ1世が西ヨーロッパの王族のうちから妃を見出せなくなっていたのだ。王の命令で妃さがしの旅に出た使節が、ついにキエフ大公国でアンナという美しい王女を発見したのである。彼女の父は庶子だが、祖父の妃はビザンツ皇女であり、間接的にキリスト教世界第一の帝国と縁つづきになれるのは、当時はまだ高くなかったフランスの国際的地位からすれば名誉だった。

さっそく、フランスから使節が派遣され、アンナの美貌と知性を確認した。なにしろ、彼女は当時の女性としては珍しく「字が読めるほどのインテリ」だった。アンナは2000キロも彼方から輿入《こしい》れし、大量の東ローマ帝国（ビザンツ帝国）の金貨を嫁資としてもってきてフランス人を驚かした。

第2章

十字軍と英仏百年戦争

年	イングランド	フランス	イタリア諸国家・ローマ教皇	神聖ローマ帝国	その他地域
	【プランタジネット朝】 1265 シモン・ド・モンフォールの議会（下院の起源） エドワード1世（1272〜1307）			1254 大空位時代（〜73） リチャード（コーンウォール、1257〜） ハプスブルク家のルドルフ1世（1273〜91）	1261 東ローマ（ビザンツ）帝国再興
	(span)	1270 第7回十字軍	(span)		
	1295 模範議会	フィリップ4世（1285〜1314）	1282 シチリアの晩禱（アラゴン王、シチリア王位獲得）	1291 スイス独立運動はじまる アドルフ（1292〜98） アルブレヒト1世（1298〜1308）	
300	エドワード2世（1307〜27） エドワード3世（1327〜77）	1302 三部会成立 1314 テンプル騎士団弾圧、皇太子妃不品行事件 【ヴァロワ朝】 1328 ヴァロワ朝（〜1589） フィリップ6世（1328〜50）	1309 教皇のアヴィニョン捕囚（〜77）	【ルクセンブルク朝】 ルクセンブルク家のハインリヒ7世（1308/帝位1312〜13） ルートウィヒ4世（1314/帝位1328〜47） カール4世（1346/帝位1355〜78）	
	(span)	1339 百年戦争はじまる			
	(span)	1348 黒死病の流行（〜49）	(span)	(span)	(span)
350	リチャード2世（1377〜99） 1381 ワット・タイラーの乱 【ランカスター朝】 1399 ランカスター朝（〜1461） ヘンリー4世（1399〜1413）	シャルル6世（1380〜1422） 1392 国王が精神を病んで内乱勃発		1348 カール4世、プラハ大学創立 1356 金印勅書 ウェンツェル（1378〜1400） ループレヒト（1400〜10）	
400	ヘンリー5世（1413〜22） 1422 ヘンリー6世（〜61、70〜71）	シャルル7世（1422〜61） ジャンヌ・ダルク（1412〜31） 1431 ジャンヌ処刑さる	フィレンツェ、メディチ家による支配	ジギスムント（1410/帝位1433〜37） 1415 ホーエンツォレルン家、ブランデンブルク辺境伯となる 【ハプスブルク朝】 1438 ハプスブルク朝（〜1740） アルブレヒト2世（1438〜39）	
450	(span)	1453 百年戦争おわる			
	1455 薔薇戦争（〜85） 【ヨーク朝】 1461 ヨーク朝（〜85） エドワード4世（1461〜70、71〜83） エドワード5世（1483） リチャード3世（1483〜85）	ルイ11世（1461〜83）	1469 ロレンツォ・デ・メディチ、フィレンツェを支配（〜92）	フリードリヒ3世（1440/帝位1452〜93）	1453 オスマン帝国、コンスタンティノープル攻略 東ローマ（ビザンツ）帝国滅亡 1469 カスティリャ王女イザベルとアラゴン王子フェルナンド結婚 1479 カスティリャ、アラゴン共同統治開始
480	1485 ボズワースの戦い（薔薇戦争の終結） 1485 テューダー朝（〜1603） ヘンリー7世（1485〜1509）	シャルル8世（1483〜98）			
495					

►年表・第２章

年	イングランド	フランス	イタリア諸国家・ローマ教皇	神聖ローマ帝国	その他地域
〜1050	ウェセックス朝	アンリ1世（1031〜60）	教皇レオ9世（1049〜54）		
1050〜1100	ノルマン朝 1066 ノルマンディー公ギヨーム、イングランド征服 ノルマン朝成立（〜1154） ウィリアム1世（1066〜87） ウィリアム2世（1087〜1100） ヘンリー1世（1100〜35）	フィリップ1世（1060〜1108） 1095 クレルモン宗教会議 1096 第1回十字軍（〜99）	1054 東西教会分離（ローマ・カトリックとギリシア正教） 教皇グレゴリウス7世（1073〜85） 1076 叙任権闘争（〜1122） 1077 カノッサの屈辱 教皇ウルバヌス2世（1088〜99）	ザーリア朝 ハインリヒ4世（1056/帝位1084〜1106） ハインリヒ5世（1106/帝位1111〜25）	1099 エルサレム王国（〜1291）
1100〜1150	スティーヴン1世（1135〜54）	カペー朝 ルイ6世（1108〜37） ルイ7世（1137〜80） 1147 第2回十字軍（〜49）	1130 両シチリア王国創建（〜1860） 教皇派（ゲルフ）と皇帝派（ギベリン）の抗争	1122 ヴォルムス協約（聖職叙任権問題一時解決） ロタール3世（1125/帝位1133〜37） 1138 ホーエンシュタウフェン朝（〜1254） コンラート3世（在位1138〜52）	
1150〜1200	1154 プランタジネット朝成立（〜1399） ヘンリー２世（アンジュー伯アンリ 1154〜89） 『アーサー王物語』成立 リチャード１世（1189〜99） ジョン王（1199〜1216）	1154 アンジュー伯アンリ、英王となる フィリップ2世（1180〜1223） 1189 第3回十字軍（〜92） イギリス領併合進む		ホーエンシュタウフェン朝 フリードリヒ１世（1152/帝位1155〜90） ハインリヒ6世（1189/帝位1191〜97） フィリップ（1198〜1208）	1169 サラディン、エジプト を中心とするアイユー 朝を建国 1187 サラディン、エルサレ ムを占領 1192 英王リチャード1世と 和約
1200〜1250	プランタジネット朝 1215 マグナカルタ（大憲章）制定 ヘンリー3世（1216〜72）	1202 第4回十字軍（〜04） 1209 アルビジョワ十字軍（〜29） ルイ8世（1223〜26） ルイ9世（1226〜70） 1228 第5回十字軍（〜29） 1248 第6回十字軍（〜54）	1215 ラテラノ公会議 1226 皇帝フリードリヒ2世とイタリア諸国の抗争 ゲルフとギベリンの党争激化	1208 ホーエンシュタウフェン朝断絶 オットー4世（ヴェルフェン家） 1215 ホーエンシュタウフェン朝復興（〜54） フリードリヒ2世（1215/帝位1220〜50） コンラート4世（1250〜54）	1204 第4回十字軍、コン タンティノープル占領 1204 ラテン帝国成立（〜61）

▼十字軍とフランス人がつくったエルサレム王国

西ヨーロッパにとって十字軍（英語でクルセイド）は東方のすぐれた文明との出合いであり、ローマ教皇の権威を高め、騎士道精神の高揚は頂点に達した。だが、その結果、騎士たちの疲弊《ひへい》は王権の強化につながり、教会の権威も落ちて近代への道を準備した。一方、東ローマ帝国（ビザンツ帝国）の弱体化を招き、イスラム勢力の勢力拡大を招くことにもなった。

十字軍を呼びかけたのは教皇ウルバヌス2世で、1095年、フランス中部クレルモンにおける公会議でのことだった。このときの教皇による「乳と蜜《みつ》の流れる国（カナンの地のこと）」についての演説は、人類史上でももっとも著名なアジ演説のひとつだ。

「神の子らよ、あなた方はすでに同胞のあいだにおける平和や聖なる教会を忠実に擁護《ようご》することを、神に約束した。しかし、いま、新たにあなた方が奮起《ふんき》すべき任務が生まれた。東方の同胞たちに援軍を送らなければならない。トルコ人が彼らを攻撃し、ボスポラス海峡にまでやってきた。彼らは、キリスト教徒を殺し、教会を破壊して神の国を荒らしている。神はキリストの旗手に、身分にかかわらず立ち上がり、いまわしい民族を根だやしにすることを勧めておられる」

「ヨーロッパは狭く肥沃《ひよく》でなく、人々は争っている。あなた方は隣人が聖墓の地への遠征に加わるのを止めてはならない。乳と蜜の流れる国は、神があなた方に与えようとしている土地だ。かの地、エルサレムこそ世界の中心にして、天の栄光の王国だ」として、しまいには、女性たちの美しさにまで言及した。中世における西欧とレヴァント（東地中海沿岸）地方の経済力、文化力の優劣を反映していた。

聖地への遠征軍派遣は、東ローマ皇帝アレクシオス1世がセルジュークトルコに対抗するために、ローマに傭兵《ようへい》派遣を要請したのがきっかけだ。エルサレムはすでに637年からイスラム帝国に支配されていたが、イスラム教徒にとっても聖地だったから破壊していたわけでもないし、巡礼者も大事に扱われていた。

イスラム（サラセン）帝国に代わりセルジュークトルコが支配者となって、トラブルが生じてはいたが、コンスタンティノープルからの救援要請はそれほど強いものでなかった。しかし、ウルバヌス教皇が分裂した東西教会（ギリシア正教会とローマ・カトリック教会）の統一のチャンスと思って悪のりしたところ、ヨーロッパ中に異常な興奮をもたらしたというわけだ。

ヨーロッパの名だたる騎士たちが聖地へ向かい、第一回十字軍（1096～99年）ではエルサレムを攻略し、人類愛を説いたイエスの弟子とは思えない大虐殺《だいぎゃくさつ》をイスラム教徒、ユダヤ教徒相手に働いた。

このときにエルサレム王国が建国されたが、その君主となったのが、メロヴィング家との関係で紹介したフランスの騎士ゴドフロワ・ド・ブイヨンで「聖墓の守護者（アドヴォカトゥス・サンクティ・セプルクリ）」を名乗った。そして、それを継承した弟は、国王ボードゥアン1世を名乗った。

同時に、その宗主権のもとにエデッサ伯領（北フランス貴族が主力）、アンティオキア公国（南イタリアのノルマン人）、トリポリ伯領（南西フランス貴族）という十字軍国家も成立した。また、ヴェネツィア、ジェノヴァ、ピサは海上交通や兵站《へいたん》をにない、巨億の富を得た。


しかし、イスラムの反撃はくり返され、そのたびに、新たな十字軍が派遣された（なお、十字軍の総回数は七回とされるが、八回と数えるものもある）。とくに、第三回十字軍は、クルド人でエジプトを本拠にしたサラディン（アイユーブ朝建国者。アラビア語ではサラーフ・アッディーン）が、１１８７年にエルサレムを占領したことではじまった。

これで、エルサレム王国は滅びたわけでなかったが、海岸沿いのアッコン（イスラエル北部）に退かされた。このニュースはヨーロッパに伝えられ、イングランドのリチャード1世獅子心王（ライオン・ハート）、神聖ローマ帝国皇帝フリードリヒ1世（赤髭《あかひげ》が特徴でバルバロッサと呼ばれる）、フランスのフィリップ2世（フィリップ・オーギュスト。パリの城壁をはじめて建設した王として知られる）という名の知れた王たちが参加した。

サラディンの父は、セルジューク朝に仕えていたが、失脚してシリアでザンギー朝の家臣となり、息子のサラディンは、ザンギーの息子であるアレッポのヌールディーン（ヌール・アッディーン）に仕えた。このころ、エジプトにはシーア派のファーティマ朝があったが、サラディンがエジプトを支配することになり、ザンギー朝から事実上、独立した。

サラディンは、学校を整備し、イスラム法学の普及につとめた。イタリア商人と良好な関係を築いて、経済的な利益も得た。さらに、イエメンを支配し、ヌールディーンの死後はシリアも吸収し、エルサレム王国を沿岸部に追い払った。

第三回十字軍では、フリードリヒ1世は途中のトルコで溺死《できし》、フィリップ2世も早々に引き上げ、リチャード1世とサラディンの直接対決になったが、1192年、休戦条約が結ばれた。エルサレム王国はイスラエルの沿岸地帯となり、エルサレムと内陸部はサラディンのものになった。キリスト教徒も、武器を携行しなければ聖地巡礼を認められた。

騎士たちは、キリストの墓（聖墳墓《せいふんぼ》教会）に詣《もう》でたが、サラディンは彼らを丁重に迎え接待し、「信仰の自由を守る」ことを約束した。サラディンが身代金を払えない捕虜まで放免し、退去するのに護衛までつけたというのは、このときのことだ。これに感激した十字軍の騎士たちが、ヨーロッパに帰ってサラディンを褒め称えたのはいうまでもない。

一方、リチャード1世はこれを潔《いさぎよ》しとせず、互いに認め合ったライバルであったサラディンと会うこともなくヨーロッパに帰った。

サラディンの廟《びょう》はダマスカスにあるが、その棺《ひつぎ》は第一次世界大戦の前にドイツ皇帝ウィルヘルム2世が「全イスラムの友」というプロパガンダのなかで寄贈した豪華なものだ。

こうして、エルサレムをふくむ中東の主要部がアイユーブ朝の領土となった。のちにフリードリヒ2世のときに話し合いで一時的に十字軍がエルサレムを回復したことはあるものの、中東でのイスラム教徒の優位は確定し、ヨーロッパ人たちの眼は、ヨーロッパ自身の開発や、海洋へ向かっていった。

エルサレム王国は、1291年にアッコンも陥落し、パレスティナを去ったが、その後も、キプロス王国のリュジニャン家、ナポリ国王やサヴォア公がエルサレム国王を名乗り、現在もスペイン国王、イタリア王家や、ハプスブルク・ロートリンゲン家が名乗っている。

第四回十字軍は、矛先《ほこさき》を変えてコンスタンティノープルを攻撃し、ここにフランドル伯ボードゥアンを皇帝としてラテン帝国（1204〜61年）を建国した。

このときに、コンスタンティノープルのめぼしい宝物や聖遺物の大半が西欧にもち去られたが、そのなかでもとくに有名なのが、ヴェネツィアのサンマルコ寺院正面のバルコニーに置かれている四頭のブロンズの馬だ。もともと、ローマのネロの宮殿にあったもので、コンスタンティノープルでは競技場に置かれていた。ナポレオンがパリにもち帰ったが、元に戻っている。

半世紀ののち、首都コンスタンティノープルを奪回し東ローマ帝国は復活したが、この十字軍の蛮行《ばんこう》がその後の東ローマ帝国の衰退とオスマン帝国によるコンスタンティノープル征服の引き金になったことはいうまでもない。

この章では、少し話が前後するのだが、神聖ローマ帝国の誕生、カペー家によるフランス王国の創立、ノルマン人によるイングランド征服ののち英独仏三国がどうなったかについて、十字軍の時代までの動きを振り返ってみよう。

教皇によるカノッサの屈辱と皇帝の反撃　独

ワインで有名なブルゴーニュにクリュニー修道院の遺跡がある。フランス革命で破壊され見る影もないが、現在のサンピエトロ大聖堂が完成する17世紀までは、カトリック世界で最大の教会だった。

このころ、教会の規律の乱れが問題になっていたが、教皇も乱立しているような状況下では手の着けようがなかった。そんななかで、改革運動の中心になったのが、このベネディクト派の修道院だった。とくにオディロという修道院長が、神聖ローマ帝国ザクセン朝最後の皇帝だったハインリヒ2世と友人だったことから権威を強めた。

ハインリヒ2世のあとザクセン朝は断絶し、フランケン（バイエルン北部）のコンラート2世が皇帝に選ばれた。フランク族の名門サリ族の末裔《まつえい》だったので、「ザーリア朝」と呼ばれている。

その二代目のハインリヒ3世は、クリュニー修道院系でフランス・トゥールの司教だった親戚のレオ9世を教皇に選んだ（在位1049～54年。教会の東西分裂のときの教皇であることでも知られる）。

レオ9世は、聖職売買と聖職者妻帯の禁止を宣言し、改革派の時代がはじまった。ついで、ニコラウス2世のときには、教皇が皇帝の推挙でなく枢機卿《すうきけい》による選挙によって選ばれることになった。

そして、トスカナの農民の子で史上最強の教皇のひとりだったグレゴリウス7世は、皇帝の聖職叙任権《じょにんけん》（聖職者を指名する権利）を否定する勅書《ちょくしょ》を出し、皇帝ハインリヒ4世がこれを拒否すると皇帝を破門《はもん》にした。

困り果てた皇帝は、イタリア中部のカノッサ城に滞在中の教皇を訪れて、皇后とともに3日間も厳冬期に裸足のまま立ち尽くして面会を求め、ようやく許しを得た。1077年の「カノッサの屈辱《くつじょく》」と呼ばれる事件である。

さすがにこれは教皇のやりすぎだという批判が強まり、反撃に出た皇帝がローマに侵攻した。教皇はシチリアを支配していたノルマン王国に救援を求めたところ、やってきたノルマン人たちはローマを略奪し、多くの市民を奴隷《どれい》として連れ去って大混乱になり、教皇はローマを追い出されて、シチリアに逃げるしかなかった。

とはいえ、この叙任権闘争は1122年の「ウォルムス協約」と翌年のラテラノ公会議で教皇側の勝利となった。さらに、それ以上に教皇権の全盛を演出したのが、この章の冒頭で紹介した

1095年の十字軍の呼びかけだった。

このころ、ドイツでは東方への植民がはじまっていた。エルベ川の東では、ザクセン人たちが開拓を進めてスラヴ人を服従させたり追い払ったりし、ドナウ川の流域でもチェコ人やハンガリー人の数よりもドイツ人が優位になった。

そして、時代が下ると、この新天地からプロイセンやオーストリアが勃興《ぼっこう》する。また、アメリカの中西部の大平原を開拓したのも、厳しい土地での生活に慣れたこの地域のドイツ人たちである。ミルウォーキーのビールやアイダホのポテトが中西部の名物であるのはその証拠だ。

▼ドイツ王と神聖ローマ帝国皇帝の関係　独

この時代のドイツ（神聖ローマ帝国）の王朝変遷をおさらいすると、911年に東フランク王国のカロリング朝が断絶したのち、コンラート1世のフランケン朝（コンラディン朝）を経て、次の王朝が登場した。

【ザクセン朝】（919〜1024年）
ハインリヒ1世、オットー1世、オットー2世、オットー3世、ハインリヒ2世

【ザーリア朝】（1024〜1125年）
コンラート2世、ハインリヒ3世、ハインリヒ4世、ハインリヒ5世

なお、神聖ローマ帝国では、まず、ドイツ王（当時はローマ王と呼ばれたが煩雑《はんざつ》なので、俗称であるドイツ王に統一）となり、のちに皇帝に戴冠された（されないケースもあった）。また、父の在世中に共同君主となったり、反対勢力が推す対立王が出たりしたので在位期間をどうとるかむずかしいが、単独のドイツ国王としての実質的な即位年を在位開始とし、また、皇帝に戴冠されなくても皇帝と通称することが多い。

たとえば、ハプスブルク家の祖であるルドルフ1世はドイツ王であっても皇帝には即位していないが、通常はハプスブルク家で最初の皇帝といわれることが多い。

この時代の大きな変化として、ブルグント王国の神聖ローマ帝国への編入がある。中部フランク王国のうちイタリア王国は神聖ローマ帝国の成立でドイツ王権と一体化した一方、ブルゴーニュ（のちのブルゴーニュ公領）はフランス王国領となった。残りのフランシュコンテ、スイス、サヴォア、リヨン、そしてプロヴァンスはアルルを首都とするブルグント王国（888～1032年）となっていた。

しかし、1016年にブルグント王ルドルフ3世が、皇帝ハインリヒ2世の母親がブルグント王女だったことから帝国への将来における統合を約束し、コンラート2世がこれを行使して帝国に組み入れられた。

これらの地域は、のちに、ブルゴーニュ伯領（ブザンソンを中心部とするフランシュコンテ）、リヨン大司教領、サヴォア公国（シャンベリー周辺）、プロヴァンス伯領などに分かれたが、リヨン大司教領は13世紀に、プロヴァンスは1481年にフランス王が継承し、フランシュコンテは1679年にルイ14世がハプスブルク家から獲得した。

サヴォア（伊語ではサヴォイア）公はイタリアのトリノに移転し、やがてサルディニア島も獲得してサルディニア王家と呼ばれるようになった。そして、19世紀にイタリア王となるにあたって、イタリア王国初代首相となるカブールがナポレオン3世との交渉で、イタリア統一を認めてもらうのと引き替えにニースと父祖の地サヴォアをフランスに譲った。

▼シチリア王を兼ねたホーエンシュタウフェン朝　独

シチリア島はイタリアでもグルメ垂涎《すいぜん》の地であるが、その郷土料理にはローマ、アラブ、ノルマン、フランスなどこの島を支配したさまざまな民族の痕跡《こんせき》がある。カッサータとかヌガーといった菓子類はアラブのものだ。カッサータはリコッタチーズを使ったアイスケーキで、ドライフルーツなどが入っている。塩野七生《しおのななみ》の『イタリアからの手紙』でいかにも南国的で美味しそうに紹介され、日本でも知られるようになった。それに対して、前菜として好んで供されるニシンの燻製《くんせい》はノルマン人のものだ。

11世紀半ばにフランスのノルマンディー地方からやってきたノルマン人の集団が、東ローマ帝国やアラブ人に支配されていた南イタリア一帯を攻略した。彼らのうち、ルッジェーロ1世はシチリア伯となり、その息子のルッジェーロ2世はシチリア王とされた。

そして1194年、シチリア王女コンスタンツァを妃とするホーエンシュタウフェン朝の皇帝ハインリヒ6世がシチリア王を兼ねることになった。ホーウェンシュタウフェン朝はザーリア朝につづく神聖ローマ帝国三代目の王朝で、ハインリヒ6世はフリードリヒ1世（愛称バルバロッサ）の子である。

ホーエンシュタウフェン家は、シュワーベン地方の貴族だったが、ザクセン朝初代のドイツ王であるハインリヒ1世から大公とされた。次のザーリア朝の断絶後、ザクセン朝（先のザクセン朝とは異なる系統のズップリンブルク朝）のロタール3世が一代だけ皇帝になった。そのあとがホーエンシュタウフェン朝で、歴代の王は次のとおりである。

【ホーエンシュタウフェン朝】（1138～1254年）

コンラート3世、フリードリヒ1世、ハインリヒ6世、フリードリヒ2世、コンラート4世

この5世代にわたってドイツ王となり、そのうち中間の3人は皇帝として戴冠した。

ただし、この時期は、皇帝派（ギベリン）と教皇派（ゲルフ）の対立が激しかった。皇帝となったホーエンシュタウフェン家を支持するドイツ諸侯が皇帝派、その抵抗勢力が教皇派である。フリードリヒ2世の幼少時には、ホーエンシュタウフェン家のライバルであるウェルフェン家の

オットー4世が、教皇派から皇帝になっている。このウェルフェン家の本家はのちに断絶するが、イギリス王家につながるハノーヴァー家は、この家の分家である。

さて、皇帝フリードリヒ1世（バルバロッサ）は、青い眼のイケメンで、騎士的な性格と行動で人々を魅了した。このころミラノなど北イタリアの諸都市は、経済的に力をつけ市民層の力が強くなっていたので、フリードリヒ1世は教皇の求めに応じてイタリアに遠征して戴冠式もおこなった。が、マラリアなどで死者が相次いで撤退した。二度目の遠征ではミラノ市民軍に手痛い敗亡を喫《きっ》した。ヴェルディのオペラでも知られる「レニャーノの戦い」だ。

しかし先述のように、息子ハインリヒ6世の妻にシチリアのコンスタンツァを迎えてイタリア支配の布石を打った。ドイツでは母の実家の従兄弟であるウェルフェン家のハインリヒ獅子公に本領のザクセンに加えてバイエルンも与えたが、獅子公は義父のイギリスのヘンリー2世と組んで皇帝に反抗したので追放された。

そして、フリードリヒ1世は騎士らしく第三回十字軍に加わって聖地へ向かったが、途中のトルコ南西部で水浴びをしているとき急死した。数々の伝説をもつドイツでは人気の帝王である。

ハインリヒ6世の息子、つまりフリードリヒ1世の孫であるフリードリヒ2世（在位1215～50年）はシチリアで育った。アラビア語など9カ国語を話し、動物学に通じ、文芸を保護し、ナポリ大学を創立した文化人だ。ルネサンスという言葉を発明したスイスの歴史家ブルクハルトは、彼を「最初の近代的人間」と評している。

また、サトウキビなどの栽培を広め、莫大《ばくだい》な富を得た。シチリア王国ではノルマン人たちが築いた近代的な官僚制度や貨幣制度があり、それが帝国と結びつくことによって広くヨーロッパに普及するきっかけにもなった。

フリードリヒ2世は、エルサレム女王イザベル2世（ヨランド）と結婚し第五回十字軍を率いて遠征した。エジプトにあったアイユーブ朝のアル＝カーミルと交渉して、10年間の期限つきでキリスト教徒への巡礼を認める、聖墳墓《せいふんぼ》教会の返還、イスラム教徒による岩のドームとアル＝アクサー・モスクの保有、軍事施設の建設の禁止というまっとうな条件で、戦うことなく和平をまとめてしまったが、この共存策は成功を求める騎士たちからは不評だった（1229年）。

▼英仏にまたがる「アンジュー帝国」が誕生 英

英仏百年戦争（1339～1453年）は、フランスでカペー朝の直系が断絶して、男系の遠縁であるヴァロワ朝のフィリップ6世が即位したのに対し、女系だがフィリップ4世の孫である英国王エドワード3世が王位を要求したことにはじまる。

しかし、その遠因は、まずフランスの諸侯のひとりであるノルマンディー公がイングランドを征服してウィリアム1世となった1066年の出来事であり、ついで、その外孫でフランス生まれのアンジュー伯アンリが相続と結婚によってフランスの西半分を手に入れたのちにイングランド王ヘンリー2世（在位1154～89年）として即位したことにある。

このあたりの経緯は、カペー家とノルマンディー家の両方の家族事情を同時並行的に追って描いていこう。

フランス南西部アキテーヌの女領主だったアリエノール（英語名エレノア）は、謹厳な北フランス人ルイ7世と結婚した。だが、トルバドゥール（吟遊詩人）たちが愛の歌を奏でるロマンティックなボルドーの宮廷で育った彼女にとって、夫は退屈極まりない人物だった。

この二人は第二回十字軍に参加して中東に出発したが、灼熱《しゃくねつ》の夜に熱情をあおり立てられた彼女は奔放《ほんぽう》な振る舞いをくり返し、ルイは我慢ができず帰国すると、本来は許されないはずの近親結婚でもともと無効という理屈をつけて離婚してしまった。

ところが、アリエノールはフランス中西部の領主で年下のアンジュー伯アンリと驚天動地《きょうてんどうち》の再婚をした。

一方、このころイングランドでは、ウィリアム1世の子供たちの相続がもめて混乱がつづいていた。アンジュー伯アンリは、三代目国王のヘンリー1世の娘マティルド（皇帝ハインリヒ5世の妃だったが死別して再婚）の子でもあり、ヘンリー2世として即位した。

ヘンリー2世はイングランド王となる前に、相続とアリエノールとの結婚などでノルマンディーからピレネー山脈までのフランス西部の領主となっていたし、さらに、アイルランドを併合し、ウェールズまで浸透していったので、とてつもない「アンジュー帝国」が誕生したのである。この王朝はプランタジネット朝と呼ばれる。

ただし、これでフランスの西半分がイングランド領になったというのは正しくない。なぜなら、ヘンリー2世はフランス語しか話さなかったし、ほとんどイングランドには住まなかった。シェークスピアの名作『ヘンリー2世』もその舞台はフランスであって、英語劇であることこそ不自然なのだ。

このヘンリー2世は有能な君主だったが、個性豊かな王妃や子供たちと延々と争わねばならなかった。とくに皇太子になったリチャード1世（獅子心王）は騎士としての魅力にあふれた人物だったので、母アリエノールのお気に入りであり、この二人が組んでヘンリー2世に対抗し、それをフランス王フィリップ2世（フィリップ・オーギュスト）が支援した。

結局、追い詰められたヘンリー2世は、絶望のなかで死んだ。映画『冬のライオン』では、ピーター・オトゥールがヘンリー2世、キャサリーン・ヘップバーンがアリエノールを演じている。

リチャード1世とフィリップ2世は一緒に第三回十字軍に出かけた。フィリップは早々に帰国したが、リチャードは帰路の船が難破したりして予定が狂い、ドイツをお忍びで通過するときに見つかってしまい、皇帝ハインリヒ6世に人質として捕らわれて法外な身代金を要求されてしまった。

驚いたのは80歳になっていた母のアリエノールで、自ら交渉にケルンまで出かけ、国家予算5年分という巨額の身代金を払うことで交渉を成立させ、それを国民から集めた。

その後、フィリップ2世はリチャードの弟のジョンをけしかけて内紛を起こさせ、リチャードを苦しめる。リチャードはアキテーヌでの戦闘中、鎧《よろい》を脱いだすきにクロスボーで肩を撃たれてその傷がもとで死んだ。

リチャード1世は騎士道の鑑《かがみ》といわれ、英国国会議事堂にはアーサー王伝説にちなんで「エクスカリバー」と名づけた剣を高々と掲げた騎馬像が置かれている。しかし、リチャードは10年間の在位中、イングランドには半年しかいなかった。遺言で遺体はヘンリー2世と同じフォントヴロー修道院、心臓がルーアン、脳と臓器はポワトゥー、とフランス各地に別々に置かれており、何か変な気がする。

▼イギリスから領土を取り返したカペー家の賢王たち　仏

イングランド騎士道の華がリチャード1世なら、フランスではルイ9世（在位1226〜70

年）の人気が高いが、この王様はリチャード1世の妹の孫である。つまり、ヘンリー2世とアリエノールの娘がカスティリャ王に嫁ぎ、その娘のブランシュがフランス王ルイ8世（フィリップ2世の子）に嫁いで生まれたのがルイ9世である。

ルイ9世はヨーロッパ中世きっての名君といわれ、列聖されてサン・ルイ（聖王）と呼ばれるが、その名の英語読みがセントルイスで、第三回五輪が開かれ、MLBカージナルスの本拠地でもあるアメリカ中部の大都市の名前になっている。


その祖父であるフィリップ2世、前項にも出てきたフィリップ・オーギュストは禿《は》げて赤ら顔、酒飲み、かつ大食いで精力的で、冷徹な政治家だった。英国王室に内紛を起こさせ、それにつけ込んでアンジュー帝国の大陸側の領土の大半を取り戻した。

そして、ブーヴィーヌの戦いで神聖ローマ皇帝オットー4世と英国ジョン王に勝ち、南西フランスの異端派をアルビジョワ十字軍により鎮圧させ、地方官（バイイ）の制度を整備して地方経営を一新した。

パリを囲む最初の城壁をつくり、シテ島とカルティエ・ラタンと右岸の商業地域の三地区からなる都市として現代にまで連なるパリの骨格を完成させた。パリ大学を創設し、道路を舗装し、警察組織も整備した。

ノートルダム大聖堂の着工はその父であるルイ7世の時代だが（1163年）、このころはゴシック建築の全盛期だ。そして、ローマの初代皇帝アウグストゥスにちなんでフィリップ尊厳王（フィリップ・オーギュスト）と呼ばれている。

彼が43年間も王位にあったので息子のルイ8世は3年しか王位になかったが、父と同じく有能だった。妻ブランシュがヘンリー2世の孫娘だったことから、ジョン王に不満をもったイングランド貴族たちから英国王となることを望まれた時期もある。

また、ベルギーのモンス周辺の領主であったエノー家出身の母親のまた母がフランドル女伯であり、西フランク王国の禿頭《とくとう》王シャルル2世の子孫だったことから、カロリング家のＤＮＡを受け継いでいたことも正統性を強固にした。

残された妻のブランシュは11歳の息子ルイ9世の摂政《せっしょう》となり、あざやかな政治力で、敵につけ入ることを許さなかった。ブランシュは、ルイ9世を理想の騎士王として育てることに狂おしい情熱を注いだ。

成人したルイは、英国王ヘンリー3世と英国貴族との橋渡しや、神聖ローマ皇帝と教皇の調停をおこない、「ヴァンセンヌの樹の下での裁判」をおこなったというエピソードが伝えるように公正さも際立ち、理想のキリスト教君主として高い名声を得た。

天使のような顔と鳩のような眼で、神経質で怒りっぽく、また自他ともに対して峻厳《しゅんげん》であった。

第六回十字軍でエジプトに出かけたが成果はなく、第七回十字軍で地中海におけるイスラム教の根拠地であったテュニスを攻撃中に陣没した。

このルイ9世の弟がシャルル・ダンジューで、兄と同じように有能な人物だったが、こちらはたいへんな野心家だった。兄王の妃やイングランドのヘンリー3世妃と姉妹だったプロヴァンス伯の娘と結婚し、舅《しゅうと》からプロヴァンス伯領を得た。

ローマ教皇グレゴリウス9世にそそのかされて、神聖ローマ皇帝フリードリヒ2世の庶子マンフレディを追い出してシチリア王となったが、これは「シチリアの晩禱《ばんとう》」といわれるフランス人虐殺の反乱を起こされて長つづきしなかった。

しかし、ナポリ王、エルサレム王、アカイア公（ギリシア南部）、ラテン帝国（東ローマ帝国と対立して建てられたカトリック帝国）の皇帝を兼ね、甥のフランス王フィリップ3世を神聖ローマ皇帝とするように画策したりして、全欧州の黒幕的支配者たらんとした。

いずれにせよ、彼がプロヴァンスを支配したことがその後のフランスへの併合の伏線となり、シチリア王だったことはイタリアへのフランス進出のきっかけになった。

▼貴族の既得権益保護のためだったマグナカルタ――英

英国民主主義の原点とされるのは、1215年に、専制しないことをジョン王が貴族たちに約束した「大憲章（マグナカルタ）」である。

リチャード1世（獅子心王）の戦死で王となった弟のジョンは凡庸《ぼんよう》だった。フランスのフィリップ2世の呼び出しに応じなかったところ、アキテーヌを除くフランス国内の全領土を取り上げられ奪還にも失敗したうえに、戦費を徴したり貴族から土地を取り上げたりしたので反発をくらい、貴族や教会へのさまざまな約束を列挙したこの憲章に強制的に署名させられた。

ラテン語で書かれたこの章典の本質は、貴族の封建的特権の保護にすぎない。だが、これが17世紀のピューリタン革命のころになると、人権保護や課税についての議会の同意を要求する根拠とされ、現在も成文の憲法典をもたない英国にあって憲法秩序の重要な部分だと位置づけられている。

イングランドで議会政治の創始者ともいうべき存在が、シモン・ド・モンフォールという貴族だ。名前からわかるようにフランス人貴族そのもので、パリの西45キロほどのところ、第一回サミット（主要国首脳会議）の開催地として知られるランブイエ城の近くにモンフォール・ラモリーという町があり、ここが地元だ。

シモンはノルマン系英国貴族出身だった父方祖母からレスター伯を相続し、イングランドに渡ってジョン王の子であるヘンリー3世に仕え、その妹と結婚した。ヘンリー3世は次男をシチリア王に、弟リチャードを神聖ローマ帝国皇帝にし、フランスの領土も争っていたので経費がかさみ、徴税を強化しようとした。

しかし、1258年の諸侯大会議でシモンら有力貴族は、徴税と引き換えに改革を求め、「オックスフォード条款《じょうかん》」を決定し、そのなかで年に三回の議会（パーラメント）の招集も求めた。フランス語、ラテン語のほか、はじめて英語でも書かれたことでも大事な文書だ。

シモンはバロン戦争で国王派に勝ってヘンリー3世を捕らえ（1264年）、諸侯や騎士、都市の代表を集めた「シモン・ド・モンフォールの議会」を召集したが、あまりの専横ぶりが反発を買って、王党派に反撃されて敗死した。

▼プリンス・オブ・ウェールズの称号を世襲にしたエドワード1世——英

イギリスの皇太子は、プリンス・オブ・ウェールズという称号を名乗るが、そのはじめはエドワード2世である。ウェールズはケルト人が群雄割拠《ぐんゆうかっきょ》のまま支配していたが、ウェールズ北部グウィネズの首長ルウェリン・アプ・グリフィズは、シモン・ド・モンフォールと組んでプリンス・オブ・ウェールズの称号を認められ、のちに、ヘンリー3世からも追認された。

ここでプリンスというのは、モナコ大公の称号がプリンスであるのと同じで、王子でなく君主の意味である。

しかし、ヘンリー3世を継いだエドワード1世（在位1272〜1307）は、ルウェリンを敗死させウェールズをイングランドに併合した。そして、王妃エリーナをカーナーヴォン城に送ってそこで王子（のちのエドワード2世）を誕生させ、ウェールズ生まれであることを看板にウェールズの君主として諸侯たちに受け入れさせたのである（1301年）。

このエドワード1世はすぐれた国王で、騎士道を実践し馬上槍試合を好んだ。重い甲冑《かっちゅう》を着けて馬に乗って本物の槍を交える危険なスポーツで、ふつうは甲冑のおかげで刺さらないが、隙間から槍が首を直撃したり落馬することもあり、多くの貴公子が事故で死んだ。

エドワード1世は多くの戦いをして戦費を必要とし、そのために議会を招集したが、1295年に州や都市の代表と聖職者たちが合同で開いた模範議会は、英国下院の源流となったとされている。すぐれた王だったので、貴族たちと対話することでむしろ前向きの結果を引き出せたのである。

一方、エドワード2世は暗愚で、愚かな寵臣《ちょうしん》に頼ったので、フランスのフィリップ4世の娘であるイザベル王妃が貴族たちと共謀して王を幽閉し、最後は殺害された。

しかし、その子のエドワード3世は有能で、エドワード1世とフランスのフィリップ4世という名君の孫だけのことはあった。

だが、フランス王家で後述するセックススキャンダルが起き、それが原因でフィリップ4世の男系が絶えて傍系のヴァロワ家のフィリップ5世が王となると、このエドワード3世が王位継承権を主張して英仏百年戦争がはじまった。

エドワード3世は、ガーター騎士団（イングランドの最高勲章《くんしょう》であるガーター勲章を叙勲《じょくん》された者が会員）を設け、セント・ジョージを英国の守護聖人とした。

古代ローマ帝国の軍人ゲオルギウス（セント・ジョージ）は、3～4世紀にカッパドキアなどで活躍した殉教者で、ドラゴン退治の伝説をもつことから広く軍神として崇敬されている。とくに、出身地ともいわれるパレスティナのベツレヘムの周辺でも人気が高い。

ちなみに、スコットランドの守護聖人はゴルフ場の名前でも有名なセント・アンドリュース、アイルランドはセント・パトリックで、英国旗であるユニオン・ジャックは、イングランドの赤い十字、スコットランドの青い斜め十字、アイルランドの赤い斜めの十字の組み合わせで、いずれもそれぞれの守護聖人の名を冠した旗を合成したものだ。

ただし、サッカーなどのナショナルチームはそれぞれ別に組織されるので、イングランドチームは、白地に赤のセント・ジョージの旗の下でプレーする。


さて、このころスコットランドはイングランドから従属するようにという圧力を受けていたが、名君ロバート1世（在位1306～29年）が出てエドワード1世と対決し、むしろ自立していくことになり、それをフランスが支援した。

▼百年戦争の遠因は王妃のセックススキャンダル――仏

　フィリップ4世美男王（在位1285～1314年）は、姿が美しく、ミステリアスで言葉数少なく謙譲だったが、大胆不敵な政治家だった。「法曹官僚《ほうそう》（レジスト）」といわれる官僚集団が確立し、王の仕事を助けた。

　シテ島のクローヴィスの宮殿があったあたりに高等法院（パルルマン）の立派な建物を造り、現在は最高裁判所になっている。

『ダ・ヴィンチ・コード』で有名になったテンプル（仏語ではタンプル）騎士団は、十字軍に参加する騎士たちに本国でお金を預けさせ、聖地で引き出せる銀行業務をおこなったり、王侯に資金を融通した。フランス王国の国庫もバスティーユ広場に近い騎士団の本部に置かれて管理されていたほどだ。

　フィリップ4世は、王権の強化をはかるために、教皇クレメンス5世に頼んで、テンプル騎士団の秘密儀式を理由に異端宣言させた。団長ジャック・ド・モレーは火あぶりにされた。一方、三部会（エタ・ジェネロ。貴族・聖職者・平民の三身分代表からなる議会）を召集して国民統合意識を高め、教皇を牽制《けんせい》して意気揚々《ようよう》だった。

　このころ、フランス王権のローマに対する影響力は頂点となり、1303年にはボニファティウス8世をローマ南東のアナーニで捕らえ、その後、1309年から77年までは、教皇庁が南仏のアヴィニョンに移り（アヴィニョン捕囚）、教皇もフランス人で占められた。

ところが、とんでもないセックススキャンダルがフランス王家を揺るがした。フィリップ4世にはルイ10世、フィリップ5世、シャルル4世という3人の立派な息子がおり、娶《めと》らせた。王子たちはポーム（テニスの原型）に熱中し、妻たちをあまり構わなかったせいか、妃たちは、若い貴公子たちを連れ込んでアヴァンテュールを愉しみはじめた。

ところが、王子たちの姉である辣腕《らつわん》のイザベルが英国から帰国したとき、女の勘で異変に気づいた。遊び相手の貴族を捕らえて拷問《ごうもん》にかけると不倫が明らかになり、彼らは局所を切り取られ、皮を剝《は》ぎ取られ、車裂きにされた。妃たちはノルマンディーのセーヌ川を見下ろす丘にリチャード1世が築いたガイヤール城に幽閉された。

ただ、当時は姦通《かんつう》は離婚の理由にならなかったので、王子たちは再婚もできなかった。ルイ10世はついにマルグルット妃を刺客に殺させて再婚し、その死後に生まれたジャン1世遺児王が即位したが夭折《ようせつ》した。

そして、フィリップ5世も在位6年で死んだ。最後のシャルル4世は、もともと近親婚で無効といって離婚し、皇帝ハインリヒ7世の皇女と再婚したが彼女は馬車の転覆事故で死んでしまい、エヴルー伯令嬢ジャンヌと再々婚したが娘が生まれただけだった。

こうしてフィリップ4世の男系男子の子孫はだれもいなくなった。そこで、ルイ10世のジャンヌ王女も候補に挙がったが、密通事件のこともありジャンヌがルイの子であるかも疑わしいこともある。三部会は西暦420年ごろにフランク族の名門であるサリ族が定めた『サリカ法典』に、不動産の相続を男系に限る条文があるといって、フィリップ4世の弟の子であるヴァロワ家のフィリップ6世を王にした（1328年）。

これに対し、フィリップ4世の娘イザベルを母にもつイングランドのエドワード3世がフランス王の正統な継承者だと名乗り出て、英仏百年戦争がはじまった（1339〜1453年）。はじめはイングランド側が有利だったが、黒死病（ペスト）が流行して戦況は膠着《こうちゃく》した。その後、シャルル6世の時代に入るが、シャルル6世は母から精神病を受け継ぎ、妃のイザボー・ド・バヴィエール（バイエルン公女）の放蕩《ほうとう》がさらに王を苦しめ、皇太子であるシャルル王太子（のちのシャルル7世）の正統性を曖昧《あいまい》にした。

そこで、トロワ条約（1420年）で王太子シャルルを廃嫡《はいちゃく》し、英国王ヘンリー5世を王女カトリーヌと結婚させてフランス王位継承者とすると定められた（フランス王太子はドーファンを称号とするが、これはグルノーブルなどドーフィネ地方の領主だったヴィエンヌ伯が1349年、領地をフランス王に譲る条件に王太子にこの称号を名乗ることを条件としたため、ジャン2世以降が名乗った）。

こうしてフランスがイングランド王に乗っ取られようとしたとき現れたのが、オルレアンの少女ジャンヌ・ダルクだ。ありふれた少女が、夢のなかで大天使聖ミカエルから「王太子に会い、オルレアンを救うように」とお告げを受けたのは、そういうことがあればいいのにという大人たちの話を、なにがしかでも聞いていたからこそ思い浮かんだのだろう。

もうひとつの幸運は、ヘンリー5世はシャルル6世に先立って死に、残された生後9ヵ月の新英国王ヘンリー6世が祖父であるシャルル6世の死後はフランス王になると宣言もされたのだが、赤ん坊では説得力がなかった。

シャルル王太子は本人が本当にシャルル6世の子であるか自信がなかったのだが、ジャンヌ・ダルクがシノン城にやってきて、家臣たちに交じって隠れている王太子を見つけて「貴方が王様の本当のお子様であることを申し上げます」といったので自信をもった。

そして、決戦の地だったオルレアンを、「イエス・キリストと聖母の名と百合の花（フランス王家の象徴）の縫い取りをした旗」を掲げて解放し、英国軍に占領されているパリでなく、初代クローヴィス王以来のゆかりの地であるランスで戴冠《たいかん》式を強行してシャルル7世となった。

英国はジャンヌ・ダルクを魔女扱いしてルーアンで火あぶりにしたが（1431年）時すでに遅く、しかも、イングランドではヘンリー6世がフランス王家から引き継いだ精神病に悩まされるなかで薔薇《ばら》戦争がはじまって、百年戦争は自然消滅した。

▼ランカスター家とヨーク家が薔薇戦争で凄惨な内乱に突入――英

イングランドでは、百年戦争（1339〜1453年）が終息したのち、ランカスター家とヨーク家のあいだで王位をめぐる薔薇戦争（1455〜85年）の時代があった。名称はヨーク家が白薔薇、ランカスター家が赤薔薇を紋章としたことに由来する。日本の南北朝時代のような話だが、こちらのほうがはるかに凄惨《せいさん》だった。

このとき、リチャード3世（ヨーク家）は、はじめは父や兄を助けていたが、狡猾《こうかつ》、残忍、不敵な話術で反対者を葬《ほうむ》り去り、甥を殺して王位に就いた。が、最後はランカスター系の血を引くテューダー家のヘンリー7世に敗れて戦死した。

シェークスピアの『リチャード3世』は、文豪の最高傑作のひとつといわれるが、その遺体は行方不明になっていた。ところが、2012年になってレスター市内の駐車場で発見された人骨から採取したDNAが、姉アン・オブ・ヨークの子孫とされているカナダ人の家具商、マイケル・イブセンのDNAと一致した。頭部などの外傷も史書にある戦死の描写と一致するので、リチャード3世の遺骨と確認された。

百年戦争をはじめたエドワード3世の子で勇猛だが残酷なエドワード黒太子は、即位することなく死んだので、その子でボルドー育ちのリチャード2世が祖父から王位を引き継いだ。しかし、跡継ぎがいなかったので、従兄弟やその子が候補となった。

兄弟の長幼の順でいえば、早く死んでいたクラレンス公ライオネル・オブ・アントワープの孫であるマーチ伯ロジャー・モーティマーなのだが、ランカスター家やヨーク家が承知せず、結局、ランカスター家のヘンリー4世がリチャード2世を廃して即位した。そして、その子と孫がジャンヌ・ダルクにフランス王としての即位を邪魔されたヘンリー5世と6世である。

ところが、ヘンリー6世は祖父のフランス王シャルル6世と同じように周期的に精神に異常をきたしたので、ヨーク家の当主であるとともに、女系ではクラレンス家の相続人でもあるエドワード4世が王位に就いた。

だが、ヘンリー6世は正気を取り戻し、王妃のマーガレット（仏語名マルグリッド・ダンジュー）の奮闘もあっていったんは復位したが、戦いに敗れてエドワード4世が再登板した。その子のエドワード5世は叔父のリチャード3世にロンドン塔に幽閉され、やがて行方不明となり王位を奪われた。リチャード3世は自ら即位を宣言した。

ここで登場したのが、テューダー家のヘンリー7世である。ヘンリーの祖父であるオウエンはウェールズ貴族だったが、ヘンリー5世の未亡人でフランス王女のキャサリンの秘書役として仕えていたうちに愛人関係になり結婚した。彼らの子のエドマンドはヘンリー4世の異母弟（父であるジョン・ゴードンと再婚相手の子）の孫娘であるマーガレットと結婚し、生まれたのがヘンリー7世である。

ヘンリー7世は、1485年、ボズワースの戦いでリチャード3世を破って即位しテューダー朝を開く。しかも、ヨーク家のエドワード4世の王女であるエリザベスと結婚したので、それによって、ランカスター家とヨーク家が結合され、薔薇戦争は終わったのである。

この時代は離婚は認められないが、近親結婚だったことが判明したといって無効にするとか、再婚相手の出自とか、結婚前の子をどう扱うかで嫡出子《ちゃくしゅつし》として認めるかどうか、教会のさじ加減ができたので、争いも、扱いが変更されることも多かった。

さらに、最近ではDNA検査で新たな謎が生じている。先に紹介したリチャード3世の骨が見つかったのを機にY染色体を調べたところ、ヨーク家出身のリチャードとランカスター家系統の何人かは系図上はいるはずの共通の男系先祖をもっていないことが判明した。つまり、どちらかで王妃が浮気したらしいのである。もしかすると、現在の英国王室に血縁的な正統性がない可能性が出てきたというわけだ。

この戦争では、身代金を取るとかでなく、互いに相手の系統を根絶やしにしようという姿勢だったので、多くの大貴族が滅びた。ただし、一般市民にそれほど大きな犠牲《ぎせい》はなかったのは幸いだった。

百年戦争のさなかの1381年に「ワット＝タイラーの乱」という農民一揆が起こった。百年戦争の戦費調達のためリチャード2世が人頭税の課税を決めたのに対して、聖職者ジョン・ボールがつくった「アダムが耕しイブが紡《つむ》いでいたとき、だれが領主だったか」という戯《ざ》れ歌が流行し、農民が反乱した。

英国史では珍しい「革命」だったが、最後は国王側に騙《だま》されて収束した。ただ、飢饉《ききん》による人口減のけがの功名で、農民の待遇は改善したし、ジェントリーと呼ばれる自作農が増えた。

▼プラハはドイツ文化圏で最高の都市だった――独

ウォルト・ディズニーの一族はフランス系移民なので、『眠れる森の美女』など彼のつくり出す風景は、彼の郷愁のなかにある中世フランスを描いた絵本のイメージである。一方、日本人は、なぜか、『グリム童話』に出てきそうな中世ドイツの風景を求めたがるのだが、ドイツの主要都市は近世から現代にいたるまで戦火に遭っているので、あまり歴史的景観は残っていない。

ロマンティック街道（突出して日本人が好きな観光コースだ）のローテンブルクはよい保存状態だが、小さすぎる。戦前のドイツでもっとも美しい大都市はどこかといえば、16世紀にザクセン選帝侯の城下町として建設され「北のフィレンツェ」とうたわれたドレスデンだったかもしれないが、第二次大戦末期にドイツ敗北が決定的になったあとの英国空軍による謎の爆撃で壊滅した。ツウィンガー宮殿やゼンパーオーパー（現ザクセン州立歌劇場）は忠実に再建されたが、周囲は社会主義的な味気ない町だ。

ゲーテの『若きウェルテルの悩み』の悩みの舞台になったハイデルベルクは美しいが、ルイ14世のフランス軍の侵略によって灰燼《かいじん》に帰したのちの再建だから18世紀の町並みだ。

それでは、神聖ローマ帝国の栄光を実感できる大都市はどこかといえば、第一にチェコのプラハ、第二にフランスのストラスブールではないか。とくにプラハには、ユダヤ人居住地ゲットーがヒトラーによる破壊を免れてそのまま残る。

プラハのシンボルは、モルダウ川にかかるカレル橋である。カレルというのは、14世紀の神聖ローマ帝国の皇帝であったカール4世のボヘミア王としての名である。欄干《らんかん》に30体の聖人像が立っている。プラハを文化都市にすべく力を注いだカール4世は、プラハの恩人としても知られている。

スメタナの連作交響詩『わが祖国』で描かれるボヘミアの森と野には、古い城館も多いが、カルルシュタイン城はカール4世ゆかりだ。ボヘミアという名前は、ケルト系のボイイ人に由来するが、スラヴ人が進出し、9世紀にはモラヴィア王国（チェコ東部。首都はブルノ）の一部だったが、12世紀に神聖ローマ帝国内のボヘミア（独語名ベーメン）王国となった。だから、チェコは帝国内だが、スロヴァキアは帝国外だ。

14世紀なかばに、ルクセンブルク公がボヘミア王を兼ねることになり、有力諸侯のひとつとして神聖ローマ皇帝を何人も出したので、首都プラハは中欧ルネサンスの中心となり、実質的な帝国の首都といってもよい時期があった。プラハ大学も1348年にカール4世による創立で、ドイツ圏で最古である、

神聖ローマ帝国では、フリードリヒ2世のあとまもなくホーエンシュタウフェン朝は断絶したのち、皇帝不在の大空位時代《だいくうい》（1254～73年）があった。本当の意味での空位でなく、対立する拮抗《きっこう》した力のドイツ王が並立した「対立王時代」というほうが正しいかもしれないが、ローマ教皇から戴冠《たいかん》された皇帝がいなかったのは確かだ。

このなかには、イングランドのエドワード3世の子でコーンウォール公だったリチャード（独語名リヒャルト）とか、カスティリャ王アルフォンゾ10世、ホラント伯ウイレムなどもいたが、「神聖ローマ帝国」という名をはじめて使ったのは、このウイレムだったというのは皮肉だ。

皇帝が弱体であることは、諸侯にとって都合がよかったのだが、それも度が過ぎるとフランスにヨーロッパの主導権をとられるのも心配になってくる。そこで、とりあえずは領邦としての力はないが、まとめ役として有能で処世術も巧みで義理堅いのはどうだということで選ばれたのが、スイスの小領主だったハプスブルク家のルドルフ1世（在位1273～91年）なのだが、これも

一代だけであった。

そんなななかで、比較的に安定していたのが、ルクセンブルク家の皇帝たちである。ハインリヒ7世（在位1308〜13年）は久々にイタリアに遠征し、皇帝となった。イタリアでは混乱を鎮めてくれるのではないかと歓迎され、詩人ダンテもおおいに期待したのだが、南イタリア遠征中に急死した。マラリアとも暗殺ともいわれている。

その子のヨハンはドイツ王には選出されず、病気で盲目になったにもかかわらず、娘婿のフランス王ジャン2世のために百年戦争前期の1346年、クレシーの戦いに参加して戦死、騎士の鑑《かがみ》といわれた。その子で母方からの相続でボヘミア王でもあったのが皇帝カール4世（在位1346〜78年）だ。

カール4世は、1356年に「金印勅書」を出して、神聖ローマ皇帝選出の方法を固定化し、ローマ教皇からの干渉も排除することに成功した。皇帝選出権を有力諸侯の7人に限定し（七選帝侯）、皇帝の君主権を確定させる一方、各領邦（ラント）の独立性も保障したのである。

この金印勅書では、皇帝の選挙はフランクフルトで、戴冠式はアーヘンでおこなうとされたが、アーヘンだとケルン大司教の勢力圏であることを、ドイツ大宰相の肩書をもって皇帝選出の選挙管理人だったマインツの大司教が嫌って、やがて、これもフランクフルトに移された。

なお、七選帝侯は、①マインツ大司教、②トリーア大司教、③ケルン大司教、④ボヘミア王、

⑤ライン宮中伯（1648年にウェストファリア条約でバイエルン公に移動）、⑥ザクセン公、⑦ブランデンブルク辺境伯である。

このほか時代によっては、ハノーヴァー、ライン・プファルツ、バーデン、ザルツブルク、ヘッセン、ウュルテンブルクが権利を持っていたこともある。

第3章

ハプスブルク帝国全盛と宗教改革

	神聖ローマ帝国	その他地域
	マクシミリアン1世(1486/帝位1493～1519)	1488 ポルトガルのディアス、喜望峰到達(大航海時代) 1492 グラナダ陥落(イベリア半島のレコンキスタ完了) 1492 コロンブス、スペインの援助を受けアメリカ大陸到達
	1517 ルター「九十五ヵ条の論題」(宗教改革はじまる) シャルルカン、皇帝に(カール5世、帝位1519～56)	1516 スペイン・ハプスブルク朝(～1700) カルロス1世(シャルルカン、1516～56)
ハプスブルク朝	1521 ウォルムス帝国議会 1524 農民戦争(～25) 1526 オスマン軍侵入(～29) 1529 オスマン軍、第1次ウィーン包囲	
	1546 シュマルカルデン戦争(～47) 1555 アウクスブルク宗教和議 1556 ハプスブルク家、スペイン系とオーストリア系に分裂 フェルディナント1世(1531/帝位1556～64)	1554 スペイン王子フェリペ、英女王メアリー1世と結婚 フェリペ2世(1556～98)
	マクシミリアン2世(帝位1564～76) ルドルフ2世(帝位1576～1612)	1568 オランダ、スペインからの独立運動始まる 1578 ネーデルラント北部7州、ユトレヒト同盟
		オランダ総督ウィレム1世(1581～84) 1581 ネーデルラント連邦共和国(オランダ、～1795)
	1602 ボヘミアの新教徒弾圧はじまる マティアス(帝位1612～19)	1607 アメリカ大陸のヴァージニアにジェームズタウンン植民地建設(英) 1608 アメリカ大陸にケベック植民地建設(仏)

►年表・第3章

年	イングランド	フランス	イタリア諸国家・ローマ教皇
	テューダー朝	ヴァロワ朝	
	1485 テューダー朝(〜1603) ヘンリー7世(1485〜1509)	シャルル8世(1483〜98)	教皇アレクサンデル6世 (1492〜1503)
		(1494 シャルル8世のイタリア遠征)	(1494 シャルル8世のイタリア遠征)
		ヴァロワ・オルレアン朝 1498 ヴァロワ・オルレアン朝(〜1589) ルイ12世(1498〜1515)	
1500	ヘンリー8世(1509〜47) 1515 囲い込み制限令 1516 トマス・モア『ユートピア』	フランソワ1世(1515〜47)	1506 サンピエトロ大聖堂新築開始 このころ、レオナルド・ダ・ヴィンチが『モナリザ』制作 1513 教皇レオ10世、 贖宥状(免罪符)販売
1520		1521 仏・独間でイタリア戦争	1521 仏・独間でイタリア戦争
	1533 ヘンリー8世、キャサリンと 離婚し、アン・ブーリンと結婚 1534 国王を国教会の最高首長 とする「首長法」発布(英国教会成立) 1535 トマス・モア処刑 1536 ウェールズ併合		
1540	エドワード6世(1547〜53) メアリー1世(1553〜58) 旧教復活、新教徒迫害 エリザベス1世(1558〜1603) 1559 統一法発布 (英国教会の確立)	アンリ2世(1547〜59) フランソワ2世(1559〜60)	1545 トリエント公会議はじまる (〜63)
		1559 カトー・カンブレジ条約(イタリア戦争終結)	1559 カトー・カンブレジ条約(イタリア戦争終結)
1560		シャルル9世(1560〜74) 1562 ユグノー戦争おこる(〜98)	
	1571 レパントの海戦(スペイン・ヴェネツィア・ローマ教皇軍がオスマン帝国を破る)	1571 レパントの海戦(スペイン・ヴェネツィア・ローマ教皇軍がオスマン帝国を破る)	1571 レパントの海戦(スペイン・ヴェネツィア・ローマ教皇軍がオスマン帝国を破る)
		1572 サンバルテミーの虐殺 アンリ3世(1574〜89)	
1580	1587 メアリー・スチュワート処刑 1588 英艦隊、スペイン無敵艦隊 に勝利 1598 救貧法制定 1600 東インド会社設立	三アンリの戦い(1585〜89) 1589 アンリ3世暗殺 ブルボン朝 1589 ブルボン朝(〜1792、1814〜30) アンリ4世(1589〜1610) 1598 ユグノー戦争おわる 1598 ナントの勅令 1599 シュリの財政改革	
1600	1603 ステュアート朝 (〜49、1660〜1714) ジェームズ1世(1603〜25)	1604 カナダ植民の開始 1610 アンリ4世、 旧教徒に暗殺される ルイ13世(1610〜43)	

▼ハプスブルク家が固執した中世ブルゴーニュ公国の遺産

ハプスブルク家の全盛期を象徴するのが、ドイツではカール5世（在位1519～56年）、スペインでカルロス1世（同1516～56年）、そして、フランスでシャルルカンと呼ばれる帝王である。どの名で呼ぶべきかむずかしいが、英語でもよく使われるので、本書では原則としてシャルルカンで代表したい。

神聖ローマ帝国の皇帝であり、オーストリアなどドイツ内でのハプスブルク家の所領、オランダやベルギー、スペインとその南米などでの植民地、ミラノ、ナポリ、シチリアなど広大な領土を手にしていた。

しかし、この「日の沈むことなき世界帝国」の持ち主は、現実に支配する領地より、曾祖父（父の外祖父）の本拠地だったフランスのブルゴーニュ地方を手に入れて絢爛《けんらん》たる文化の華を咲かせたブルゴーニュ公国を再建することにこだわった。

そして、この全能の君主は、ルターがはじめた宗教改革の嵐が吹き荒れた晩年、痛風《つうふう》に悩まされスペインの修道院に引退するが、ブルゴーニュを取り戻したら、その首都であるディジョンに葬《ほうむ》ってほしいと遺言して死んだ。

私がブルゴーニュ公国の栄光をはじめて意識したのは、はじめての出張でベルギーへ行ったときだ。先輩に「北のヴェネツィア」と呼ばれる水の都であるブリュージュへ案内され、運河が窓から見える「ブルゴーニュ公」という名の豪華なレストランでごちそうになった。

そのときは、仏ワインの名産地にちなんでつけた名前かと思ったが、のちにヨーロッパ中世史を勉強して、ここブリュージュもベルギー北西部フランドル地方を併合したブルゴーニュ公国の中心都市のひとつであり、シャルルカンが生まれたのも、近くのガン（ゲント）の町だと知った。

ちなみにフランドルという地名は、本来はフランドル伯の領地で、ブリュージュとかガンの周辺だが、歴史的にはベルギー、オランダ一帯を指すこともあるし、現在ではアントワープを中心としたベルギー北東部のフラマン語地域全体を指すことが多い。

毛織物産業が繁栄する富裕なフランドル地方をもつブルゴーニュ公国は、中世ヨーロッパの一大勢力であった。オランダの歴史家ホイジンガの『中世の秋』は、中世の黄昏《たそがれ》に、豪奢《ごうしゃ》で荘重《そうちょう》でやたら「死」のにおいを感じさせる文化を花開かせたこのブルゴーニュ公国を舞台にしているし、ハプスブルク家がのちに本拠としたウィーン宮廷の華やかさのルーツもここにある。

ブルゴーニュ公の宮廷でもよおされる祝宴での作法は、のちにスペインにもち込まれ、さらに、ウィーンの宮廷文化として結実したのである。

ブルゴーニュ公国の初代は、フランス王国ヴァロワ朝ジャン2世の子であるフィリップ・ル・

アルディ（豪胆公。在位１３６３～１４０４年）だ。ブルゴーニュを親王領（アパナージュ）としてもらったのだが、この制度は、嫡系の男系男子子孫にのみ引き継がれ、断絶したら国王の元に戻るものだった。

フィリップは、フランドル伯家のマルグリッドと結婚して、フランドル、アルトワを手に入れた。さらにその子孫は、ブリュッセル周辺のブラバントやオランダ、フランシュコンテ（ブルゴーニュ伯領）も獲得し、フランスとドイツの中間地帯に、かつてフランク王国を三分割したときにできたロタールの王国（ロタリンギア）に近いものが再登場した。英仏百年戦争では英国側に味方したりした。

二代目のジャン・サン・プール（無怖公）は、百年戦争でシャルル6世の摂政権をめぐって英国と組み、アルマニャック派と呼ばれるオルレアン公およびシャルル王太子と戦い暗殺された。

三代目のフィリップ・ル・ボン（善良公）は名君で、フランドル絵画など文化を興隆させたが、英国王に与《くみ》してジャンヌ・ダルクを火あぶりにした。

そして、最後のブルゴーニュ公となるシャルル・ル・テメレール（突進公）は、独立国となってフランスから独立したいと戦線を拡大したが、独立を阻止せんとするルイ11世の権謀術数によって、ロレーヌ公やチロル公と連合したスイス軍と交戦中にロレーヌのナンシー付近で戦死した（１４７７年）。

シャルルには、マリーという娘しかいなかったので、フランス法に基づきブルゴーニュ公領と北フランスのピカルディはフランス王の元に戻った。

しかし、フランドルやフランシュコンテなど神聖ローマ帝国内の領土は、マリーが神聖ローマ帝国皇帝マクシミリアンと結婚したので、ハプスブルク家のものになってしまった。マリーはスポーツが大好きな女性で夫とは相思相愛だったが、妊娠中に狩猟に出て事故が原因で死んだ。

彼らの子のフィリップ美公（父より早く死んだので皇帝にはならなかった）は、スペインを統一したイザベル女王（カスティリャ王国）とフェルナンド王（アラゴン王国）の娘であるファナと結婚し、ガン（ゲント）の城で生まれた男の子は、曾祖父の名を取ってシャルルと名づけられた（１５００年）。これがシャルルカン（カール５世）である。

イザベルとフェルナンドがグラナダ（イベリア半島最後のイスラム勢力）を陥落させてレコンキスタ（国土回復運動。スペイン語で再征服の意）を完結させ、コロンブスがアメリカ大陸を発見した８年後のことだ。

▼スペイン王と皇帝を兼ねたシャルルカン（カール５世）――独

スペインを統一し、「カトリック両王（レイ・カトリカ）」と呼ばれたイザベル女王とフェルナンド王には、ファンという王子がいたから、スペイン王国はファンが継承し、シャルルカンはオーストリアなどハプスブルク家代々の領地とフランドルを領し、神聖ローマ帝国の帝冠を手に入れ、フランドルの富を背負った強力なドイツ王となるはずだった。

ファンの妃はフィリップ美公の妹マルグリードだったから、スペインとハプスブルク家で娘を交換した形だった。ところが、ファンは早世し、その妹のファナは精神の病におかされたので、シャルルカン少年がハプスブルク家の当主のままスペイン王（カルロス1世）となった（ファナも形式的には共同君主。ちなみに、マルグリードはのちにサヴォア公フィリベルト2世と再婚し、そののちには、シャルルカンのネーデルラント総督として辣腕《らつわん》をふるった。欧州史上でもっともすぐれた女性政治家のひとりだ）。

シャルルカンはフランス語とフランドル語しかできなかったが、フランス領を避けてフランドルから荒波の大西洋を波任せに直行で航海してスペインの寒村に上陸し、バリャドリードでスペイン王となった。

カスティリャ王国はコロンブスが発見したアメリカ大陸を植民地とし、アラゴン王国はナポリ、シチリアなどイタリアに領土をもっていたが、これらはすべてシャルルカンのものになった。

さらに、ローマ教皇の後ろ盾で帝位を狙ったフランスのフランソワ1世に対抗するため、アウクスブルクの商人フッガー家に資金を借りて選帝侯たちを買収し、神聖ローマ帝国皇帝となった。ヴィクトル・ユゴーの戯曲とヴェルディのオペラ『エルナーニ』はこのときの物語だ。

シャルルカンの帝国の大部分は息子のフェリペ2世が相続したが、神聖ローマ皇帝の帝位とオーストリアは、弟のフェルディナントに分与された。しかし、帝国内領地でもっとも豊かなフランドルは、フェリペ2世のスペイン領にとどまった。

スペイン王となったフェリペ2世は四度結婚しているが、二番目はイギリス女王メアリー1世だった。女王の懐妊が発表されたのだが、出産予定が過ぎて、それは想像妊娠だったことが判明した。そのあとフェリペはほとんどロンドンには滞在しなかった。

ルターが宗教改革を起こしたとき、シャルルカンは比較的柔軟だったが、根っからのスペイン人で熱烈なカトリック教徒のフェリペは、フランドルにタカ派のスペイン貴族アルバ公を派遣して新教徒（プロテスタント）を弾圧した。

だが、フランドルの反乱は拡大し、アルバ公と交代したイタリア人コロンナ公の懐柔作戦で南部のベルギー地方は維持できたが、北部は独立してオランダになった（1568〜1609年、オランダ独立戦争）。シラーの戯曲とヴェルディの歌劇『ドン・カルロス』は、この事件が題材の一部だ。

一方、イングランドでは愛する夫に去られて絶望したメアリー1世が亡くなり、新教徒のエリザベスが女王となった。カトリック各国は、花婿候補を差し向けたが失敗した。

その後、エリザベス女王が独身のまま死んだあとは、スコットランド王ジェームズ6世がイングランドの王冠も手に入れたのだが（イングランド王としてはジェームズ1世）、その母であるスコットランド女王メアリーの母は、フランスの大貴族ロレーヌ公家の分家で頑迷なカトリック派の領袖だったギーズ公（ロレーヌ家分家）フランソワの姉妹であった。そして、このギーズ公フランソワとルイ12世の孫であるアンヌ・デステ（イタリアのフェラーラ公女）の子であるアンリ・ド・ギーズは、フランスの宗教戦争であるユグノー戦争で、フランス王位をのちのアンリ4世（ナヴァール王）と争うことになる。

さらに、18世紀になると、ロレーヌ（独語名ロートリンゲン）家のフランソワ（同フランツ）がマリア・テレジアと結婚してハプスブルク・ロートリンゲン家として合一するのだが、それはまたのちの話だ。

日本の戦国時代にあたる15世紀後半から16世紀のヨーロッパ史は、このあたりの家族関係を頭に置いておかないと理解不能なので、まず、先にシャルルカンをめぐる人間模様を説明しておいた。これを前提に各国史をご理解いただきたい。

いずれにせよ、フランドル地方や仏独中間地域などブルゴーニュ公国の遺産をめぐる複雑な国際関係は、二度の世界大戦を経て、欧州統合が実現するまで解消しなかったのであるから、ブルゴーニュ公国こそ西洋史の鍵なのだ。

▼イタリアをめぐる仏独の覇権争い

仏

シャルルマーニュ（カール大帝）のフランク王国が分裂したころから、ドイツの皇帝はドイツ諸侯の協力を得ながら東方貿易で繁栄するイタリアを手中におさめようとしてきた。一方、フランス王はプロヴァンス、ルシヨン（地中海とスペイン国境に接する地域）、アキテーヌ、ロタリンギア（仏独国境）、ブルターニュといった外縁部を取り込むことに全力を上げた。

そして、イタリア商人たちと組んで十字軍の中心になったのはフランスの騎士たちだった。その過程でルイ9世の弟であるシャルル・ダンジューがシチリアとナポリの国王になった。

第2章で触れたがシチリアでは、ヴェルディのオペラ『シチリアの晩禱《ばんとう》』で知られる住民の反乱でフランス兵が殺される事件が起こってシャルルは追い出されたが、ナポリ王（在位1265～85年）にはとどまり、その子孫は1442年までナポリを支配した。

そして、このナポリ王国の継承権が、フランス王によるイタリアへの干渉の口実になる（ナポリとシチリア島が「両シチリア」と呼ばれるのは、シチリア王国が分裂してシチリア王国とナポリ王国になってナポリ王も公式にはシチリア王を称号としたからだ）。

ジャンヌ・ダルクのおかげで百年戦争に勝利し国王となったシャルル7世（在位1422～61

年）は、ジャンヌには薄情であまり感謝していないようだったが、フランスに強い軍隊と統一をもたらし経済を再建した名君だった。

経済人としてこの偉業を支えたのが、ブリュージュの商人であるジャック・クールだ。いまでいう総合商社を経営して、フランス国内はもちろん、地中海のどこにでも百合の花（フランス王の象徴）を掲げた商船が見られるようになった。

そして、その経営の才を国庫のためにも使ったし、すばらしい邸宅をブリュージュなどあちこちに建てた。ただ、その富と権力を妬《ねた》まれて、イタリアに亡命し、ギリシアのキオス島で死んだ。トルコのイズミルの沖合に浮かぶ、ホメロスの生まれた島だ。

シャルル7世の愛妾アニエス・ソレルは、フランスの画家ジャン・フーケの『天使たちに囲まれた聖母子（ムランの聖母子）』のモデルでもあるが、ダイヤモンドをはじめて装身具として使った女性として知られている。それまでダイヤモンドは男性専用だったのだ。

シャルル7世の子のルイ11世は、父に反抗しライバルだったブルゴーニュ公のもとに亡命したことがある。そのとき、息子の腹黒さを知る父親は「ブルゴーニュ公はやがて自分を喰う狐を飼っている鶏のようなものだ」と皮肉った。

ルイ11世は、疑い深くつねに何かを怖れていた。占星術や医術や珍しい武具や動物の収集家であり、同様の趣味をもつフィレンツェのロレンツォ公（メディチ家）と文通した。騎士道精神など馬鹿にし、英国王エドワード4世やその廷臣に卑屈《ひくつ》に貢ぎ物をし、捕虜になればなんでも約束し、解放されればすべて撤回した。

だれからも愛されない奇人王だったが、商取引を安定させ、フランス王国を強化する術をすべて心得た偉大な王であった。ブルゴーニュ公国のシャルル突進公を戦死に追い込み、ブルゴーニュをフランスに取り戻したのはこの王だ。

次のシャルル8世はシャルルカンの姉であるマルグリードの婚約者だったが、アンヌ・ド・ブルターニュ（ブルターニュ公女）と結婚して、ブルターニュ公国（首都はナント）をフランスに併合することを優先した。

このころフランスに限らず各国の宮廷には、イタリアから、官僚、技術者、商人、芸術家などが招かれていた。彼らの多くは母国で悪い立場になってやってきたのだから、あることないこと取り混ぜて母国への冒険にフランス人たちを誘った。

シャルル8世は、ナポリを支配していたアラゴン王を煙たがった教皇アレクサンドロ6世とその庶子チェーザレ・ボルジアや、レオナルド・ダ・ヴィンチの支援者だったミラノのルドヴィーコ・イル・モロから要請されて、イタリアに遠征した（イタリア戦争、1494〜1559年）。あのシャルル・ダンジューとの縁から、フランス王にはナポリを要求する口実があった。

リヨンからアルプスを越えて各都市に入城し、歓呼の声に迎えられ、フィレンツェでは怪僧サヴォナローラも救世軍として歓迎した。しかし、スイス傭兵《ようへい》など軍隊の略奪がひどかったので、嫌われはじめた。

たちまち反仏同盟が成立して、ナポリ王の本家筋にあたるアラゴン王フェルナンド（イザベル女王の夫）はシチリアに上陸して、フランス軍を圧迫した。

フランス軍は這々《ほうほう》の体《てい》で帰国した。しかし、兵士たちはイタリアに魅了され、戦利品に酔い、その後もフランス人たちはイタリアでの領土獲得を、なにより優先したのである。余談だが、この遠征で新大陸由来の梅毒がイタリアから全欧州に広まった。

▼『モナリザ』がルーヴル美術館にある理由——仏

イタリアから這々の体で帰国したシャルル8世だが、王妃アンヌ・ド・ブルターニュからあたたかく迎えられ、アンボワーズの城は文化に理解のあるアンヌ王妃の手でイタリア土産の美術品で美しく飾られ、フランス・ルネサンスの花が開く準備が整えられた。

ところがシャルル8世は、テニスの原型であるポームの練習に行く途中に、なんとアンボワーズ城の城門の縁石に頭をぶつけて死んでしまった。このとき、アンヌとの子はすべて夭折《ようせつ》していたので、シャルル8世の曾祖父であるシャルル6世の弟の孫にすぎないオルレアン公がルイ12世として即位した。

彼はルイ11世の王女と結婚していたが、少年時代のあまり気の進まぬ結婚だったらしく、また、アンヌ王妃に好意をもっていた。さらに、フランスとブルターニュの絆《きずな》を保つことは至上命令だったので、離婚してアンヌ王妃と結婚した。この離婚にいたる宗教裁判を物語にしたのがフランス中世史を題材とする作品が多い佐藤賢一《さとうけんいち》の『王妃の離婚』という小説だ。

映画『ベニスに死す』などの名作で知られるルキーノ・ヴィスコンティ監督は、ミラノを支配したスフォルツァ家と覇《は》を争った一族の出身だが、ルイ12世は、この一族の全盛期に登場したジャン・ガレアッツォ・ヴィスコンティの曾孫であった。

さて、ルイ12世は、これを口実にイタリアへ出兵した。娘のクロードに嫁資《かし》としてブルターニュとブルゴーニュの領土をつけて、ハプスブルク家のシャルルカンに渡そうと提案するほどミラノにこだわったが、地元に反対されて中止した。

ここまでのイタリア戦争はフランスの失敗だったが、アルプスの向こう側で戦われたので、国土の開発は邪魔されることなく進んだ。

ルイ12世にも跡継ぎがいなかったので、従兄弟の子で、長女クロードの夫であるアングレーム伯フランソワ（のちのフランソワ1世、在位1515〜47年）が王位についた。

ヴェルディの歌劇『リゴレット』で『女心の歌』を歌うのは、イタリアのマントヴァ公だが、原作であるヴィクトル・ユゴーの小説『王は愉しむ』では、フランソワ1世である。

フランソワは、母で有能な政治家だったルイーズ・ド・サヴォアと、フランス版『デカメロン』といわれる『エプタメロン』の作者で宗教改革の理解者としても知られた姉でナヴァール王妃になったマルグリットのもと、陽気で自由奔放《ほんぽう》な若者に育った。

このフランソワのライバルが、神聖ローマ皇帝でスペイン王のシャルルカン（カール5世・カルロス1世）だった。フランソワ1世は皇帝位をシャルルカンと選挙で争って敗れ、神聖ローマ皇帝になる野望は実現しなかったが、英国王ヘンリー8世やオスマン皇帝スレイマン1世と結んで、シャルルカンに対抗した。

フランソワ1世もイタリアへ遠征したが、パヴィアでシャルルカンの捕虜となり、スペインで幽囚《ゆうしゅう》の身となった。フランソワは、ブルゴーニュ地方をシャルルカンに譲り渡す約束で解放されたが、自由になると教皇クレメンス7世の支持で無効にすることに成功した。

そして、フランソワ1世のイタリア戦争は、とてつもない戦利品をフランスにもたらした。ミラノからレオナルド・ダ・ヴィンチが『モナリザ』を携えてアンボワーズ城にやってきて、フランソワ1世がこれを購入したのである。

フランソワ1世の思い出は、新大陸にもある。ブルターニュの美しい城塞都市サン・マロの探検家ジャック・カルティエが、王に支援されてカナダのケベック植民地の基礎を築いたのだ。

晴れた日にサン・マロの要塞に立って大西洋を眺めれば、海のかなたにカナダがあることを実感できる。ブルターニュはプロローグに書いたようにケルト人の国で、生牡蠣《なまがき》やクレープが名物だ。世界遺産モン・サンミシェルはノルマンディー地方の西端、ブルターニュの入り口にあって、カロリング朝から19世紀までかかって建設された絶景だ。

▼英国国教会をつくったヘンリー8世と6人の王妃たち——英

ヨーロッパの政治や文化においてイングランドがメジャーな大国になったのは、ヘンリー8世（在位1509〜47年）と、その娘エリザベス1世（在位1558〜1603年）という二人の偉大な君主が登場したテューダー朝の時代からである。

ヘンリー8世は、テューダー朝の二代目である。テューダー朝の初代はヘンリー7世だ。ウェールズ出身の貴族で、秘書として仕えていた相手であるヘンリー5世未亡人（父はフランス王シャルル6世）の再婚相手となり、その子孫が王室の血を引く女性と結婚して生まれた子が、ヘンリー7世となったことはすでに紹介した。

それまでの騎士物語的な王様たちより、実際的で進取の気風に富んでいたのは、ノルマン系フランス人のプランタジネット系の国王たちとは違って、商才などにすぐれたウェールズ人としての気質もあったからだろうか。

ヘンリー8世は、次男だったが、早く死んだ兄の王太子アーサーの妃でスペインのイザベル女王とフェルナンドの末娘、つまりシャルルカンの叔母であるキャサリン・オブ・アラゴンと結婚した。

ヘンリーは熱烈に王子の誕生を望んだ。ランカスター家とヨーク家が争った薔薇《ばら》戦争の再現を避けるためにも切実だった。ところが、キャサリンは流産をくり返し、長女メアリーを得ただけだった。そこで、愛人のアン・ブーリンと結婚するために離婚した。

もともと、ヘンリー8世は宗教改革にあっても、ローマ教会の側に立っていたのであるが、ローマ教皇も普通なら融通をきかせるところ、皇帝シャルルカンの叔母だというので頑《かたく》なだった。仕方なくヘンリー8世は英国国教会を創立したのだが、教義においてはプロテスタントの主張を少し採り入れただけで、カトリックとそれほど違わなかった。

そのアンが生んだのが、のちのエリザベス女王だ。だが、王女だったのでがっかりしたのか、ヘンリー8世は姦通《かんつう》の疑いをかけてアンを処刑し、その後も4人の妃を迎えた。

そのうち三番目の妃だったジェーン・シーモアが王子を生み、これがエドワード6世であるが、ジェーンは産褥死《さんじょくし》した。最後の妃だったキャサリン・バーはすぐれた女性で、虐待されていたメアリーやエリザベスの扱いも改善し、エリザベスには第一級の教育をした。

ヘンリー8世が死んだあとは、エドワードが即位したが、15歳で死んで、姉のメアリー1世が即位し、スペインの王太子だったのちのフェリペ2世と結婚したが、子供がないまま死んだことはすでに書いたとおりだ。

ヘンリー8世は文学、音楽、美術から科学にまで幅広い知識をもっていた。また、経済をよく理解し、海軍を強化し海運を奨励し、羊を飼うために広がりすぎた農地囲い込み（エンクロージャー）にも適切なブレーキをかけた。

大法官枢機卿《だいほうかんすうきけい》だったトマス・ウルジー、『ユートピア』の作者トマス・モア、アンとの結婚をとりまとめたトマス・クロムウェル（ピューリタン革命のあの独裁者の遠縁にあたる）など賢臣を抜擢《ばってき》してうまく使ったが、気に入らなくなると厳しい処分をし、後二者は斬首《ざんしゅ》された。

フランス王のフランソワ1世とは、生まれたのはヘンリー8世が3年早いが、死んだのは同じ年である。1520年、当時はイングランド領として大陸に残っていたカレーの地で「金襴の陣」と呼ばれる豪華なテントを互いに設置しての会談をしたが、成果はあまりなかった。

▼エリザベス女王は意外に堅実で臆病だった　英

どうしてエリザベスが一生にわたって独身で「処女王」のままだったのかは、謎であるが、肉体的に出産に耐えられないと怖れていたのか、姉のメアリーがスペインのフェリペ2世（皇太子時代）との結婚でむずかしい立場に立ったのをくり返したくないという判断とみるべきだろう。近年の映画ではアカデミー賞候補にもなったケイト・ブランシェット主演『エリザベス』が、女王が恋に敗れ「国家と結婚する」ことを決意するまでを描いていた。

宗教については、メアリー1世下のカトリック教会復活による混乱をおさめ、英国国教会の地位を確立した。だが、女王の教会への関与は強く、決して急進的なわけではない。教会とも議会ともちつもたれつで、王権を積極的に発動するというほどでなかったので、関係は円滑だった。

そのころ、フランドルに代わりイングランドで毛織物製造が盛んになり、地主による牧場化のための農地囲い込みが進行し、追われた農民の窮乏《きゅうぼう》化が進んだが、対策はとられなかった。ただ、「救貧法」が採用されて、社会保障のはじまりなどといわれる。

対外政策では、オランダのスペインに対する反乱を支持したが、これも含めて大陸のプロテスタントへの援助はひかえめで、中途半端だった。

新大陸との貿易を独占するスペインには海賊行為を容認するという方法で対抗していたが、1588年にスペインの無敵艦隊に勝って海洋帝国がスタートした。1600年に東インド会社を創設、寵臣《ちょうしん》ローリーによる北米ヴァージニア植民地への進出をはかるなど、女王がイニシアティブを取ったわけではないが、新しい動きに手を差し伸べはした。

スコットランドの女王メアリー・ステュアートが亡命してきたのに、イギリス王位を狙った陰謀にかかわったとして刑死させたが、エリザベスは最後まで逡巡《しゅんじゅん》をくり返し、ライバルを容赦しなかったというほどではない。

いずれにせよ、「私ほど臣下を愛する国王はいないでしょう、何者も私の愛と比べるべくもありません。私の前にある宝石ほど価値のある宝石はありません。それは貴方たちの愛です」という彼女の言葉のとおり、彼女は結婚もせず、イギリスという国を夫としたといってよいほどであり、国民から大きな信頼を寄せられた。

▼皇帝世襲に成功したハプスブルク家　独

スイスの国民的英雄ウィリアム・テル（独語名ウィルヘルム・テル、仏語名ギヨーム・テル）という人物は実在なのか、あるいは何人もの人々のイメージが合体したのか、には諸説ある。しかし、ウィリアム・テルが戦った相手で、テルの息子の頭に載せたリンゴを撃ち落とすように命令した代官ヘルマン・ゲスラーは実在の人物であるし、それを派遣したのは、ハプスブルク家初代ルドルフ1世の息子でドイツ王だったアルブレヒト1世だったのは確かだ。アルブレヒトは有能だったが、一族の怨みを買って暗殺された。

ハプスブルク家の名の起こりは、スイス北部でバーゼルとチューリヒの中間にあるハビヒツブルク（鷹の巣の意味）城である。だが、先のようなハプスブルク家の支配に対し独立運動が起こり、やがてスイスの独立を認めざるをえなくなった（最終的には1648年のウェストファリア条約で確定）。しかたなく、オーストリアに定着し、ウィーンを本拠とすることとなる。

初代のルドルフ1世がドイツ王（皇帝には就任していない）に選ばれたのは、外祖母がホーエンシュタウフェン家につながっていたこともあるし、教皇と皇帝の争いで皇帝側につき、義理堅く面倒見もよかったことがものをいった。しかし、ドイツ王となるや、オーストリアをめぐる諸侯のあいだの争いにつけ込んでこの地を手に入れて、新しい根拠地にした。

その孫のルドルフ4世は皇帝カール4世の娘婿となり、東ローマのユスティニアヌス帝によるとするデタラメな偽造文書をつくって「オーストリア大公」を名乗り、皇帝からの強い独立性を要求した。ハプスブルク家が強力になりすぎて警戒され、選帝侯に選ばれなかった不満の表れでもあった。

この間には、ハプルブルク家からのドイツ王としては、アルブレヒト1世の次男フリードリヒが対立王のひとりになったことがあるが、そのあとは、カール4世らルクセンブルク家の全盛期となってしまった。次にドイツ王として送り込めたのはアルブレヒト1世の玄孫《やしゃご》であるアルブレヒト2世（在位１４３８～39年）で、ルクセンブルク家のジギスムントの娘婿だったおかげである。

そのあとは、すでに説明したように、フリードリヒ3世からのちは、マクシミリアン、シャルルカン、そしてその弟のフェルディナントとすぐれた君主が連続したこともあって、ドイツ王位はおおむね世襲となり、すべて皇帝となっている。また、フリードリヒ3世の子のマクシミリアン1世以降はローマでの戴冠式もされなくなり、神聖ローマ帝国のドイツ化が進んだ。

武勇より婚姻政策でのし上がったことから、「他人をして戦わしめよ。汝《なんじ》、幸福なるオーストリア、結婚に励め」というのがハプスブルクの家訓だとされる。

マクシミリアン1世は、ポルトガル王女を母としたが、これがイベリア半島進出の伏線となった。

先に紹介したように、ブルゴーニュ公国のマリーとの結婚直後はブルゴーニュ公国から受け継いだフランドルの支配維持に注力せざるをえなかったが、いちおうの安定を見ると、鉱山資源が豊かなインスブルックなどチロル地方の支配権を購入し、ハプスブルク家の本拠地であるオーストリア周辺の地固めに力を注いだ。

さて、全盛期のシャルルカンの話に戻るが、ハプスブルク帝国は巨大だったが、ヨーロッパのあちこちに分散していたので維持がむずかしかった。ブルゴーニュ公国の遺領は譲れないし、カスティリャとアラゴン（スペイン）との同君連合も維持せねばならないし、イタリアはアラゴン領だった。

そこで、弟のフェルディナント（西語名フェルナンド）にオーストリアを分与し皇帝も継がせた。シャルルカンはスペイン語が話せなかったが、弟はスペイン語に堪能だったから交換の形だ。

そして、フェルディナントがハンガリー・ボヘミア王女と結婚し、しかも、その妹のマリアと結婚していたラヨシュ2世が戦死したことで、現在のハンガリー、チェコ、スロヴァキアを領有するハプスブルク帝国（のちのオーストリア・ハンガリー二重帝国）の原型ができた。

ボヘミアやハンガリーの王権は歴史的事情で世襲がむずかしかったのだが、安定してハプスブルク家のものとなったのには、フェルディナントの政治力と人柄がおおいに寄与した。フェルディナントとシャルルカンはまったく別に育ったが、初対面以来、兄弟の関係はすこぶるよかったのである。

それでも、帝位については、シャルルカンは自分の子孫と弟の子孫が交互に継承することを望んだが、オランダのスペインからの離反などもあり、フェルディナントの子孫によって継承されることになった。

▼イタリア文化の華麗さに我慢できなかったドイツ人ルター――独

シャルルカンの時代は、宗教改革の時代でもあった。このころ、コンスタンティヌス帝時代の4世紀に建てられたローマのサンピエトロ大聖堂が、老朽化で崩壊の危機にあった。そこで、ルネサンスの文化の粋《すい》を集めた壮麗《そうれい》な建築に建て替えることが計画された。こんにち見る大伽藍《だいがらん》が最終的な完成形で、ミケランジェロも設計に参加したものだ。

このため、免罪符（贖宥状《しょくゆう》）というものを売って費用を調達しようとし、さらに、ドイツではザクセン公らがそれを途中でピンハネして懐《ふところ》に入れたため、囂々《ごうごう》たる批判が高まった。

「献金箱のなかで銀貨がチャリンとなるとき、喜捨《きしゃ》した人の魂は天国へ行く」と説教師が説くのを聞いて激昂《げっこう》したのが、炭坑夫の息子で、ウィッテンベルク大学の神学教授だったマルティン・ルターだった。

『九五カ条の論題』を1517年に発表し、「人を罪から救うのは行為でなく信仰だけで、真実の信仰の報《むく》いとしての恩寵《おんちょう》のみが大事だ」とし、さらに、すべての人は祭司であるとする「万人祭司主義」などの理念を『キリスト者の自由』などの著作で発表した。

ローマ・カトリックは、イエス・キリストの教えをギリシア哲学などで理論化し、ローマ帝国やヨーロッパの人々の国家観、人生観、自然観などで豊かに肉づけしたものだ。その過程で、国家と並立し、相互に助け合う秩序も打ち立てた。しかし、現実の体制に反対する人にとっては、教会もまた打倒すべき対象になるし、聖書を読むと古代の素朴な教えと違うのではないかと疑問をもつ人も出てくる。

とくに、質朴《しつぼく》なドイツ人からすれば、華やかで享楽的なイタリアやオリエントの文化にはなじめないし、イエスさまにお願いするのは恐れ多いので、聖母マリアや聖人のほうがなじみやすいから仲介者として信仰の対象だといわれても、ふざけていると感じる。

カトリックのほうが規律が厳しいと思う人が多いが、そうでもない。たとえば、料理はカトリック圏はおいしく、プロテスタント圏はまずい。教会音楽もプロテスタントは賛美歌くらいだが、カトリックはレベルが高い宗教音楽が多いし、美術品もそうだ。家族の絆もカトリックのほうが強い。カトリックのほうが万事人間くさいのである。あとは、好き好きだが、私はカトリックのほうが好きだ。

シャルルカンはウォルムスの帝国議会（ライヒスタック）に教皇から破門されたルターを召喚し、穏健に翻意を迫ったが、拒否された。ルターの考え方は、皇帝を煙たく思う諸侯から歓迎され、ザクセン選帝侯のフリードリヒ賢公は、ワルトブルク城にルターをかくまって聖書のドイツ語訳を完成させた。

そして、ザクセン、ヘッセン、テュートン騎士団などがプロテスタントに転じた。一方、農民たちが１５２４年から翌年にかけて決起し「農民戦争」が戦われたときは、ルターは社会秩序の混乱を嫌い、反乱鎮圧側についた。

このあと、シュマルカルデン戦争（シャルルカンに対するプロテスタント派の諸侯・帝国都市の戦い）など一進一退をくり返したのち、１５４５年からのトリエントの公会議でカトリックの理論武装を得て、アウクスブルクの和議（１５５５年）で、カトリックでもルター派でも領主の宗教に住民はしたがうという原則が確立された。

これを見てひと安心したシャルルカンは各地で華々しく退位式をして、スペインでもポルトガルに近いエストレマドゥーラ地方のユステ修道院に隠棲《いんせい》した。カトリックも綱紀粛清《こうきしゅくせい》に努め、１５３４年にイグナティウス・ロヨラ（スペインのバスク人）らによって結成されたイエズス会は日本を含む世界各地へ布教した。

ルターの場合は、現実への疑問が出発点になっているだけに、カトリックが妥協的になればそれほど深刻に対立する必要もなかった。また、オスマン帝国の侵攻（1526～29年）には新旧教徒が一致して当たらねばならなかった。

しかし、諸侯の仲裁者としての皇帝の権威が低下したことに加え、ルター派とは別に、ジュネーヴを根拠地にしたカルヴァン派が出てくると、影響はより広汎《こうはん》になった。ルターには新しい時代にふさわしい哲学などなかったのだが、近代産業社会における生き方についての思想を背景にしたカルヴァン派は、社会の根本的な変革を求めた。

現在、世界のプロテスタントのうちほとんどはカルヴァンのほうの系統である。たとえばアメリカという国を生んだのはカルヴァン主義であって、ルターとは関係ない。

▼宗教対立で大虐殺をおこなったカトリーヌ・ド・メディシス――仏

フランス料理がおいしくなったのは、フィレンツェのメディチ家からやってきてアンリ2世の王妃になったカトリーヌ・ド・メディシスのおかげだと伝説的に語られている。

だが、アンリ2世は、「月の女神」にちなむ名をもつ20歳も年上のディアーヌ・ド・ポワティエを少年時代から「理想の貴婦人」と崇拝し、愛人にしていた。

外交にあっては、1559年に、スペイン王とのあいだでカトー・カンブレジ条約が結ばれた。シャルル8世が1494年にイタリアに侵入して以来のイタリア戦争の講和条約である。このころハプスブルク家は、スペインの本家とオーストリアの分家に分かれ、イタリアや旧ブルゴーニュ公国（フランドルや仏独国境地帯）に散在する領地は、オーストリアでなくスペイン王に相続されていたのでスペイン王が当事者となったが、イタリアのミラノ、ナポリ、シチリア、サルデーニャなどをスペインが領することを認める代わりに、フランスはドイツから自国を防衛するために不可欠なメッツ、トゥール、ヴェルダンを得た。

このころ、スペインのフェリペ2世は、英国女王メアリー1世が死んだので、この条約を受けてもともとは自らの王太子ドン・カルロスの許嫁だったアンリ2世の王女エリザベートと結婚した。シラーの戯曲とヴェルディのオペラ『ドン・カルロス』で知られるエピソードだ。

しかし、この結婚を祝う祝典で、騎馬試合にのぞんだアンリ2世は、若武者モンゴメリーの槍が兜《かぶと》の小さな隙間から入り、眼球を貫かれて死んだ。

これを受け、アンリ2世の王妃カトリーヌは、記録にとめておいた王から愛人ディアーヌへの贈り物すべての返却を要求し、彼女を美しいシュノンソーの城館からも追い出した。

アンリ2世には何人かの息子がいたが、王位についたのは3人である。長子のフランソワ2世は、スコットランド女王のメアリー・ステュアートを妃としていたが、在位1年あまりで死んでしまった。その後のメアリーについては、のちに紹介する。

カトリーヌ・ド・メディシスは美しくはなかったし、寵姫《ちょうき》ディアーヌ・ド・ポワティエに王の愛は独占されたが、健康で多くの子供に恵まれた。フィレンツェからルネサンス最盛期の高い文化と同時に、マキャベリ的な陰謀と匕首《あいくち》と毒薬も一緒にもち込み、豪華な文化とか祝典を王家の権威を高めるために利用しようとした。とくにロワール渓谷にはすばらしい城館が立ち並ぶようになり、フランス・ルネサンスの花が開いた。

また、プロテスタントにそこそこ同情的だったフランス王室を、こちこちのカトリックに染めた。

ただし、彼女自身はイタリア人的な現実主義で、旧教徒（カトリック派）と新教徒（カルヴァン派プロテスタント。仏ではユグノーと呼ばれた）の共存が可能だと信じ、知恵の限りを尽くした。だが、だれも満足させることはできず、宗教戦争の泥沼のなかで苦しみながら死んだ。彼女は「しばしば、王妃として命令すべき相手に、母として話し合おうとして失敗した」（歴史家ガクソット）と批判される。生まれながらの王侯でないがゆえの弱さだったのだろう。

カトリーヌの息子のうち、最初に王となったフランソワ2世は15歳を超えていたので慣例により成年と見なされ、妃であるスコットランドのメアリー女王の母の実家であるギーズ家に操られながら親政をおこなった。一方、弟のシャルル9世は即位のときに10歳だったので、母后カトリーヌが摂政《せっしょう》とされた。

カトリック派ギーズ公フランソワによるユグノー虐殺《ぎゃくさつ》事件に端を発するユグノー戦争（1562～98年）がはじまり、ギーズ公自身も暗殺された。新旧両派が対立するなかで、カトリーヌは当初、和解をはかろうとした。思想家モンテーニュの友人だった大法官ミシェル・ド・ロピタルは、新旧両教徒の融合をはかろうとし、「もし信仰でも、それが強いられれば、それはもはや信仰ではない」「党派と結社と反乱の名を捨てよう」と訴えた。

新教徒は自宅での礼拝などが許されることになった。だが、彼は、公正な討論が信仰の問題を解決すると考えたが、「合理的な人間は、合理的ではない話だが、人はだれでも自分に似ていると信じる」（作家アンドレ・モロワ）という間違いを犯したので、平和をもたらすことができなかった。

カトリーヌは、娘のマルグリット（マルゴ王妃）と、ユグノーの首領で、彼女の子供たちの男系が絶えたときには最優先の王位継承者となるべきナヴァール王太子のアンリ・ド・ブルボンを婚約させた。

この結婚式のために新旧両教徒の有力者たちがパリに集まってきたが、ノートルダム大聖堂前の広場で（新教徒であるため内陣にアンリは入らなかったので）執りおこなわれた結婚式の4日後に、ユグノーの領袖コリニー提督が狙撃された。

ユグノーたちが復讐を要求し暴発寸前となったのを見て、愛犬を平気で殺すなど残虐な趣味があったシャルル9世は、カトリック派の側に立ってユグノーたちの殺戮《さつりく》を命じた。

狙撃事件の翌日である1572年8月23日夜から「聖バルテルミーの祝日」である翌日にかけ

て、カトリック派ギーズ公アンリ（先に暗殺されたギーズ公フランソワの息子）らは、コリニーをはじめ数千人を殺した。「サンバルテルミーの虐殺」である。ユグノーのナヴァール王太子アンリは改宗を迫られ、受け入れたので命拾いをした。

この虐殺を主導したのはカトリーヌと目《もく》されている。そして、シャルル9世は、この虐殺を気に病んだがゆえか衰弱して、2年後に世を去った。

▼エリザベス女王に求婚したフランスの貴公子——仏

さて、『クレーヴの奥方』という小説は、ブルボン朝ルイ14世の時代になって、ラファイエット夫人が書いた恋愛小説で、アンリ2世の宮廷を舞台にしている。高齢の夫と結婚した若い美女が、宮廷一の美男子ヌムール公と恋に落ちる。プラトニックな関係にとどまるが、夫はこれに悩みつつ亡くなる。晴れて恋人と再婚できるようになった奥方だが、亡夫への申し訳なさから修道院に入る、というような話で、フランス版『源氏物語』の趣《おもむき》がある。

この女主人公は架空の人物だが、ヌムール公は実在の人物だ。ギーズ公フランソワの側近で、その美貌《びぼう》を武器に英国エリザベス女王の夫に立候補させようという動きもあったらしいが、ヌムール公の気が急に変わって実行に移されなかったという逸話があり、これを小説にしたわけだ。

そのヌムール公の想い人は、ギーズ公夫人でフェラーラ出身のアンナ・デステ（仏語名アンヌ・デスト）だったらしい。アンナの母親はルイ12世の王女ルネで、ギーズ公とのあいだに7人の子がいたが、小説『クレーヴの奥方』と違って、夫の暗殺後にヌムール公と再婚し、3人の子を産んでいる。

このアンナとギーズ公フランソワの子アンリ・ド・ギーズが、シャルル9世の弟アンリ・ド・フランス（アンリ3世）、ナヴァール王アンリ・ド・ブルボン（のちのアンリ4世）と、三アンリの戦いを繰り広げたのである。

シャルル9世が死んだときに、弟のアンリはポーランド王としてクラカウにあった。このころのポーランドでは貴族の力が強く、王は選挙で選ばれ、弱体だった。アンリはポーランド貴族たちに推戴《すいたい》されて王となることになったが、出発するころ、兄のシャルル9世はすでに病にあった。それでも、しぶしぶ出発したアンリだったが、権力掌握は順調でなく、苦境にあるときに兄の死の報せがきた。その4日後にアンリはポーランドを脱出してフランスに戻り、アンリ3世として即位した。

アンリ3世は、長身で優雅で政治についての知識もあったが、皮肉屋で、しかも、同性愛者だとみなされて尊敬を受けなかった。

弟のアンジュー公フランソワがプロテスタント派と結んだり、幽閉していたナヴァール王アンリが脱走してユグノーに戻るなかで、アンリ3世は、あのサンバルテルミーの虐殺から日もたたないのを忘れたかのように、彼らに融和的だった。だが、このことが、カトリック派には不人気だった。

さらに、即位10年後には王弟アンジュー公（アランソン公）エルキュール・フランソワが死んで、王位継承第一候補がユグノーのナヴァール王アンリになってしまった。ここにカトリック派は公然と、ギーズ公アンリを王とする可能性を主張しはじめた（アランソン公はエリザベス女王に求婚するためにロンドンへ赴いたことがあり、女王もまんざらでもなかったともいわれる）。

これを見て、信仰より王位の正統性を守ることを重視したアンリ3世は、ギーズ公をブロワ城に呼び出して、そこで暗殺させ、ナヴァール王アンリを後継者として認知した。

カトリック派は、ギーズ公の弟であるマイエンヌ公を王に担ごうとし、ドミニコ会修道士ジャック・クレマンはアンリ3世をカトリック派の敵として暗殺した。

▼スコットランドのメアリー女王はフランス王妃だった――仏

英国のエリザベス女王と争って処刑されたスコットランドの美しき女王メアリー・ステュアートは、若いころフランス王妃だった。

メアリーの父であるスコットランド王ジェームズ5世ははじめ、フランス王フランソワ1世の王女を妃としたが、すぐに死んだので、フランスのカトリック派領袖だったギーズ公クロードの娘マリーと再婚した。

メアリーは父王が没す6日前に生まれ、ただちにスコットランド女王になったが、英国王ヘンリー8世の圧力で王太子エドワード（のちのエドワード6世）と婚約させられ、さらに、ロンドンに拉致《らち》されそうになったので、母后はメアリーを海路フランスに送り出した。

そこで美しく聡明に育ったメアリー（仏語名マリー）は、やがて、王太子フランソワ（2世）の妃となった。しかも、父王アンリ2世が事故死したので、過激なカトリック派であるギーズ家の血を引くメアリーがフランス王妃になってしまった。

ギーズ家の人々は、神の名のもとに思いのままに国政を壟断《ろうだん》したが、フランソワ2世は、在位わずか1年半にして重病におちいり、医師団への脅迫も祈禱《きとう》行列も功を奏せず、2歳年上のメアリーを残してあの世に旅立った（1560年10月）。


ちょうどその少し前、メアリーの摂政としてスコットランドを統治していた母マリーがプロテスタントとの闘争の最中に亡くなった（1560年6月）。フランス王妃としての地位を失ったメアリーは、スコットランド女王としての仕事に就くために霧深いエジンバラに帰った（翌年の8月）。

メアリーはスコットランド貴族のダーンリーと再婚してのちの英国王ジェームズ1世を生んだ。そしてイタリア人の愛人リッツィオをつくり、それを眼の前で暗殺され、今度はダーンリーが殺され、次にボズウェルという貴族と結婚したが、反乱にあってイングランドのエリザベス女王のもとに亡命した。

ところがこのメアリーは、血統からいうとイングランドの王位継承筆頭候補だった。というのは、メアリーの父であるスコットランド王ジェームズ5世は、英国王ヘンリー8世の姉マーガレット・テューダーが母だったので、王位継承権者だったからだ。

しかも、エリザベスが嫡出子といえるかは両親の結婚時期からして微妙である。メアリーとフランスはメアリー女王こそ正統なイングランド女王だとかねてから主張し、亡命者のはずのメアリーはエリザベス女王を追い落とす陰謀に手を染め、死刑にされた。

一方、子であるジェームズ6世はプロテスタントとして育てられた。母とは没交渉のまま、摂政となった3人の父方の親族はいずれも殺されるという境遇であったが、冷徹な政治家としてスコットランドにおける権力を確立し、エリザベスの死とともにイングランド王を兼ねジェームズ1世を名乗った。

スコットランド王宮はエジンバラのホリールードハウス宮殿で、リッツィオが暗殺されたメアリー女王の居室が残され、そこを1829年に訪れたメンデルスゾーンは『スコットランド交響曲』の最初の旋律を着想した。なお、いまの女王エリザベス2世はこの宮殿にも滞在するが、ふだんはバルモラル城をスコットランドでの離宮として使用している。

第4章

ドイツ三十年戦争と絶対王政

年	イングランド(イギリス)	フランス	神聖ローマ帝国	ブランデンブルク・プロセイン	その他地域
	ジェームズ2世(1685〜88) 1688 名誉革命(〜89)	1685 ナントの勅令廃止	1683 オスマン軍、第2次ウィーン包囲		
	1688英・仏間の植民地競争(〜1815)				
	1688 プファルツ戦争(〜97)				
	1689 権利の章典 1689 オランダ・イギリス同君連合(〜1702) メアリー2世(1689〜94)、ウィリアム3世(1689〜1702)の共同統治			プロイセン	
1700	**1701スペイン継承戦争**				
	アン女王(1702〜14) 1707 イングランドとスコットランドが合同してグレートブリテン王国誕生		ヨーゼフ1世(1705〜11) カール6世(1711〜40)	1701 プロイセン王国成立 フリードリヒ1世(1701〜13)	
	1713ユトレヒト条約(スペイン継承戦争の講和条約)				
	1714 ハノーヴァー朝(〜1901) ジョージ1世(1714〜27) ハノーヴァー朝	ルイ15世(1715〜74) オルレアン公フィリップの摂政(1715〜23)		フリードリヒ・ヴィルヘルム1世(1713〜40)	
1720	1721 ウォルポール内閣(〜42) ジョージ2世(1727〜60) 1733 ケイ、飛び杼発明		1724 国事詔書発布 マリア・テレジア(1740〜80)	フリードリヒ2世(大王、1740〜86)	
1740	**1740オーストリア継承戦争(〜48)**		**1740シュレジエン戦争(1次・2次〜45)**		
		1745ポンパドゥール夫人の政権関与(〜64) このころヴォルテール、ルソーら啓蒙思想家が活躍	フランツ1世(1745〜65) 1745 ハプスブルク・ロートリンゲン朝(〜1918) ハプスブルク・ロートリンゲン朝		1741 ロシア・エリザヴェータ即位(〜62) 1744 アメリカ大陸でジョージ王戦争(〜48) 1754 アメリカ大陸でフレンチ・インディアン戦争(〜63)
	1756七年戦争				
	ジョージ3世(1760〜1820)				
1760	**1763 英仏パリ条約(七年戦争の講和条約)**				1762 ロシア・エカテリーナ即位(〜96)
	1769 ワットの蒸気機関 産業革命	ルイ16世(1774〜92) 1778 アメリカの独立を承認し、対英宣戦	ヨーゼフ2世(1765〜90) 1772 第1次ポーランド分割(オーストリア、プロイセン、ロシアによる) 1774 ゲーテ『若きウェルテルの悩み』		**1775 アメリカ独立戦争(〜83)**

►年表・第4章

年代	イングランド(イギリス)	フランス	神聖ローマ帝国	その他地域
〜1620	ジェームズ1世(1603〜25)	ブルボン朝 ルイ13世(1610〜43)	**1618三十年戦争(〜48)** 1618 ブランデンブルク・プロイセン同君連合成立 フェルディナント2世(1619〜37)	1607アメリカ大陸のヴァージニアにジェームズタウン植民地建設(英) 1608アメリカ大陸にケベック植民地建設(仏) 1620英メイフラワー号(ピルグリムファーザーズ)がアメリカ大陸マサチューセッツ州プリマスに上陸
1620〜1640	ステュアート朝 国王と議会の対立深刻 チャールズ1世(1625〜49) 1628 権利の請願 1629 国王、議会解散 無議会政治に(〜40) 1640 ピューリタン革命(〜60)	1624 リシュリュー宰相(〜42) 1635 アカデミー・フランセーズ創立 1635 三十年戦争に介入	ハプスブルク朝 1625 デンマーク戦争(クリスチャン4世敗北、〜29) 1630 スウェーデン戦争(〜35) 1632 リュッツェンの戦い(スウェーデン王グスタフ・アドルフ戦死) 1635 フランス・スウェーデン戦争(〜48) フェルディナント3世(1637〜57)	
1640〜1660	共和政 1649 チャールズ1世処刑、共和国宣言 1649 クロムウェル独裁(〜58) 1653 クロムウェル、護国卿 1658 クロムウェル死去 1658 リチャード・クロムウェル、護国卿(〜59) ステュアート朝 1660 王政復古、チャールズ2世即位(〜85)	ルイ14世(1643〜1715) 1643 マザラン宰相(〜61) **1648 ウェストファリア条約(三十年戦争終結)** 1648 フロンドの乱(〜53) 1659 ピレネー条約(フランス、スペイン講和) ルイ14世、スペインのマリー・テレーズと結婚	フォルディナント4世(1653〜)	ブランデンブルク・プロセイン フリードリヒ1世(ブランデンブルク選帝侯、1415〜40) ホーエンツォレルン家(1417〜1918) ホーエンツォレルン家
1660〜1680	このころトーリ・ホイッグの二大政党おこる	1661 ルイ14世、親政(〜1715) コルベールの重商主義	レオポルト1世(1658〜1705)	

▼ウェストファリア条約で決まった近代国際法

マーストリヒト条約（1992年）の締結で欧州統合が深化しEUが生まれたとき、ヨーロッパでは「ウェストファリア体制の終焉《しゅうえん》」という言い方が流行った。

「ドイツ三十年戦争」（1618〜48年）という国際的な宗教戦争を終わらせるために結ばれた講和条約にちなむもので、そこに盛られた原則が、近代国際法の枠組みを確立したものとされてきたからだ。

ハプスブルク家は分裂したが、それぞれに君主を出すスペインとオーストリアでは、国内も安定していた。スペインはポルトガルと同君連合を組み新大陸や世界の海を支配し、フランドルのほかイタリアの3分の1ほどを領地とした。オーストリアは神聖ローマ皇帝を事実上の世襲で出し、東ヨーロッパに領地を広げていた。

これをみて、ヨーロッパ各国が脅威を感じ、ハプスブルク家を押さえ込もうとしたのが、三十年戦争である。ドイツ国内のカトリックとプロテスタントの宗教対立に諸外国が介入して国際戦争となったこの戦いで、主戦場となったドイツは凄惨《せいさん》を極めた。

当初はカトリックの神聖ローマ帝国側がスペインの加勢も受けて有利だったのだが、デンマークやスウェーデン（グスタフ2世アドルフ）といったプロテスタント諸国に加えて、カトリック国であるフランスまでがプロテスタント側に与《くみ》し、形勢が逆転した。

その和平会議で、フランスに有利でハプスブルク家と神聖ローマ帝国に不利な形で結ばれたのがウェストファリア条約だ（１６４８年）。

私たちが生きているこの世界は、「すべての人間がどこかの国民であり」「国民はそれぞれの国家の枠内で権利と義務をもち」「海外とのやりとりは自分の国を通してしかできない」「すべての国家は対等の存在である」ということを基本原則として動いている。こうした秩序を、「ウェストファリア体制（主権国家体制）」と呼ぶ。国家より上位の存在は認められない。

この条約の結果、ハプスブルク家と神聖ローマ帝国はその権威を失い、ドイツは領邦国家のゆるやかな連合体にすぎなくなってしまった。その意味でウェストファリア条約は「神聖ローマ帝国の死亡宣告書」といわれる。

そして冒頭に述べたように、３５０年近くの時を経て、国家より上位にくる地域統合組織ＥＵが再びヨーロッパに登場したというわけである。

条約締結の地であるウェストファーレン（英語名ウェストファリア）の範囲は、歴史上さまざまな形で使われているので明確に確定できないが、現在のノルトライン・ウェストファーレン州（州都はデュッセルドルフ）の北東部で、香川真司《かがわしんじ》選手がブンデスリーガで活躍したクラブがあるドルトムントあたりを中心とした地域である。

和平会議はこの地方の、ミュンスター市とオスナブリュック市で開かれ、神聖ローマ皇帝、ドイツの66の諸侯、フランス、スウェーデン、オランダなどの代表が参加した。条約の内容は以下のとおりである。

①「アウクスブルクの和議」（1555年）が再確認されて、領主がその領邦の宗教を決めることにされ、ルター派に加えてカルヴァン派も公認された。
②ドイツの約300の諸侯は独立した領邦として、立法権、課税権、外交権をもつ主権国家となり、神聖ローマ帝国は国家としての性格を失った。
③アルザス・ロレーヌ地方で領地を獲得したフランスは、両地方を帝国から離脱させた。
④スウェーデン（西ポンメルンやブレーメンなど）とデンマーク（ホルシュタイン）は帝国内で領地を与えられた。
⑤オランダとスイスの独立が正式に承認された。

ただし、これは神聖ローマ帝国との条約だったので、フランスとスペインのあいだの戦争はしばらく継続され、少し遅れて1659年のピレネー条約で和平が成立した。フランスはアルトワ（ベルギー国境に近いアラス周辺）を獲得、ルイ14世とスペイン王フェリペ4世の娘マリー・テレーズの婚姻が決まった。この結婚がのちに大きな意味をもつ。

このときイギリスはピューリタン革命（1640～60年）の最中であったので、この条約には関わっていない。

　日本はちょうど鎖国したばかりだったので、この条約とそこで確立された国際法（万国公法）のことを知らずに2世紀以上を過ごした。そのために、黒船が来たときもその常識を知らないまま条約交渉に臨んで、不平等条約を押しつけられた。

　しかし、明治になると国際法をよく学び、その知識をもとに古い東洋の国際秩序から近代国際法秩序への移行にあたって、有利に交渉を進めることに成功した。

▼大国スペイン衰退のはじまりとオランダ独立

　これより1世紀近く前ヨーロッパ史上最強の王だった神聖ローマ皇帝シャルルカン（カール5世、カルロス1世）は、あちこちに分散した領地を維持するために東奔西走《とうほんせいそう》したのだが、疲れ果てて隠遁《いんとん》し、オーストリアと帝位は弟のフェルディナントに、残りは息子のフェリペ2世（在位1556～98年）に与えた。

　しかし、フェリペ2世がドイツ政治から消えたわけではない。第一に神聖ローマ帝国の領域内にフランドルなどのブルゴーニュ家伝来の領地をもっていたし、なによりハプスブルク家の総帥《そうすい》であった。

フェリペ2世が死んだ年は、豊臣秀吉《とよとみひでよし》の死と同じ年である。晩年のフェリペ2世は日本と交流が深かったポルトガル王も兼ねていたし、ヨーロッパを訪問した最初の日本人である天正遣欧使《てんしょうけんおうし》節《せつ》の少年たちに謁見《えっけん》を許している。

世界一の大国だが、散在した領地を継いだフェリペは、四苦八苦する。彼の国王としての事績を時系列で追うと複雑すぎるので、総決算としてどうなったかで説明しよう。

①フランスとは、カトー・カンブレジ条約などで、仏独国境で譲歩する代わりに、イタリアではナポリ、シチリア、サルディニアに加えミラノを獲得。

②レパント海戦（1571年）で無敵艦隊がオスマン帝国海軍に勝ち、地中海の制海権を握った。

③母の実家であるポルトガルの国王に1580年に就いて、同君連合が成立。

④南米ではメキシコ、ペルーの植民地経営が円滑化し、ポトシ銀山はヨーロッパで価格革命を引き起こす。

⑤東アジアでフィリピンを領有化。日本や中国とも交易。

⑥オランダのプロテスタントが反乱し、北部（オランダ）は実質独立するが、南部地方（ベルギー）は確保。

⑦イングランドの女王メアリー1世と結婚するが早世したのち、継承者のエリザベス1世とは

対立し、無敵艦隊が海賊上がりのドレーク率いる英海軍に敗れる。

⑧異端審問所の活動が活発化し、スペインはイスラム教徒など多くの人材を失い、農業や商業も衰えた。

⑨イエズス会（スペイン人イグナティウス・ロヨラが創設したカトリック修道会）の活躍などもあって、プロテスタントに対するカトリックの反撃はそれなりに成功し、新世界やアジアなどへの布教も進んだ。

一方、その大国スペインの支配下から独立したのがオランダである。現在のオランダとベルギーを中心とした地域をネーデルラントといい、南西部の沿岸地帯がフランドル地方だ。ブルゴーニュ公国の一部として栄えたが、その後ハプスブルク家に継承され、フェリペ2世の時代にはスペイン・ハプスブルク家の支配下に入る。

だが、旧教国スペインのカトリック強制などに対して⑥のとおり、オランダのプロテスタントが反乱し、これがオランダ独立戦争（１５６８〜１６０９年）へとつながっていった。

この独立戦争を指揮し実質上の初代君主となったのは、オラニエ公ウィレム1世である（19世紀のオランダ初代国王ウィレム1世とは別人）。イギリスの名誉革命で、妻であるメアリー2世と共同君主にもなったウィリアム3世はオレンジ公と呼ばれるがこれはオラニエの英語名だ。

もともと、ケルンの東にあるディレンブルクというところを領地とするナッサウ伯というドイツの小貴族だったが、縁組みでベラスケスの名画『ブレダの開城』で知られるフランドルのブレダ領主となった。さらに、フランスのオランジュ公領（ローマ遺跡を使った音楽祭で有名）も獲得して、オラニエ・ナッサウ家と呼ばれるようになった。オランダの皇太子はいまも、オラニエ公を名乗る。

ウィレム1世はシャルルカンの側近で、ネーデルラント軍の副司令官だった。シャルルカンがブリュッセルでおこなったブルゴーニュ公としての退位式典では、病身のシャルルカンの介添え役までつとめた。

フランドルでは、プロテスタントの反抗に対して旧教国スペインが強硬に当たりすぎた。すでに書いたように、タカ派のスペイン貴族アルバ公を派遣して弾圧し、反乱派に与していない領主の領地まで没収したりした。

そこで、反乱側からの要請に応えて、ウィレム1世がホラント州とゼーラント州（ニュージーランドの語源）の総督に推された。

オランダ国歌にも出てくるハイリハレーの戦いでは勝利したもののあとがつづかず、「海乞食（オランダ語でワーテルヘーゼン）」という海賊を使って沿岸を荒らしたりして攪乱《かくらん》し、ユトレヒト、アムステルダムなどの北部7州で1579年にはユトレヒト同盟を結成。1581年には、ネーデルラント連邦共和国（オランダ）樹立を宣言し、フェリペ2世の統治権を否定した。

これを一般に「オランダ独立宣言」という。だが、カトリック優勢だった南部10州（ベルギー）は独立戦争から脱落し、スペインの支配下にとどまった。

17世紀前半がオランダの全盛期で、海洋王国として世界の海に進出した。日本の鎖国も、ヨーロッパ側から見れば、ポルトガルやスペインを閉め出してオランダが対日貿易を独占したということだ。

しかし、エリザベス女王率いるイギリスが登場し、マラッカ、セイロン、ケープタウンなど多くの植民地を横取りした。ニューアムステルダムはニューヨークとなった。ちなみに、ルーズベルト家はオランダ統治時代の移民の子孫だ。

▼三十年戦争で神聖ローマ帝国が事実上解体　独

ドイツでは、宗教改革の波を受けてもプロテスタントへ雪崩を打って傾くことはなかった。シャルルカン（カール5世）もルターに融和的だったが、後継の皇帝になった弟のフェルディナント1世はさらに穏健で和合を試み、ルターの要求を入れた教会改革もした。

その子であるマクシミリアン2世にいたっては、プロテスタントだったのを、皇帝になるためにしぶしぶカトリックに戻っただけだったから、対立は先鋭化しなかった。

フェルディナントの孫のルドルフ2世は奇人だった。母親はスペインのフェリペ2世の妹だったので、プロテスタントに甘い父マクシミリアン2世と離されて、スペインで養育された。ルドルフは占星術にのめり込み、現実世界から逃避したが、この皇帝の趣味のおかげで天文学者ケプラーが保護されるなど、天文学の進歩をもたらされた。

ルドルフは神聖ローマ帝国の法院人事をカトリック有利にしたり、1608年のレーゲンスブルク帝国議会を閉会宣言なく終了したりしたので、新教諸侯は帝国の権威を認めなくなり、ますます形骸化した。また、ルドルフは宮廷をウィーンからプラハに移したりもした。

生前から兄と対立していた弟のマティアスが次の皇帝になったが、カトリック（リガ）とプロテスタント（ユニオン）とそれぞれの徒党が争うなかで、従兄弟のフェルディナント2世が即位してプロテスタントへの弾圧を強めた。

そして、1618年、ボヘミアのプラハでプロテスタントの集団が代官を窓から投げ捨てるという事件が起こり、これがドイツ三十年戦争のはじまりになった。緒戦《しょせん》はカトリック側が有利で、1625年になって、プロテスタント側からデンマーク王クリスチャン4世がドイツに介入したときも、ワレンシュタイン将軍が率いる傭兵部隊の活躍で撃退された。

ところが、1630年に、スウェーデン王グスタフ・アドルフが介入して善戦する。リュッツェンの戦いではスウェーデン軍が勝利したが、グスタフ・アドルフ自身は戦死した。一方、皇帝側でもワレンシュタインが謀反の疑いをかけられ暗殺された。

ここにいたるまでもフランス（ルイ13世の下で名宰相リシュリュー枢機卿が采配をふるっていた）はカトリックでありながらハプスブルク家の勢力を削ぐためにプロテスタントを援助していたが、1635年には、プロテスタントの劣勢を挽回《ばんかい》させるために直接介入をはじめた。スペインはこれに対抗してフランドル軍を投入したが、ポルトガルが同君連合を解消する事件などもあり、十分な応援ができないなかで和平交渉がはじまった。そしてウェストファリア条約の締結となる。

三十年戦争で、昔から伝えられている説では、1500万人ほどの人口のうち3～4割が減少したといわれてきたが、最近では誇張した数字だという意見も多い。しかし、それにしても、身代金の取り合いが主目的で死者は案外と少ないといわれた中世の戦争とは比較にならないほどの大きな犠牲《ぎせい》者を出したことは間違いない。

ウェストファリア条約で利益を得たのは、今日の仏独国境に近いところまで進出したフランス、主権が認められハプスブルク家のライバルに成長したプロイセンやバイエルンなどの領邦国家、そして、北方の大国としての地位を確立したスウェーデン、それに独立を確認されたスイスとオランダだった。

▼ブルボン朝アンリ4世とナントの勅令――仏

諸外国の有名人が日本でいえばだれと同世代であるかを知ることは、歴史理解をおおいに助ける。アンリ4世（在位1589～1610年）と同じ時期に活躍し、国民的な人気も含めて似ているのがだれかというと、豊臣秀吉（1536～98年）だ。

厳密には秀吉より16歳下で、毛利輝元《もうりてるもと》（1553～1625年）や上杉景勝《うえすぎかげかつ》（1555～1623年）と生没年はいずれもほぼ同じだ。

アンリが即位したのは秀吉の天下統一の前年で、死んだのは大坂の陣の少し前にあたる。どちらも本来は天下を取るような立場でなかったとか、明るく人懐っこい性格とか、女性がたいへん好きなところも同じだ。

アンリはルイ9世の男系子孫であるヴァンドーム公アントワーヌ・ド・ブルボンと、ナヴァール女王ジャンヌ・ダルブレ（母はフランソワ1世の姉マルグリット）を両親としていた。男系の非常な遠縁ということで、日本での旧宮家による皇位継承可能性の参考例として語られることが多い（ナヴァール王国はピレネー山脈を挟んでスペイン側とフランス側に分裂していたが、首都は、ザビエルの生まれたパンプローナと大学都市ポーである。それぞれ、山口市と甲府市の姉妹都市である）。

「（暗殺された）死の床において前王アンリ3世は、その生涯においてもっとも王者らしかった」とされる（作家アンドレ・モロワ）。三アンリの戦いののち、アンリ3世は、妹婿であり王位継承者であるナヴァール王アンリ（のちのアンリ4世）への忠誠を家臣に命じるとともに、新教徒であるアンリにはカトリックへの改宗を勧めた。

新王となったアンリ4世は、「パリはミサに値する（カトリックに改宗してフランス王になれるなら儲けもの）」ということは十分に理解していたが、早すぎる改宗は信頼を傷つけると考え、まずは、カトリックの教義を学ぶことを約束した。軍事的な天賦《てんぷ》の才もあったアンリ4世は各地でカトリック守旧派やプロテスタント強硬派とに勝利し、4年後に改宗し、その翌年にパリへ入城した。

そして1598年、「ナントの勅令《ちょくれい》」でユグノーに信仰の自由を認め、各地のユグノー派の城《じょう》塞《さい》を武装したまま占領することさえ認めた（ユグノー戦争の終結）。

アンリ4世は、官僚であるシュリを財務卿に登用して、農業の充実や道路・運河の整備をさせ、セーヌ川にポン・ヌフ（新橋）をかけさせた。橋の近くに王の銅像があるのはそのためだ。徴税は強化され国庫は安定し、強力な砲兵隊もできた。ケベック市をカナダ植民地の首都としたのもこのころだ（1608年）。

貴族たちが私兵を雇ったり裁判をしたりすることを抑制したが、パリの宮廷での社交生活と年金を用意し、伝統的貴族に対抗させるために官職の世襲と売買を許し、その権利の対価として「ポーレット」と呼ばれる税金を徴収した。だが、「これが、権力を市民階級に売ったことに王室が気づくのには2世紀を要した」（アンドレ・モロワ）。

アンリ4世とマルゴ王妃（アンリ2世とカトリーヌ・ド・メディシスの娘マルグリット）に子はなかった。アンリ4世は、4人の子をもうけたガブリエル・デストレと再婚したかったが、マルゴ王妃は離婚に応じず、ガブリエルは謎の急死をした。

そこで、王妃のイタリアの従姉妹で、莫大《ばくだい》な持参金が望めるマリー・ド・メディシスとの結婚が企画され、王妃も納得した。若くて健康なマリーは、6人の子を王に与えた。マリー王妃の生涯を描いた、フランドルの巨匠ルーベンスの大作の連作はルーヴル美術館の名品のひとつだ。

アンリ4世は、パリで精神異常者に刺殺され、幼児である新国王ルイ13世と外国人の母后マリー・ド・メディシスが遺されたが、その母后が見出したのが、ハプスブルク家にとっての疫病神となったリシュリュー枢機卿《すうきけい》だ。

▼『三銃士』の悪役リシュリュー枢機卿の実像――仏

『三銃士（トロア・ムスクテール）』は、フランスの司馬遼太郎《しばりょうたろう》ともいうべきアレクサンドル・

デュマの小説である。勇敢で名誉と友情をなにより大事にする銃士たちと、さまざまな美女が登場し、波瀾万丈《はらんばんじょう》で手に汗握る物語がつづく。

主人公のダルタニアンはルイ13世（在位1610～43年）に仕えた実在の軍人だが、かの文豪の小説に出てくる新撰組の剣士たちと同じで、実像としてはたいした人物ではない。ダルタニアンが生まれたのは、南西部のガスコーニュ地方ジェルス県だ。アルマニャック酒とフォワグラの名産地で、私はフランス国立行政学院（ＥＮＡ）留学中にこの県のオーシュという町の県庁で副知事見習いをしたのだが、カテドラルの近くにダルタニアンの銅像があった。

この小説で陰険で権力の権化《ごんげ》として悪役にされたのが、リシュリュー枢機卿だ。彼を見出したのは、母后であるマリー・ド・メディシスと彼女がフィレンツェから連れてきたレオノーラという怪女と、その夫のコンチーニ元帥《げんすい》の夫妻。だが、成人したルイ13世は、元帥を暗殺させレオノーラを魔女として火あぶりにして、母后も追放した。リシュリューも宮廷を追放されただが、リシュリューはやがて復権し、王権強化とフランスの国益増進のために峻厳《しゅんげん》な政治を進めた。ユグノーは大西洋岸の城塞都市ラ・ロシェルで武装を認められていたが、英国に通じたので攻撃され武装解除された。

一方、ドイツで三十年戦争がはじまると、リシュリューはフランスの国益のために反ハプスブルク家を掲げ、ルター派のスウェーデン王グスタフ・アドルフやカトリック側だが皇帝と対立したワレンシュタイン将軍を支援し、彼らの没後は直接介入した。

リシュリュー宰相は死の床で、「あなたの敵を許すか」と聞かれて「フランスの敵以外に私の敵はいなかった」といったが、それにだれも異議はなかった。

リシュリューはアカデミー・フランセーズ（学士院）の創立者で、『ル・シッド』などで知られる劇作家コルネイユを育てたことは、その後、フランスにおける演劇隆盛の基礎となった。

リシュリューとルイ13世が死んで数年後に結ばれたウェストファリア条約は、彼らの仕事の総仕上げというべきものだった。

ルイ13世の男色趣味は王位継承に不安を駆り立てていたが、王が狩猟に出て豪雨に見舞われスペイン王女である王妃アンヌ・ドートリッシュの城に立ち寄ったことで、結婚から20年以上もたってからの王太子（のちのルイ14世）誕生に結びついた。しかし、ルイ13世が死んだとき、王太子は4歳の幼児だった。

リシュリューは後継者として、イタリア人聖職者のマザランを遺した。リシュリューの最大の理解者だが、少し柔軟な宰相マザランは、母后とともにルイ14世の幼少期をよく支えた。

▼ステュアート朝の王権神授説がピューリタン革命を招いた――英

アメリカ合衆国は18世紀にイギリスからの独立戦争で生まれたが、その母体となった13州は1

607年のヴァージニア植民地の創設に原点がある。しかし、アメリカ的な精神の基礎は、ピルグリムファーザーズが1620年に現在のマサチューセッツ州プリマスに上陸し、ニューイングランド植民地をつくったことによって打ち立てられたものとされる。

そして、この少しあとにイギリスではピューリタン（清教徒）革命が起きて、チャールズ1世を絞首刑にしていた。そういう意味で、アメリカという国は、イングランドの清教徒たちの遺産を濃厚に受け継いだ国だ。

イギリスでも、ピューリタン革命の独裁者クロムウェルの厳格さに嫌気がさして王政復古を受け入れたが、その後の名誉革命によって、ピューリタン革命の論理をかなり復活させた。純粋で潔癖だったクロムウェルは、なお、イギリス史上の偉人として一定の尊敬を保ち、英国議会であるウエストミンスター宮殿には、リチャード獅子心王とともにクロムウェルの銅像もある。

テューダー朝最後の女王エリザベス1世は終生、独身だったので、祖父ヘンリー7世の子孫であり、エリザベスが処刑させたメアリー・ステュアートの子でもあるスコットランド王ジェームズ6世が、イングランド王ジェームズ1世（在位1603〜25年）を兼ねて同君連合（パーソナル・ユニオン）を結成した。ステュアート朝である。

ステュアート家はもともとスコットランド王家に仕えており、1371年にスコットランド王ロバート1世のブルース王家が断絶すると、その孫娘を母とするステュアート家のロバート2世がスコットランド王位に就き、ステュアート朝をひらいた。

出自はフランス・ブルターニュ地方のケルト人で、スコットランドの宮廷の王室執事長（ロード・ハイ・ステュアード）となり、家名はこの職名に由来する。ただし、綴《つづ》りはメアリー女王が“stewart”から“stuart”とフランス語風に変えた。

さて、ジェームズ1世は、「国王の権力は神から与えられた神聖不可侵なものであり、反抗は許されない」という「王権神授説（ディヴァイン・ライト）」を奉じて議会と対立し、英国国教会の立場からピューリタンを迫害した。ピルグリムファーザーズの北米移住も、そうした背景のもとでおこなわれた。

その子のチャールズ1世（在位1625～49年）は、フランスのアンリ4世の王女アンリエッタ・マリアを妃に迎えたこともあってより強硬姿勢を貫いたので、議会との対立が深刻となった。

1628年、議会が国王に対し、不当な課税や人身を不当に拘束することなどの禁止を請願し、承認させた「権利の請願」の採択という事件があった。

チャールズ1世が戦争で生じた財政赤字を解消するために、議会に諮《はか》らずに課税しようとしたのに反対して、国王が法律を無視したとき個人が救済を求める手段である「請願」という形式で、両院で採決された。議会の承認なしに課税されないこと、法律によらない不当逮捕をされないことなどの国民の権利を明確にしたもので、王権に対するコモン・ロー（一般的慣習法）の優越性を説いたとされる。

チャールズ1世はその後議会を解散し、11年におよぶ無議会政治をおこなう。1640年、スコットランドの反乱に対処するために議会を招集したが、国王派と議会派の対立は激化し、1642年に内戦が勃発《ぼっぱつ》。オリヴァー・クロムウェルによるピューリタン革命のはじまりである。

英 名誉革命とグレートブリテン王国の誕生

オリヴァー・クロムウェルの高祖母の弟であるトマス・クロムウェルは、ヘンリー8世の側近だったが、王妃との離婚をめぐる騒動のなかで処刑されたことはすでに紹介した。

オリヴァーはケンブリッジ大学で学んだ下院議員だったが、内戦では議会派の指導者として頭角を現し、1653年に議会を解散させて終身護国卿《ごこくきょう》（ロード・プロテクター）となった。アイルランドのカトリック教徒を弾圧し、演劇など娯楽や贅沢《ぜいたく》は禁止し、日曜日の安息は厳しく守られた。

クロムウェルが59歳で死んだときには、人々はほっとし、後継者の息子リチャードを追放し、絞首刑にした国王チャールズ1世の息子で大陸に亡命していたチャールズ2世（在位1660〜85年）を迎えて王政復古を選んだ。

チャールズ2世はカトリックだったが、快活で人気のある王だった。カトリックへの差別には難色を示したが、議会はカトリックを徹底的に締めつけた。

しかも、チャールズには嫡子《ちゃくし》がなく、弟で硬直的なジェームズ2世が即位すると議会との対立はのっぴきならないものになった。大貴族たちの要請で娘のメアリー2世（在位1689～94年）とその夫でプロテスタントだったオランダ総督（事実上の国王）オレンジ公ウィリアム3世（オラニエ公ウィレム3世）が共同君主として迎えられ（在位1689～1702年）、ジェームズ2世はフランスに亡命した。

これが名誉革命（グローリアス・レボリューション、1688年）で、「権利の章典」が承認された。ウィリアムは妻のメアリーより長生きしたのでしばらくは単独の国王となったが、この間イギリスとオランダは同君連合を構成し、ルイ14世との戦いで同盟した。

また、ホイッグ党に内閣を組閣させて政党政治への道も開き、イングランド銀行を設立して国家財政の基礎をつくった。しかし、アイルランドのカトリックを厳しく弾圧し、今日にいたるまでの対立の原因をつくった張本人でもある。

ウィリアムとメアリーには子がなく、メアリーの妹、つまりジェームズ2世の娘でプロテスタントのアン女王が即位した（在位1702～14年）。この時代、フランスに対してスペイン継承戦争と北米植民地でのアン女王戦争で勝利し、植民地帝国の発展に成功した。

イギリスはスペイン領での奴隷《どれい》貿易に参入を認められ、ジブラルタル、カナダのうちアカディアとニューファンドランド島、ハドソン湾地方を得た（主要部はなおフランス領）。

1707年には、同君連合でしかなかったイングランド王国とスコットランド王国が合同してグレートブリテン王国が成立し、アンが初代の女王となった。

ステュアート朝はアン女王の死で断絶したため、初代ジェームズ1世の曾孫であるドイツのハノーヴァー選帝侯ゲオルクがジョージ1世（在位1714〜27年）として迎えられ、ハノーヴァー朝となった。ジェームズ1世の娘にプファルツ選帝侯の妃エリザベトがおり、その娘であるゾフィーがゲオルクの母であった。

このとき王位継承から排除されたのが、名誉革命で亡命した国王ジェームズ2世の子であるジェームズである。ジャコバイトといわれるカトリック王党派に推されて、その孫にいたるまで長く復位運動をつづけ、とくにスコットランドのハイランド地域でゲリラ戦を繰り広げた。

王位継承については、現在、イギリス国王になる条件は、「ジェームズ1世の孫娘であるハノーヴァー公妃ゾフィー（英語ではソフィア）の子孫で、プロテスタントであること」とされている。政治家でもカトリックであることは、大きな支障になるらしく、トニー・ブレア元首相がカトリックに改宗したのは首相辞任後で、現役時代はやはり無理だったようだ。

このように、プロテスタントが刑死させたチャールズ1世の子孫は注意深く排除されているのだが、ダイアナ妃とその子ウィリアム王子はチャールズ2世とフランス人の愛人の子孫である。

チャールズ2世の愛妾にルイーズ・ルネ・ケルアイユ（ポーツマス女公・オウビーニュイ女

公）があり、そのあいだに生まれたのがリッチモンド公チャールズ・レノックスで、ダイアナ・スペンサーの先祖である。ただし、ルイーズはのちにフランス人聖職者と浮気をしてイングランドを追放された。子孫のダイアナの運命を予感させる話だ。

しかも、彼女の祖先にはほかにも、ヘンリー8世の愛人であるメアリー・ブーリン（チャールやダーウィンの祖先でもある）ほか6人の英国王の愛人がいる。

チャールズ1世の王妃だったアンリエッタ・マリアはフランスのアンリ4世の王女であり、アメリカのメリーランド州の語源となっている。

また、チャールズ皇太子はこのまま即位するとチャールズ3世になるわけだが、ダイアナの先祖の名を継承するのが嫌だからかどうかは知らないけれども、改名してジョージ7世にするという噂もある。祖父のジョージ6世も本来の名はアルバートだったが、即位のときにジョージに改名している。

▼太陽王ルイ14世の絶対王政とヴェルサイユ宮殿　仏

スペイン王フェリペ2世の孫である母と、最高の家庭教師だった宰相マザランに育てられたルイ14世（在位1643〜1715年）は、君主たる者に必要なすべてを備えていた。

知力、体力、勤勉さにすぐれ、物腰はだれに対してもあくまでも優雅で温かい印象を与えた。

決して本心を悟られることなく、軽率にものをいわず「考えておこう」というのが口癖だった。

フランスの国家システムは、10世紀にカペー朝が成立してから数百年かけて磨き上げられていたものだが、とくに、ルイ14世の祖父であるアンリ4世が、宗教戦争に終止符を打ってからの仕事はすばらしいものだった。

田園地帯を旅すると、道路がひたすら真っ直ぐ延びているが、これはアンリ4世の財務卿シュリなどの仕事の成果だ。ドイツにはこういう道路がなかったので、のちにヒトラーがアウトバーンをつくり、一発逆転して自動車大国になった。

ルイ14世は4歳で即位したあと、貴族によるフロンドの乱で怖い思いをしたが、宰相マザランの才覚で乗り切り、貴族の反乱はこれで終わりとなって王権が強化された。植民地の拡大や輸出産業の育成など重商主義的な経済政策を打ち立てた財務総監コルベール、天才的な将軍テュレンヌ、要塞建設の天才ヴォーバンなど官僚政治家を見出しもした。

経済では、コルベールを登用して、重商主義政策を打ち出した。関税を操作して国内産業を保護し、ゴブラン織りやセーブルの磁器に代表される産業を興し、国家は豊かになった。日本で薩長土肥《さっちょうどひ》などが採用したのは、このタイプの政策だ。

若いころの王はバレエの名手で、「太陽王（ロア・ソレイユ）」というあだ名も太陽神に扮して踊ったことに由来する。ルイ14世の時代の宮廷生活は、国民を経済負担で苦しめたという人がいるが、貴族たちが城館にこもって反乱するのに対処する軍事費にくらべれば安いものだ。

王に「余の知らぬ者」といわれた貴族は、面目も権力も失った。フランス国内だけでなく、ヨーロッパ中からその魅力に引かれて人々は集まり、外交でも大きな力となった。

外交では、母后も王妃もスペイン王家の出身だったことを活用して、孫をフェリペ5世としてスペイン王座に就けた。その代償としてスペイン継承戦争（1701～13年）が起こったが、スペインとオーストリアに挟まれるという絶体絶命の地政学からは解放された。

また、アルザスやロレーヌ、さらにはライン川流域でも辛抱強く領土拡張を推し進め、エキサゴン（六角形の国土）の安全な蓋《ふた》が完成していった。

ナントの勅令を1685年に撤廃してユグノーを追放したが、追放されたユグノーには、商工業者が多く含まれていた。彼らがオランダやプロイセンに逃れたことは、これらの国の発展には幸運だが、フランスの力を減じた。

しかし、一方でフランスのよさというのは、カトリックであるがゆえともいえる。プロテスタントの禁欲主義と対極のところに、フランスの料理も建築も美術、演劇、ファッションなどもある。ユグノーのフランスが同じものを生み出し得たとは思えない。

▼スペインはハプスグルク家（独）からブルボン家（仏）に

「ウィンナコーヒー」といえば、コーヒーの上にホイップクリームを浮かべたものだが、これは、アメリカンコーヒーなどと同じく日本にしかない呼び方だ。コーヒーの上にホイップクリームを載せた「アインシュペナー」やコーヒーとは別の器にホイップクリームを用意した「カフェー・ミット・シュラークオーバース」がウィーンにあるのをみて、神保町の喫茶店ラドリオがウィンナコーヒーとして売り出した。

ただ、ウィーンに豊かなコーヒー文化があるのはたしかで、その起源は1683年のオスマン帝国軍による第二次ウィーン包囲にあるという。オスマン帝国は1529年に第一次ウィーン包囲をおこなったが、皇帝レオポルト1世の時代である1683年になって、フランスのルイ14世とも連携しながら、15万の大軍でウィーンを包囲した。

皇帝はリンツに移動して各国に救援を求め、ポーランド軍などの援軍で撃退に成功した。このとき、大量のコーヒー豆や用具をオスマン軍が放置したのを手に入れたのが、ウィーンにおけるコーヒー流行のはじまりである。ルイ14世の宮廷でも同じころオスマン帝国の使節団がトルコ式のコーヒーのお手前を披露し、コーヒーを飲む習慣が一気に全欧に広まった。

三十年戦争を終結させ、「神聖ローマ帝国の死亡宣告書」といわれたウェストファリア条約のときの皇帝はフェルディナント3世だったが、これを境にハプスブルク家は、ドイツでの主導権をとることから、オスマン帝国から領土を奪い返して中欧帝国を建設することを主眼とする路線に転換する。

もちろん、ルイ14世がライン川へ向かって勢力を伸ばすことに対しては、オランダやイギリスとともに戦うが、あくまでも防衛的なものになった。

そして、スペインのハプスブルク本家とは徐々に疎遠になり、最後はルイ14世の孫がフェリペ5世としてスペイン王になることで、イベリア半島はブルボン家の勢力圏となった。現在のフェリペ6世もルイ14世の男系子孫である。ただし、ユトレヒト条約（1713年）でスペイン王家はフランス王位請求権を放棄させられている。

レオポルト1世は、音楽の才能があり自身でも作曲したし、ウィーンを音楽の都にした素地はこの皇帝がつくったといわれる。また、シェーンブルン宮殿の創始者でもある文人肌の帝王だったが、その生涯は戦争の連続だった。

このころ、ハンガリーやトランシルヴァニア（ルーマニア西部）の諸侯はオスマン帝国とハプスブルク家の両方の顔色をうかがっていた。皇帝にとっても締めつけと懐柔のバランスがむずかしかった。レオポルト1世は、ロートリンゲン公カール（ロレーヌ公シャルル。皇帝フランツ1世の祖父）、オイゲン公（サヴォア家出身）ら神聖ローマ帝国各地から集まった将軍たちの活躍で、オスマン軍との戦いを有利に進めた。

1541年からオスマン帝国に占領されていたハンガリーのブダペストを第二次ウィーン包囲のあとの1686年に解放し、1699年のカルロウィッツ条約では、ハンガリー、トランシルヴァニア、スロヴェニア、クロアティアを獲得した。ただし、ハプスブルク家のハンガリー統治は強圧的だったので反発も招いた。

スペイン全盛期の国王だったフェリペ2世が死んだのは豊臣秀吉と同じ年（1598年）だったと書いたが、跡を継いだのはフェリペ3世で、徳川家康《とくがわいえやす》と秀忠《ひでただ》の時代にあたる。伊達政宗《だてまさむね》が派遣した支倉常長《はせくらつねなが》が謁見したのはこの王である。

それを継いだのがフェリペ4世で、妹の娘マリアナ・デ・アウストリア（皇帝フェルディナント3世の皇女）とのあいだにカルロス2世を得たが、障害者であり跡継ぎは望めなかった。

近い男系の後継者はおらず、フランスやオーストリアとの合邦《がっぽう》は避けたいとして、とりあえず、カルロスの姉の孫にあたるバイエルンのヨーゼフ・フェルディナントが継承者とされ、アストゥリアス公（イギリスのプリンス・オブ・ウェールズのような皇太子のための称号。スペイン王室の発祥の地の地名でオーストリアとは関係なし）とされた。

だが、6歳で夭折《ようせつ》し、ルイ14世（母がフェリペ3世の娘で妃がフェリペ4世の娘）の孫であるアンジュー公フィリップと、皇帝レオポルト1世（こちらも母がフェリペ3世の娘で妃がフェリペ4世の娘）の子であるカール（のちのカール6世だが、当時は皇位継承は予定されていなかった）が残った。

逡巡《しゅんじゅん》ののちに、カルロス2世はフィリップを選び、ブルボン（スペイン語ではボルボン）家のフェリペ5世が誕生した。

ルイ14世とスペイン王女の結婚のときに、持参金を払う代わりに王位の相続は放棄することになっていたのだが、財政難のスペインは持参金を払わないままにしたので取り決めは無効になっていた。

オーストリア側はこれに納得せずに、イギリス、オランダ、プロイセン、フランスが加わったスペイン継承戦争が勃発。結局、スペインとその植民地はフェリペが引き継いだが、ベルギーやイタリアの領地は兄の死で皇帝となったハプスブルク家のカール6世のものになった。

イタリアのうちミラノはオーストリアのハプスブルク家のものとして定着したが、両シチリア王国とパルマ公国は紆余《うよ》曲折のすえにスペイン・ブルボン家の分家が君主となる。

▼ハプスブルク家相続をめぐるマリア・テレジアの戦い ——独

マリア・テレジアを「女帝」と呼ぶ人がいるが、間違いである。英語のエンプレスやクイーンにはそれぞれ、女帝、女王と皇妃、王妃の両方の意味があるが、マリア・テレジアは神聖ローマ帝国においては皇帝位に就いておらず、皇帝フランツ1世の妃にすぎない。

皇帝カール6世の娘であった彼女は、ハプスブルク家のほとんどの領地を継承してオーストリア女大公、ハンガリー女王、ボヘミア女王、ブルゴーニュ女公、ミラノ女公、パルマ女公などとして認められた。しかし、女性は皇帝にはなれなかったので、その夫でロレーヌ（独語名ロートリンゲン）公だったフランツがフランスとの取引でトスカナ大公に転じ、のちに、神聖ローマ帝国皇帝フランツ1世にもなった。

ロレーヌ公国はもともと神聖ローマ帝国の一部でありながら、フランス王のもとの諸侯でもあったが、フランスのルイ15世の義父でポーランド王位を要求していたスタニスラス・レクザンスキ（仏語）に与えられ、その死後はフランスに属し神聖ローマ帝国からは離脱した。ロレーヌ公国の首都だったナンシーはガラス工芸家エミール・ガレの町としても知られるが、この町には豪華なスタニスラス広場と呼ばれる世界遺産がある。

先に紹介したように、スペイン王にはなれなかったが皇帝になったハプスブルク家のカール6世には男子がいなかった。しかも、いわゆる男系継承者がかなりさかのぼってもいなかった。

ハプスブルク家の領地のなかには、ハンガリーのように女系相続が不可能なところもあるし、兄ヨーゼフ1世の娘婿であるバイエルン公とザクセン選帝侯（兼ポーランド王）もマリア・テレジアの相続を認めろというのなら自分にも、と領地の分与を要求した。

そこで、国事詔書《しょうしょ》（プラグマティッシェ・ザンクツィオン）を出して、ハプスブルク家の全世襲領の永久不分割と一括相続を定めようとした。だが、1740年にカール6世が死ぬと、プロイセンのフリードリヒ2世（大王）は、ポーランド南部のシュレジエンを占領し、フランス、スペイン、イギリスも加わるオーストリア継承戦争が勃発した（1740〜48年）。

一時はバイエルン公がフランスの支持もあって皇帝カール7世となる大混乱になったが、このカール7世が3年後に死んだので、マリア・テレジアの夫であるロートリンゲン家のフランツが神聖ローマ帝国の皇帝フランツ1世となった。

そして、シュレジエンはプロイセンに与えられ、ピアツェンツァなど中部イタリアの一部はオーストリアからスペインへ、シチリアはサヴォイ公国（のちにサルディニアと交換）に与えるという一連の取引が成立した。これがオーストリア継承戦争の結果である。

ただ、女系への強引な相続がドイツの盟主としてのハプスブルク家を破滅させたし、それは、後進地域であるプロイセンがドイツ統一の核になることへ道を開いた。帝王が娘しかいないときに男系という原則を取っ払って女系継承を試みることほど世襲君主国を危機におとしいれる行為はないというのは、日本での皇位継承にとっても教訓だ。

これ以降、オーストリア王室はハプスブルク・ロートリンゲン家と呼ばれるようになった。


しかし、このフランツとマリア・テレジアは絶妙の夫婦だった。フランツは美男で愛情あふれる好人物だったし、科学や経済に長じていた。だが、物わかりがよすぎて政治家としてはお人好しにすぎた。マリア・テレジアは厳格な政治人間で、交渉を表向き夫に任せたときもカーテンの陰から監視して妥協を許さなかった。

フランツは結局、皇帝になれたからよかったが、先祖伝来の領地であるロレーヌをフランスに奪われて母親から叱責《しっせき》されるし、妻のハンガリー女王としての戴冠《たいかん》式にブラチスラヴァ（ハンガリーの伝統的な首都。現在はスロヴァキアの首都）へ同行したが、一般人扱いを宣告されて、高いところに設置された観覧席から娘とともに寂しく見守るしかなかった。

ハンガリーのブダペストはいまもマリア・テレジア女王の思い出に生きる町だ。それほどに彼女はよくハンガリーを治め、ウィーンも中欧各国から人々や文化が流れ込んできた。ウィーン・フィルの音色がドイツのオーケストラとひと味違うというのは、ハンガリーや北イタリアやチェコの影響ともいえるし、モーツァルトのトルコ風の名曲からはオスマン帝国が隣国だった記憶が感じられる。

彼女の娘たちのうち3人は、それぞれ、フランス、ナポリ、パルマのブルボン家に嫁《か》した。残りのひとりはザクセン公の六男にすぎないアルベルト・カジミールと恋愛結婚し、結局、ドイツ内での有益な縁組みはなかった。こうした国際性はハプスブルク家をドイツから遊離させた。

▼プロイセンを強国にした啓蒙専制君主フリードリヒ2世――独

近代ドイツ帝国統一の中心になったプロイセンのホーエンツォレルン家は、シュツットガルト南方のツォレルン伯爵として11世紀に現れた。1191年に皇帝ハインリヒ6世によりニュルンベルク城伯とされてフランケン地方に進出し、1415年にはルクセンブルク家の皇帝ジギスムントに功績（金銭の貸しつけともいう）を認められて、ジギスムントが兼ねていたブランデンブルク選帝侯を与えられた。

さらに、1525年には、一族でポーランド王の娘婿だったアルブレヒトが、バルト海沿岸のケーニヒスベルク（現在はロシア領カリーニングラード。哲学者カントがその一生を過ごした町）でドイツ騎士団（ドイッチャー・オーディン）総長となったのだが、やがて、ここにポーランド王を宗主とするプロイセン（現地語ではプロシャ）公国になった。

これを結婚によってブランデンブルクの本家が引き継ぎ、1618年にブランデンブルク・プロイセンが成立し、1657年にポーランドの宗主権から独立した。

そして、フリードリヒ1世が「プロイセンの王」を名乗ることをスペイン継承戦争の過程で1701年に許された。帝国内で新たに王を名乗ることはむずかしいのだが、域外だからいいだろうということだ。つまり、帝国外だが皇帝から公認で国王を名乗れるようになって権威が増したというわけだ。

二代目のフリードリヒ・ウィルヘルム1世は「兵隊王」といわれた。ケチで、細かく、軍隊を強くすることしか興味がなかった。三代目のフリードリヒ2世（大王）は、そういう父を嫌い、母親やフランス人の家庭教師の影響で教養あふれる少年に育っていった。父王がこれを嫌がったので、家出騒動を起こしたのだが戻され、手引きをした友人は王子の目の前で斬首《ざんしゅ》された。

国王となるや、典型的な啓蒙君主として、学問の振興、宗教についての寛容化、貧民の救済、裁判公正化、拷問《ごうもん》の廃止などもしたし、そのころ、啓蒙主義（リュミエール・フィロゾフィー）の哲学者として絶大な人気を誇っていたヴォルテールと文通し呼び寄せたり、あるいは、バッハやモーツァルトも招いた。自身も、フルートの名手でもあった。

だが、その一方で、専制君主として強権政治もするし、外交政策では利己的そのもの、父親以上に軍備増強にいそしんだ。とくに、オーストリアでマリア・テレジアが本来は認められないはずの女系相続をしようとしたのにつけ込んで、現在はポーランド南西部になっている石炭の産地であるシュレジエン（シュレジア）をオーストリア継承戦争で奪い取ったことはすでに紹介した。

その後の七年戦争では、シュレジエンを奪還しようとするマリア・テレジアに、ロシアのエリザヴェータ女帝、フランスのポンパドゥール夫人（ルイ15世の愛妾）が協力して（オーストリアとフランスの関係が対立から同盟に変わった「外交革命」といわれる）、絶体絶命の危機におちいった。だが、ベルリン陥落の寸前に、ロシアでツァーリが交代して個人的にフリードリヒを崇拝するピョートル3世が即位したことで窮地《きゅうち》を脱し、「ブランデンブルクの奇蹟」といわれた。啓蒙君主としての国際的な人気がものをいったのである。

また、ロシアおよびオーストリアと三度にわたってポーランドを分割して、ブランデンブルク領とプロイセン領のあいだにあった、バルト海に面するグダニスク（独語でダンツィヒ）などポーランドが海へ出る回廊地域を奪い取って、プロイセン王国の安全性は飛躍的に高まった。

このフリードリヒ2世の啓蒙（先進性）と専制（後進性）という二面性は、プロイセン自身がもっている宿命でもある。

ドイツ人にとって東方への植民は、十字軍時代からの課題だ。だが、荒野が広がるような土地だから、ユンカーといわれる武装地主が、農奴のように農民を支配する荘園のようなものが発達した。そういう後進性の一方、フロンティアとしてあちこちから移民を受け入れ、とくに、晩年のルイ14世がナントの勅令を廃止してプロテスタントを追放したときには、大量のユグノーを受け入れたし、ベルリンにしてもフランス人の技師たちが開発した都市なのである。

現在でもベルリン・フィルの響きは、ミュンヘンとかドレスデンのオーケストラよりは、はるかに明るいが、それもプロイセンのひとつの伝統であり、そういうものを体現していたのがフリードリヒ2世なのである。

▼ロココの女王ポンパドゥール夫人 仏

フランスで摂政（レジャンス）時代と通称されるのが、ルイ15世幼少期（1715〜23年）にルイ14世の甥であるオルレアン公フィリップが摂政だった時期で、しばしばひとりの国王の時代と同等に扱われる。

アメリカ南部の都市ニューオリンズは、フランス植民地時代に、当時の摂政だった彼にちなんでヌーヴェル・オルレアンと命名され、英語に訳されたものだ。

オルレアン公フィリップは、ルイ14世の弟であるオルレアン公フィリップ1世と、その2番目の妃だった男勝りのファルツ選帝侯の娘エリザベートのあいだに生まれた。摂政殿下は弁舌爽やかで人好きのする人物で、記憶力のよさが聡明であるかのように見せていた。

前王ルイ14世は、甥をあまり信用せず、慣習には反するが自分の庶子であるメーヌ公とトゥールーズ伯をも摂政会議のメンバーとすると遺言したが、最高司法機関である高等法院はフィリップの求めに応じてこの遺言を無効とした。

摂政時代には、ルイ14世時代の贅沢《ぜいたく》や外征で増大した財政赤字を縮小し、経済を再建するのが課題だったが、スコットランド人ジョン・ローを財務総監にして、北米ルイジアナのミシシッピ開発見込み利益を担保にした不換紙幣を大量発行し、大失敗した。フランス国家は信用を失い、大革命にいたるまで解決できない傷を与えた。日本のバブルはこの経験から学ばなかった結果だ。

文化面ではルイ14世時代の堅苦しさから解放され、ヴェルサイユよりパリが社交界の中心になり、貴族たちはフランスの霞が関にあたる官庁街フォーブール・サンジェルマン（首相官邸やロダン美術館などがある7区）に瀟洒《しょうしゃ》な館を建てた。

そして、摂政の色好みは尋常でなく、娘との近親相姦すら噂されたほどだが、ヴェルサイユ宮殿での閣議を前にして、ひとときのアヴァンテュールを楽しんでいる最中に死んでしまった。

親政をはじめたルイ15世（在位1715〜74年）は、ルイ14世の曾孫で、美しい金髪で美しい顔立ちで、頭が悪いわけではなかったが、何かに集中するということが苦手で、読書もほとんどしなかった。

王妃にはスペイン王女が予定されていたが、幼すぎて跡継ぎの誕生まで時間がかかることを理由に元ポーランド王スタニスラス・レクザンスキの娘マリー・レクザンスカに交代させられた。

王は次々と寵姫《ちょうき》（メートレス・ロワイヤル）を置いたが、ポンパドゥール侯爵夫人（マルキーズ）は特別の存在だった。「侯爵夫人」と日本語ではいうが、これは誤訳で、彼女自身が爵位を与えられたのであるから、「女侯爵」というべきである。

ブルジョワ出身だが、美貌《びぼう》と才能を見込んだ支援者によって完璧に教育をほどこされ、啓蒙思想の理解者としてヴォルテールらの後ろ盾となり、ロココ美術を生んだよい趣味の持ち主だった。夫人は王のためにヴェルサイユ宮殿に小さな劇場をつくって自分で主役を演じたが、こけら落としは、過激な革新思想を題材にしたモリエールの戯曲『タルチュフ』であった。外交にも関与し、オーストリアの女大公マリア・テレジア、ロシアの女帝エリザヴェータと組んで事実上の「三女帝同盟」を形成した。

アジアと違って西ヨーロッパでは、王妃の子でなければ継承権がなかったので、愛妾は王の母になる可能性がなかったが、王の側に聡明で、よい趣味をもち、庶民により近い女性がつねにいたことは、総じて好ましいことであった。とくに、ポンパドゥール夫人は燦然《さんぜん》と輝く存在であったわけだが、マザランやリシュリューのような宰相の代わりができるはずはなかった。

ルイ15世時代には、オーストリア（とポーランドの）継承戦争と七年戦争の結果、カナダやインドの植民地を失うなど、植民地獲得と海洋での主導権をイギリスに譲った。ただ、この時代にフランスは大きく後退したかというと、必ずしもそうではない。

ロレーヌ地方やコルシカ島を獲得したことでほぼ現在の領土が完成したし、「外交革命」でハプスブルク家との抗争に終止符を打てた。また、イギリスが七年戦争で勝ったものの、その後始末に失敗してアメリカ独立戦争を引き起こしたことを考えれば、巷間《こうかん》いわれるほどネガティブではないともいえるのだ。

▼英語のできないドイツ人が王になり近代政治制度が確立――英

「プライム・ミニスター（閣僚の第一人者）」と呼ばれるイギリスの首相だが、法令上、このポストが定められたのは、なんと1905年のことだ。なにしろ成文の憲法がなく、慣習法で成り立っている国のことだから、なにごともこんな具合なのだ。

ロンドンの首相官邸といえば、「ダウニング街10番地」で、普通の通りに面したドアに10という番地だけが書いてあるのをニュースでもよく見るが、正式の名称は、第一大蔵卿官邸である。これは、1721年に、のちになって初代首相といわれるようになったロバート・ウォルポールの正式の職名が「第一大蔵卿（ファースト・ロード・オブ・トレジャー）」だったためだ。

イギリスでは、1714年にアン女王が死んだあと、ドイツのハノーヴァー選帝侯ゲオルクが国王ジョージ1世を兼任することになったが、英語がほとんどできなかった。閣議を主宰できず、首相にまかすことになった。

ウォルポールは、ケンブリッジ大学を卒業してホイッグ党（現在の自由民主党の前身）の下院議員をつとめた。このころ、イギリスはスペイン継承戦争に介入したときの戦費をまかなえず、南アフリカ東南海岸を開発する会社をつくり、その株式売却で公債を償還しようとした。この株式は売り出し価格から半年で10倍に値上がりするというバブルを引き起こしたが、大暴落して経済を大混乱におちいらせてしまった。

これを「南海泡沫《ほうまつ》事件」というが、ウォルポールは、奴隷《どれい》貿易と捕鯨《ほげい》の会社を縮小して再建に成功した。この手腕を買われて、事実上の首相となった。

1727年に武骨な軍人だったジョージ2世が即位したので政治生命が危ぶまれたが、聡明な王妃キャロラインがウォルポールを強く支持したことで首がつながった。そして、21年ものあいだ首相でありつづけ、この記録は、いまだに破られていない。

ウォルポールは、戦争にはできるだけ参戦せず、重商主義的な関税政策を進め、原料などからは安く茶のような贅沢品からは高い関税を取った。恣意《しい》的な選挙区の設定をおこない、反対者はもっぱら買収で黙らせた。現実的すぎる政策で不評も買ったが、このころ、イギリスを訪れた哲学者ヴォルテールなどは、こうした安定志向の姿勢を高く評価した。

そして、1742年に下院で多数を失うと、国王からの慰留にもかかわらず辞任して、第一党の党首が内閣を組織する責任内閣制へ道を開いた。ただし、これで議院内閣制が確立したというのはいいすぎで、19世紀のヴィクトリア女王なども、嫌いなグラッドストーンが総選挙で勝ってもお気に入りのディズレーリをとどめ置きたい、と駄々をこねたこともあった。

ウォルポールは、書物も音楽も嫌いで、もっともらしい議論は軽蔑《けいべつ》し、歴史も参考にならないと割り切った。また、人の忠誠心もはなから信用しなかった。「人間の愚かさには限りがない。でないなら、同じ落とし穴に千回も落ちるわけがない」「この世は、考える者にとっては喜劇であり、感じる者にとっては悲劇である」といった格言を残している。

18世紀のイギリスは、産業革命が世界に先駆けておこなわれ、植民地帝国が成立した時代でもある。スコットランドとの統一などで国内市場が安定し、貿易も盛んになった。羊毛の供給国から毛織物生産国に移行したのは15世紀後半から16世紀のはじめだが、1730年代の技術革新

（飛び杼《ひ》の実用化）もあって綿織物製造が盛んになった。

1760年代には、産業革命に突入した。産業資本が成立し、農村では三圃《さんぽ》制から輪作制への転換があって第二次囲い込み（エンクロージャー）が進展して、ヨーマン（独立自営農民）の自営農業から大農場経営へ変化していった。このことが、豊富な工場労働者や植民地への移住者を供給することになった。

さらに産業革命が進むと産業資本は、重商主義経済政策より自由貿易を好むようになった。

▼植民地争奪戦の「第二次英仏百年戦争」は英の勝利

ヨーロッパ諸国による大航海時代と植民地獲得競争のきっかけは、シルクロードなどを通じた通商がイスラム教徒によって邪魔されたからと思っている人がいるが事実ではない。じつは、イベリア半島におけるレコンキスタ（国土回復運動）の延長戦だったのである。

イスラム教徒に大半を支配されていたイベリア半島では、徐々に国土の回復が進み、14世紀あたりになると、グラナダ周辺だけがイスラムに残った。この攻略はカスティリャ王国が担当することになり、アラゴン王国は地中海帝国をめざした。そして、ポルトガルはアフリカのモロッコへ進出していったのである。

ポルトガル王国のエンリケ航海王子は、1415年にアフリカのセウタを攻撃し、さらに大西洋岸の南下を試み、エンリケの没年（１４６０年）までにシエラレオネまで到達した。バルトロメウ・ディアスが喜望峰を発見したのは１４８８年で、ヴァスコ・ダ・ガマがインドのカリカットに到達したのが１４９８年だ。

インドから東アジア方面にはポルトガルが先行していたわけで、その一環としてポルトガル船が鉄砲を種子島《たねがしま》に伝えたり、ザビエルのような宣教師を日本に送り込んだりした。ポルトガルの全盛期は17世紀になったころで、その後はオランダの時代になり、スリランカ、マラッカ、ケープタウンなどをポルトガルから奪い、対日貿易も独占した。

一方、東回りのインド航路をポルトガルに押さえられたスペインでは、コロンブスが西回り航路を開発するといってカスティリャのイザベル女王から援助を受け、アメリカ大陸を発見したのが１４９２年である。

イギリスの新大陸参入は、エリザベス女王のころからで、１６０７年に「処女王」にちなんでヴァージニア植民地が建設された。ただ、北米には貴金属や南方の胡椒《こしょう》のような高価な産物はなく、かろうじてタバコの栽培が成功した程度だった。

一方、フランスはブルターニュの船乗りたちがカナダの開発を進めた。ただし、イギリスが大量の移民を送り込み、インディアンたちを追い出しながら開発したのに対して移住希望者はあまりおらず、むしろ、原住民と協力して開発しようとしていた。

18世紀になると第二次英仏百年戦争といわれるぐらい、両国が海外植民地をめぐって激しく争った。それはヨーロッパ内部の主権国家間の領土争い、とくにフランスのブルボン朝とオーストリア・スペインのハプスブルク家の対立と結びつくことによって、より激しさを増した。

スペイン継承戦争、オーストリア継承戦争、七年戦争などと並行して、新大陸ではアン女王戦争、ジョージ王戦争、フレンチ・インディアン戦争など戦いがつづいたが、このフランスとの植民地獲得戦争で、イギリスは豊かな海軍力を駆使して勝利したのである。

イギリスは、スペイン継承戦争の講和条約であるユトレヒト条約（1713年）でアフリカの黒人奴隷を新大陸に輸出する権利（アシエント）を獲得し、フレンチ・インディアン戦争（ヨーロッパでは七年戦争）の講和条約であるパリ条約（1763年）で、アメリカ大陸にカナダなどの広大な領土を獲得し、さらにインドにおいても1757年のプラッシーの戦いでフランスに支援されたベンガル太守軍に勝って、インドでの主導権を確立した。

1765年にはイギリス東インド会社がベンガル地方の徴税権を獲得したことをもって「植民地化の開始」といわれる。さらに、ベンガル総督が置かれ、1833年にはインド総督となるが、1911年にデリーがインド帝国の首都とされるまで、カルカッタ（現コルカタ）がイギリスのインド統治の中心だった。

▼アメリカ独立戦争は七年戦争での英仏遺恨試合

ヨーロッパにおける七年戦争に呼応したフレンチ・インディアン戦争（1754年）は、先述のとおり植民地民兵の活躍でイギリスが勝利し、カナダをフランスから割譲させた。ところが、勝利ののちも、イギリス本国は植民地の人々がアパラチア山脈の西側へ向けて開拓していくことに消極的だった。さらに、フレンチ・インディアン戦争の戦費を受益者であるアメリカ植民地の人々も分担しろと重税をかけたので、反感が高まり、イギリス船の積み荷の茶を海中に投棄した「ボストン茶会事件」（1773年）が起きた。

これを喜んだのがフランスで、イギリスに対する意趣返しでアメリカの13植民地を助けるということになった。このとき、アメリカの指導者となったのが、フレンチ・インディアン戦争で民兵大佐として活躍したジョージ・ワシントンである。

このワシントンには息子がいなかった、もしいたらアメリカは王国になっていたかもしれない。なにしろ大統領というのは、その出発点においては、13州合同の国王のようなものだった。

これまで紹介してきたように、ヨーロッパでは、イングランドとスコットランドとか、ハプスブルク家の帝国とか、国家として合同しないが同じ国王を戴《いただ》いて連合を組むことが多かった。13州がまとまって独立宣言をしたアメリカ合衆国も、その絆《きずな》は脆弱《ぜいじゃく》なもので、各州から超然とした国王が欲しいくらいだった。そして、ジョージ・ワシントンというまことにそれにふさわしい人物がいたので大統領にしたのである。188センチの見栄えがする身体で、物腰もヨーロッパのどんな国王より君主らしかった。

ワシントンの曾祖父はイギリスから1657年に移民して、ヴァージニアで農園を経営していた。ジョージは測量を学び、ヴァージニア西部やオハイオの開拓に取り組み、同時に民兵隊長もつとめていた。豊かな未亡人と結婚してヴァージニア州の有力者となり、植民地議会代議員にも選ばれた。

アメリカ独立戦争（1775〜83年）でワシントンは、大陸会議（13植民地の中央組織）で任命された植民地軍総司令官として活躍し、憲法制定会議（1787年）にも参加し、1789年に各州の代表が集まって最初の大統領選挙がおこなわれたとき、満場一致で選ばれた。

ただ、独立してしまうと、親仏派で分権主義者のジェファーソン国務長官に対し、親英派で初代財務長官のハミルトンが強力な連邦政府を主張し、ワシントン大統領は後者を支持したので、フランスは莫大な費用を出して独立を後押ししたのに見返りは少なかった。

しかし、第一次世界大戦でアメリカが連合国にくわわり、第二次世界大戦ではフランスの解放のために戦ったのは、独立戦争の恩義を忘れなかったともいえる。独立100周年のお祝いに「自由の女神」をプレゼントしたことも、歴史を忘れさせないために貢献した。

第5章

フランス革命とナポレオン戦争の激震

神聖ローマ帝国・オーストリア	プロイセン	その他地域
	フリードリヒ・ヴィルヘルム2世（1786～97）	1783 パリ条約（英、アメリカの独立承認）
レオポルト2世（1790～92）		
ハプスブルク・ロートリンゲン朝		
1791 モーツァルト死去		
フランツ2世（1792～1806）		
1793 第2次ポーランド分割（プロイセン、ロシアによる）		
1795 第3次ポーランド分割（オーストリア、プロイセン、ロシアによる）、ポーランド滅亡		
		1801 ロシア・ロマノフ朝皇帝アレクサンドル1世即位（～25）
オーストリア帝国		
フランツ2世がオーストリア帝国フランツ1世へ（1804～35） 1804 ハンガリー併合、オーストリア帝国成立 1804 ベートーヴェン『英雄交響曲』		
1806.7 ライン同盟成立 1806.8 神聖ローマ帝国滅亡	1806 イエナの戦いでナポレオンに敗れる	
1809 外相メッテルニヒ（～21）	1808 フィヒテ「ドイツ国民に告ぐ」	

►年表・第５章

年	イギリス		フランス
	ハノーヴァー朝	ブルボン朝	
	1783 小ピット内閣(～1801)		ルイ16世(1774～92)
			1789 フランス革命おこる .5三部会招集、 .6国民議会、 .7バスティーユ襲撃、 .8人権宣言
1790			1791.6 ヴァレンヌ事件(国王逃亡失敗)
			1792.4 対オーストリア宣戦(革命戦争はじまる) .8王権停止、.9国民公会(～95)、.9ヴァルミーの戦勝、.9共和政宣言
		第一共和政	1793.1 ルイ16世処刑、.10マリー・アントワネット処刑 恐怖政治(～94.7)
	1793 第1回対仏大同盟		
			1794.7 テルミドールの反動(ロベスピエール処刑) 1795 総裁政府(～99) 1796 ナポレオンのイタリア遠征(～97) 1797 カンポ・フェルミオの和約 1798 ナポレオンのエジプト遠征 1799.11 ブリュメール18日のクーデタ(ナポレオン、総裁政府打倒) 1799.11 総領政府(ナポレオン、第一統領に)
	1799 第2回対仏大同盟		
1800			1801 ナポレオン、教皇ピウス7世と政教協約(コンコルダート)で和解 1802 ナポレオン、終身統領となる
			1804 ナポレオン法典成立
		第一帝政	皇帝ナポレオン1世(1804.5～14.5、1815)
	1805 第3回対仏大同盟(以後、1813年第6回まで結成)		
	1805 トラファルガーの海戦		
			1805.12 アウステルリッツの戦い(フランス・ロシア・オーストリアの三帝会
	1806 小ピット死去		
			1806 イエナの戦い(プロイセン・ロシアを破る) 1806 ナポレオンの大陸封鎖令
			1807 ティルジット条約(プロイセン失墜、ワルシャワ大公国成立)
1810			1810 オランダ併合。ナポレオン、オーストリア皇女マリー・ルイーズと結

オーストリア帝国	プロイセン	その他地域
		1815 ポーランド王をロシア皇帝が兼任
1817 ブルシェンシャフト（ドイツ学生同盟）の運動高揚		1820 スペインで立憲革命（～23） 1820 ナポリでカルボナリ革命
		1821 オスマン帝国でギリシア独立戦争（～29） 1825 ロシアでデカブリストの乱鎮圧
	1834 ドイツ関税同盟成立 1837 ハノーヴァー王国、イギリスより分離	1830 オランダからベルギー王国独立 1830 ポーランドの反乱が鎮圧
フランツ・ヨーゼフ1世（1848～1916） 1848 ウィーン三月革命でメッテルニヒ失脚		
		1852 イタリア、サルディーニャ首相にカヴール（～61）
1867 オーストリア・ハンガリー二重帝国成立 **1866 プロイセン・オーストリア戦争（プロイセン勝利、オーストリア抜きでドイツ統一へ）**	**1866 プロイセン・オーストリア戦争（プロイセン勝利、オーストリア抜きでドイツ統一へ）**	1861 イタリア王国成立 1861 アメリカ南北戦争（～65） 1866 イタリアがヴェネツィア併合 1870 イタリアが教皇領併合
	ドイツ帝国 1871 成立 1876 ワグナーのバイロイト祝祭劇場完成	

►年表・第5章-2

年	王朝	イギリス	政体	フランス
		1811 ラダイト運動(～17)		1812 ナポレオンのロシア遠征
		1813 ライプツィヒの戦い(連合軍、ナポレオンを破る)		
				1814.3 連合軍、パリ入城 1814.4 ナポレオン退位。5エルバ島に流刑
			ブルボン朝(復古王政)	王政復古、ブルボン朝(1814～30) ルイ18世(1814～24)
		1814.9 ウィーン会議(～15.6)		
1820	ハノーヴァー朝	ジョージ4世(1820～30)		1815 ナポレオンの百日天下(15.3～.6) 1815.6 ワーテルローの戦い(連合軍の勝利) 1815.10 ナポレオン、セントヘレナ島に流刑
1830		ウィリアム4世(1830～37) 1830 マンチェスター・リヴァプール間で最初の鉄道開通	オルレアン朝(七月王政)	1824 シャルル10世(～30) 1830 七月革命、ブルボン復古王朝倒れる 1830 七月王政、オルレアン朝(～48) ルイ・フィリップ(1830～48)
1840		1832 第1回選挙法改正 ヴィクトリア女王(1837～1901) 1840 アヘン戦争(～42)		1832 六月暴動(『レ・ミゼラブル』はこの事件が舞台) 1840 ナポレオンの遺体、パリへ
1850		1845 アイルランド大飢饉 1848 マルクス・エンゲルス『共産党宣言』	第二共和政	1848 二月革命、第二共和政樹立 1848 第二共和政(～52) 大統領ルイ・ナポレオン
			第二帝政	1851 ルイ・ナポレオンのクーデタ、第二帝政(1852～70) 皇帝ナポレオン3世(1852～70)
		1853 クリミア戦争(～56)		
1860		1855 パーマストン内閣(～58。第2次は59～65) 1856 アロー号戦争(～60)		1855 パリ万国博覧会 1860 フランス、サヴォイア・ニースを獲得
		1861 メキシコ事件(英仏スペインの内政干渉。～67)		
1870		1868 ディズレーリ内閣(第2次は74～80) 1868 グラッドストーン内閣(～74。第2次は80～85)		
		1870 普仏戦争(～71。プロイセン、フランスに勝利)		
1880		1877 インド帝国成立(ヴィクトリア女王、インド皇帝を兼位)	第三共和政	1871 パリ・コミューン 1875 第三共和政成立

▼明治体制のルーツはナポレオンにあり

フランス革命をナポレオンが完成させたのか、それとも終止符を打ったのか論争は2世紀にわたってつづき、いまも尽きない。

パリを訪れれば、エトワールの凱旋門《がいせんもん》や、アンヴァリッド（廃兵院）の黄金のドームといったナポレオンを記念するモニュメントが誇らしげにそびえ立っている。通りの名前もイエナ、オーステルリッツ、トロカデロなどナポレオンの古戦場だらけだ。

ほかのヨーロッパ人はナポレオンをどう見ているのだろうか。イタリアではだいたい好意的に見られており、イギリス人がナポレオン嫌いなのは当然だが、ドイツ人とかスペイン人は微妙だ。

彼は独裁的な政体を打ち立て、ローマ教皇から帝冠を授かったが、業績といわれているもののほとんどは、旧体制（アンシャン・レジーム）時代（16世紀~フランス革命前）に萌芽《ほうが》があったり、革命期にロベスピエールなどがはじめていたものが多い。

しかし、フランス革命による近代市民社会の原理は、ナポレオンによって制度として定着し、ヨーロッパ全体に広まったのも疑いない。

ナポレオンは晩年になって、「私の栄光は40の戦いに勝ったことではない。なにものも消すことができず、永遠に生きるのは、私の法典である」といった。ナポレオン法典（１８０４年）を整備し、徴兵制度を定着させ、官僚制度や賞勲《しょうくん》制度をつくり、地方制度を定着させ、公的学校制度を打ち立て、「メートル法」など度量衡《どりょうこう》を統一し、ナポレオン金貨の鋳造《ちゅうぞう》などで金融制度を確立した。これらは現代の日本社会にも大きな恩恵を与えつづけている。

日本の政治行政制度はドイツの影響を受けたものが多いというが、日本が導入したプロイセン王国や統一ドイツ帝国の制度は、ナポレオン帝政（1804〜14年）のフランスを模倣したものが多いから、それらのルーツはナポレオンにある。

学校制度では、リセ（日本の旧制中学校）を整備し、社会的指導者を広い階層から輩出することを可能にしたことが最大の功績だ。

それに加え、師範学校（エコール・ノルマル）や士官学校（エコール・ミリテール）など職業学校の整備は「農民の子でも学校の先生や士官になれる。彼らの子は何にでもなれる」というフランス流の機会均等の仕組みをつくり上げた。徴兵制も貴族の特権の根拠を覆した。

信教の自由を認めつつ、カトリックを国民大多数の宗教として位置づけたことで、ローマ教会と和解し「政教協約（コンコルダート）」を結んだので、教会の支援による王政復古の可能性を遠のかせ、民主主義とキリスト教の両立への道筋をつけた。ナポレオンの皇帝即位は、神聖ローマ帝国を中心とした中世的ヨーロッパに終止符を打った。

▼フランス革命とルイ16世、マリー・アントワネット、ロベスピエール ——仏

話は少しさかのぼる。フランス大革命の奔流《ほんりゅう》のなか、ギロチンで首を切られたルイ16世（在位1774～92年）は、暴君ではなく革命派の主張に妥協的だった。なにしろ、少年時代から歴史物語が好きで、イギリスのピューリタン革命で斬首《ざんしゅ》されたチャールズ1世のようにならないように、というのが信条だった。

しかし、優柔不断で、反動派や外国勢力にそそのかされた王妃マリー・アントワネットの意見に流されて革命派に気をもたせては裏切るをくり返したので、蟻《あり》地獄におちいった。

ルイ16世はルイ14世の孫ではない。ルイ15世は14世の曾孫《ひまご》であり、16世はその15世の孫だ。

フランスでは、ルイ14世が絶対主義国家への変身に成功した。ただ、その過程で、妥協の産物として貴族や教会の特権や官職売買が温存され、財政の収入不足や社会的な不公正感の温床になっていた。

それに反発して、思想家ヴォルテールやルソーが理性の重視や、人権が自然法によって与えられたものだという啓蒙主義を展開した。イギリスでは、ピューリタン革命と名誉革命で議会政治が機能していたし、もっと社会問題が深刻だったプロイセンやロシア、オーストリアでは、君主自らが啓蒙思想家を気取り、ガス抜きに成功していた。

だから、ルイ15世や16世も、ある程度の政治的な自由化と税制改正、それに宮廷の支出を抑える措置くらいをしておけば革命はなかっただろう。

ところが、マリー・アントワネットが獅《し》子《し》身《しん》中《ちゅう》の虫だった。両親（マリア・テレジアとフランツ1世）のネガティブなところを併せもち、過度に保守的で軽薄でいい加減だった。突飛なファッションは王妃にふさわしくなかったし、離宮プティ・トリアノンで個人的な友人だけと当時流行だった田園風生活を送ったことは、時代精神の先端をいくものだが、王妃としては職務放棄だった。

古今東西どこでも、芸能人まがいのセレブ生活を楽しむプリンセスは、ある種の人気を得るが、政体の安定に役立ったことはなく、国家にとっても王室にとっても有害だ。

ルイ16世は１７８９年5月、増税のために全国三部会を１７５年ぶりに召集した。ところが、見返りの改革の提案がなかったので、第三身分（平民）の代議員に一部の貴族（第二身分）や聖職者（第一身分）が合流し、僧侶シェイエスが「第三身分、それはすべてである」と叫び空転。第三身分議員たちが、三部会から国民議会の樹立を宣言すると、王はこれが憲法制定議会と切り替わることをいったん承認した。

だが、反動派が王妃を通じて王を動かし、軍隊を動員させたのに怒って、7月14日にバスティーユ牢獄が襲撃され、国王一家はヴェルサイユ宮殿からパリ市内のテュイルリー宮殿に移され、「人権宣言」が出された。

国王一家は王妃の願いをいれて国外逃亡を企てて失敗し（ヴァレンヌ逃亡事件）、捕らえられた。王妃が大型馬車にこだわったのが原因だった。それでも、王妃は実家のオーストリアなどの救援を求めて、国家を裏切りつづけた。

立憲王政を定めた「1791年憲法」下でおこなわれた総選挙で選ばれた穏健派のジロンド派政府は、翌1792年、革命に干渉するオーストリアに宣戦布告し、フランス革命戦争がはじまった。下層民階級（サン・キュロット）が義勇兵として集まり、そのなかで生まれた歌が国歌『ラ・マルセイエーズ』である。

王権は停止され、国王一家は幽閉された。そして、ヴァルミーの戦いでプロイセン・オーストリア連合軍に勝利したのを機に、フランス軍が優勢に転じた。ジロンド派に代わってロベスピエールが指導する急進的なジャコバン派が優勢となり、普通選挙による「国民公会」が成立し、王政廃止と共和政が宣言された（第一共和政）。

1793年、ルイ16世は国民公会における裁判で僅差《きんさ》で死刑とされ、コンコルド広場でギロチンにかけられ、王妃もそれにつづいた。

ルイ16世は、その優しい性格から国民から愛されうるはずで、啓蒙君主にならなくとも、よい宰相をもつか、柔軟に対処しさえすれば、少なくとも断頭台の露と消えることはなかったであろうに、悪い王妃のために死んだ。

ロベスピエールが率いる政府は、革命以前から充実していた軍備と徴兵制が生み出す桁外れな兵力を背景に外国軍を圧倒し、ライン川まで併合した。だが、行きすぎた粛清《しゅくせい》は疑心暗鬼を生み、革命によって財産を得た多くの国民は保守化してきた。

危険な策謀家で、のちにはナポレオンまで手玉に取ることになる「変節の政治家」フーシェらが書いた筋書きによって、1794年7月、ロベスピエールとその仲間は処刑された。「熱月（テルミドール）の反動」である。

ロベスピエールは恐怖政治ばかりがいわれるが、単なる破壊者でなく改革の実現者であり、清潔だった。その死後も、ジャコバン派への支持も根強かったが、やがて、ひとりの若い軍人の名を人々は語り出した。コルシカ島生まれで、26歳のナポレオン・ボナパルトである。

イタリア系貧乏貴族出身で、ポンパドゥール夫人の援助で開校した陸軍士官学校で学び、『プルターク英雄伝』に心酔して夢を見ていた青年に時代が味方した。

ナポレオンの最初の妻だったジョゼフィーヌは、西インド諸島からやってきた「クレオール（植民地生まれ）」のヒロインである。ボーアルネ子爵と結婚したが、夫は離婚後に刑死した。社交界の人気者で、革命指導者のひとりの愛人だった。

有望な軍人だったナポレオンが、社交界の花だったジョゼフィーヌにひと目惚れし結婚した。

その後も忠実な妻ではなかったし、金づかいも派手だったが、ナポレオンの天才が開花するため、すばらしい刺激を与え、またよき助言者、協力者でもあった。英雄の近くにはそういうタイプの女性がしばしば見られるものだ。

▼神聖ローマ帝国からオーストリア帝国へ――独

オーストリアの皇帝でマリー・アントワネットの兄であるヨーゼフ2世は、フランスを訪問したときも変装して庶民と交わるなどして大人気だった。ヨーゼフは、フランスの王室や貴族たちが市民たちの不満に対して鈍感なことを心配して妹にも忠告したが、聞き流された。

フランス市民は不幸でもなかったが、貴族や役人たちや教会の横暴には腹を立てていたのである。領主が結婚を許すにあたって処女を奪うことを要求するという伝説の初夜権をテーマにしたボーマルシェの戯曲（モーツァルト『フィガロの結婚』の原作）の異常な成功は、そういう時代的な気分の発露だった。

もっとも、このときの兄の旅行は、秘められた最大の目的の達成には成功したのである。ルイ16世はいわゆる重度の包茎で、そのために性行為ができなかったそうだ。途中で痛みがひどくなるのだった。そこで、ヨーゼフは義弟を説得して手術を受けさせた。そのおかげでルイ16世と王妃は子どもを得ることができた。

フランス革命が起きたときに、諸国はフランス王室の行きすぎた保守性からすれば、それが起きて当然だと思っていたので、はじめは王の政府が柔軟に対処してガス抜きに成功することを期待した。一方で、オーストリア以外は、フランスの混乱を利用して自国の立場を有利にしたいとも考えた。

ところが、革命は暴走をはじめて余波が心配になりだした。オーストリアでは、ヨーゼフ2世が1790年に死んで、その弟のレオポルト2世が即位していたが、妹夫妻がとらわれの身になったのに驚愕《きょうがく》し救出をはかろうと、プロイセンのフリードリヒ・ウィルヘルム2世を説得して共同で各国に協力を呼びかけた。しかし、内政干渉はフランス人を怒らせ、革命軍を甘く見ために手痛い失敗をくり返した。しかも、プロイセンなど多くの諸侯は、フランスに呼応して教会領を接収することに熱心だった。

オーストリアはイギリスと組んで革命軍に抵抗したが、ライン地方で戦っているうちにナポレオン・ボナパルトにイタリアで敗北し、1797年のカンポ・フェルミオ条約でミラノでの共和国樹立を受け入れた。ナポレオンがイギリスへの牽制《けんせい》のためにエジプト遠征をしたのはこの直後で、このとき考古学者を連れていき、ロゼッタストーンの発見など大きな成果があった。

また、このころ、ローマなどイタリア各地、スイス、オランダなどにフランスの影響下に続々と共和国が建国された。プッチーニの歌劇『トスカ』はこの時期のローマが舞台だ。

これを見て、イギリスでジョージ3世のもとで首相だった小ピットは、第二次対仏同盟を結成した。一方、ナポレオンは「ブリュメール（革命時代の暦で霧月）18日のクーデタ」で実権を握り、第一統領となった（1799年）。

ナポレオンはアーヘンやマインツでシャルルマーニュ（カール大帝）の後継者は自分だとアピールし、1804年にノートルダム大聖堂で皇帝となった。ローマ教皇も参加したが、ナポレオンは冠《かんむり》を教皇から受け取って自分で戴冠した。そして、1805年のアウステルリッツでの三帝会戦（フランスとロシア・オーストリアの戦い）で勝利した。

ドイツではバイエルンやウュルテンベルクが王国となり、娘婿にナポレオンの弟やジョゼフィーヌと先夫の子を迎えた。西ドイツ地域の領邦は神聖ローマ帝国を離れて、ナポレオンによって組織されたライン同盟に加わった（各邦君主の国家主権は認められた）。

ライン同盟の保護者（プロテクトール）となったナポレオンは、飛び地などで割れたビスケット状態になっているドイツ諸邦の領地を整理した。ライン左岸はフランスに併合し、それ以外もいくつかの大きな領邦にまとめ、群小国はそれに参加させた。これは、フランスが影響力をおよぼしやすいように計らったものだが、結果的にはのちのドイツ統一の基礎になっていった。

皇帝フランツ2世は、1804年にオーストリアの世襲皇帝フランツ一世でもあるとし、ついで1806年に「神聖ローマ帝国の皇帝としての義務から離脱する」ことを宣言した。ナポレオンに強制されたというより、ナポレオンに神聖ローマ帝国皇帝の称号を奪われることを警戒して、オーストリア皇帝なら世襲できると計算したらしい。いずれにせよ、神聖ローマ帝国は消滅した。

▼ナポレオンはドイツにとってのマッカーサーだ——仏独

プロイセンが打倒ナポレオンに立ち上がったが、イエナの戦いでロシアとともに撃破され、ナポレオンがベルリンに入城してイギリスとの通商・通信を禁じる「大陸封鎖令」を宣言したのが1806年である。翌年、ロシアとプロイセン国境（当時）のティルジットでロシアのアレクサンドル1世とナポレオンが会見して結ばれた和平条約で、プロセイン領ポーランドにワルシャワ大公国が誕生し、ナポレオンの支配下に置かれた（ティルジット条約）。プロイセンは領土の多くを失い莫大な賠償金を課せられ、ナポレオンはヨーロッパをほぼ制圧した。

ドイツの諸邦は、フランスの大陸軍（グランダルメ）に組み込まれ、各国で戦わされた。国内体制もフランス式の近代国家への改造を余儀なくされたが、これは日本の戦後改革と同じで、強制されたものではあったが、自主的には不可能な根本的な近代化を助けてメリットも大きかった。

ナポレオンはドイツにとっての〝マッカーサー〟となった。

ナポレオンに屈し雌伏の時を過ごすプロイセンも国内改革に注力した。農奴を解放し、都市の自治を認めた。すぐれた将軍や『戦争論』を著《あらわ》したクラウゼヴィッツのようなすぐれた理論家のおかげで、近代的なドイツ軍の基礎ができた。日本は、最初はフランス陸軍をまねて、のちにドイツ軍をモデルとすることになるから、どちらにしてもルーツはナポレオン軍だ。

そして、哲学者フィヒテはナポレオン占領下のベルリンで連続講演「ドイツ国民に告ぐ」をおこない、国民意識を鼓舞《こぶ》した。また、ナポレオンの軍縮は、多くの不平士族を生み出して、これが反抗の温床になった。

オーストリアは反抗の時がきたと思って立ち上がったが、ワグラムの戦い（1809年）で敗れた。フランツ2世（オーストリア皇帝）は駐仏大使メッテルニヒの意見を容れて忍従を選び、娘のマリー・ルイーズをジョゼフィーヌと離婚したナポレオンの皇后に送り込み、生まれた子は「ローマ王」を名乗った。

1811年にナポレオンは絶頂にあり、大陸封鎖令にしたがわないロシアへの遠征を実行に移した（1812年）が、泥濘《ぬかるみ》のなかで惨敗した。トルストイの『戦争と平和』とチャイコフスキーの『大序曲1812年』の世界だ。

翌1813年、ヨーロッパ諸国の連合軍はナポレオンに部分的勝利をおさめ（ライプツィヒの戦い／諸国民戦争）、ドイツやほかの大陸諸国の独立と、フランスにはライン川という自然国境までの撤退を求めたが、ナポレオンは妥協を拒《こば》んだ。

1814年、パリは連合軍に占領され、ナポレオンはフォンテンブロー城で退位し、コルシカ島とイタリアのあいだにあるエルバ島に押し込められた。メッテルニヒとタレーラン（フランス外相）はルイ16世の弟をルイ18世とし、皇妃マリー・ルイーズはパルマ公となった。

この18世紀の終わりからナポレオン戦争にかけての時代は、ドイツがイタリアとつながる神聖ローマ帝国の世界から解放されて、ルイ14世とヴォルテールとナポレオンのフランスの影響下に移った時代だったと総括できる。

プロイセンのフリードリヒ大王も哲学者たちもフランス語で思考した。そして、やがて、ドイツ民族の文化が生まれた。カント、ライプニッツなどの思想家、ゲーテやシラーといった文学者、そして、モーツァルトを経てベートーヴェンが登場した。ベートーヴェンがナポレオンを英雄として讃え、やがて反対者になったのは象徴的だ。

▼キッシンジャーが絶讃したメッテルニヒの「ウィーン体制」――独

メッテルニヒは1814年、各国代表をウィーンに集め舞踏会でもてなした。フランス革命とナポレオン戦争後のヨーロッパ秩序再建のために開かれたウィーン会議である。だが、話し合いは進まず、「会議は踊った」のである。しかし、ナポレオンがエルバ島を脱出したというニュースのおかげで、各国はフランス大革命以前の国境に戻るという無難な結論に達した。

ナポレオンはいったん帝位に戻ったが、ベルギーのワーテルローの戦いで敗れて、南大西洋の絶海の孤島であるセントヘレナに流された。

正統性という原則のもとに旧体制の利益擁護に奔走《ほんそう》したと評判が悪かったメッテルニヒが名誉回復したのは、元米国務長官ヘンリー・キッシンジャーが、メッテルニヒを高く評価し、博士論文のテーマにしたことが知られてからである。

キッシンジャーは、ウィーン会議でメッテルニヒが、フランスに対する懲罰よりも力の均衡《きんこう》の回復を重視したことで、ヨーロッパの平和が少なくとも普仏戦争（１８７０～71年）までの半世紀、見方によっては第一次世界大戦（１９１４～18年）までの1世紀にわたって維持されたことを絶賛したのである。

メッテルニヒは、フランクフルトに近いコブレンツで伯爵家の子として生まれた。ストラスブール大学などで外交学などを学び、フランクフルトでの皇帝レオポルト2世の戴冠式では式部官になった。モーツァルトが協奏曲『戴冠式』を披露したことで有名な式典だ。

のちにウィーンへ移り、元宰相の孫娘と結婚して侯爵となり栄達への道が開かれた。１８０９年には外相となり、１８１４～15年のウィーン会議を主導した。

自由主義やナショナリズムに反対したこの会議でできたのが、ヨーロッパの国際秩序であるウィーン体制である。

オーストリアは南ネーデルラント、ポーランドといった遠隔地での所領を放棄したが、地理的に近いヴェネツィア（ナポレオン戦争以前は独立国）とミラノをロンバルド・ヴェネト王国として支配するとともに、ドイツの35君主国4自由市で構成されるドイツ連邦の選挙によらない議長国となった。

プロイセンは、ザクセンの北半分、ラインラント（ライン川中流域）やオランダ王家の発祥の地であるナッソーなど西ドイツ方面へ領地を拡大した。

イギリスは、マルタ島、セイロン島、ケープ植民地を獲得した。オランダは南ネーデルラント（現ベルギー）を併合した。ロシア皇帝は傀儡《かいらい》国家であるフィンランド大公国、ポーランド立憲王国の君主を兼ねた。フランスはセネガルの領有を認められた。

ウィーン体制では、イギリス、プロイセン、オーストリア、ロシアが同盟を結んだが、フランス革命の打ち立てた自由と平等、国民の統一という革命理念は全ヨーロッパで根強い力を維持した。ところが、大陸の三国があまりにも反動化したので、イギリスはこれと距離をとり、孤立主義に傾いていった。

1821年にオーストリア宰相に就任していたメッテルニヒは必死になってウィーン体制を維

持しようとしたが、オスマン帝国でのギリシア独立運動（1821～29年）をめぐって、イギリスは詩人バイロンらが独立運動に参加し、フランスも同調したので足並みがそろわなくなった。ドイツではブルシェンシャフト（ドイツ学生同盟、1817年）、イタリアではカルボナリ（炭焼党、1820年）が蜂起《ほうき》した。スペインでは立憲革命（1820年）、ロシアではデカブリスト（十二月党員）の反乱が起こった（1825年）。

そして1830年、ブルボン復古王政を倒したフランス七月革命を契機に、全ヨーロッパに革命運動が広がった。オランダからベルギーが独立し、ドイツでは憲法制定と統一をめざす革命運動が勃発《ぼっぱつ》し、北イタリアのオーストリア領でも反乱が起きた。

ロシアに対してポーランドの反乱も起こったが、これをロシアが手荒く鎮圧したのに抗議して作曲されたのが、ショパンの『革命のエチュード』である。

この混乱をなんとか乗り切ったメッテルニヒとウィーン体制だが、1848年にはパリ市民たちが第二共和政を樹立したフランス二月革命に刺激されるかたちで、オーストリアで三月革命が勃発し、メッテルニヒは宰相を辞任、イギリスのロンドンに亡命した。しかし、3年後には、帰国を許され、ロンドン駐在の大使に任命された。

メッテルニヒは金髪の巻き毛が印象的なイケメンで、著名な女性との浮き名も数知れない。そのなかには、ナポレオンの妹で、ナポリ王ミュラの王妃だったカロリーヌ・ボナパルトもいる。

また、後日談だが、息子のリヒャルトは、異母姉の娘（つまりメッテルニヒの孫）であるパウリーネと結婚した。この夫妻はパリ駐在のオーストリア大使夫妻としてナポレオン3世の宮廷で社交界の中心にあり、ファッションリーダーとして大きな影響をもった。ナポレオン3世妃のウージェニー皇后からとくに信頼され、普仏戦争敗戦後のロンドン亡命の手はずも整えた。

▼エドマンド・バークの保守思想と英国人のフランス革命観――英

フランス革命についてのイギリス側の受け止め方というと、エドマンド・バークの『フランス革命の省察』（1790年）を引き合いに出す人が多い。バークは、ホイッグ党穏健派に属する政治家で、アメリカ独立戦争は支持したが、フランス革命については、理性だけで暴走することなく、各国固有の文化や風土を重視すべきだと否定的だった。

当時それほど話題になったわけでないが、第二次世界大戦後にアメリカで保守主義とリベラリズムが政治の二大潮流となるにあたって、保守派の理論的支柱として注目されるようになった。日本では戦前に、金子堅太郎《かねこけんたろう》、新渡戸稲造《にとべいなぞう》、平泉澄《ひらいずみきよし》らが少し注目していたが、最近になって急に保守的政治思想の「家元」のように扱うことが流行しているが、そうした評価には疑問がある。

イギリスでは、フランス革命が起きたときに、ほかのヨーロッパ各国と同様に、当初はフランス王室の「上から目線の対応」に対する民衆の不満に共感を示した人々も多かった。産業革命の矛盾もいろいろ出てきて、民主化はイギリスにとっても課題だったから、共闘の可能性も模索された。また、大国フランスの力が弱まることを好都合として歓迎した。

こうした反応は、現代の「黄色いベスト運動」に対してイギリス人が示しているのとよく似たものだ。尊大なフランス国家権力へのイギリス人の反感は昔も今も同じだ。

しかし、フランス革命が成功して対外的に膨張し、イギリスにとって脅威となるや、あらゆる知恵と力をもってこれに対抗するようになった。

フランス革命やナポレオンの大陸支配に対抗する「対仏大同盟」の戦争については、すでに書いたとおりだ。また、ナポレオンの英本土上陸を阻止したトラファルガーの海戦を指揮した海軍のネルソン提督と、ワーテルローの戦いを指揮した陸軍のウェリントン将軍が英雄として知られる。

ウェリントンは貴族出身で名門パブリック・スクール（私立全寮制）のイートン校で学び、のちに、「ワーテルローの勝利はイートン校の運動場にあった」といったのは有名だ。ネルソンは庶民の子で、戦場で片眼と右腕を失っていた。ナポリ駐在英国大使夫人のレディー・ハミルトンとの恋愛は、新婚時代のローレンス・オリヴィエとヴィヴィアン・リーの映画『美女ありき（原題レディー・ハミルトン）』で知られる。

ナポレオン戦争の時代は、主として小ピットが首相だった。国王はひきつづきジョージ3世で、イギリス生まれで英語を母国語とし愛国的な王として人気があった。後半は精神に異常をきたし、1811年には皇太子（のちのジョージ4世）が摂政となった。

ジョージ4世は並み外れた浪費と女性スキャンダルで評判の悪い国王だった。平民のカトリック教徒の未亡人と秘密結婚していたが、王位継承のために親戚のキャロライン・オブ・ブランズウィックをドイツから迎えて結婚したものの、体臭のひどさを嫌って初夜しか共にせず、戴冠式への王妃の出席も拒否した。

ジョージ4世の功績は二つあり、よい美的感覚の置き土産としてロンドンのリージェント（摂政）・ストリートなどを残したことと、スコットランドを訪問してキルト（男性用スカート）を着用したりして融和を成功させたことだ。

経済的には、ワットによる蒸気機関の発明（1769年）と改良によって産業革命が本格化し、アメリカ人フルトンが蒸気船（1807年）を発明し、スティーヴンソンは本格的な蒸気機関車（1814年）の開発に成功した。繊維産業では、ジェニー紡績機、アークライトの水力紡績機、カートライトの力織機などが18世紀に発明されていた。

こうして、1830年代にはイギリスは「世界の工場」というべき段階になったが、労働者の境遇のひどさが注目されはじめ、19世紀に入るとラダイト運動という機械打ち壊し事件も起きた。そこで、自由主義的改革が試みられ、カトリック教徒解放法（1829年）や奴隷制廃止（1833年）などの社会立法もおこなわれた。

▼ドラクロワの名画と『レ・ミゼラブル』に描かれた革命――仏

ルーヴル美術館でも屈指の人気を誇る、ロマン派の代表的画家ドラクロワの『民衆を導く自由の女神』は、フランス大革命を題材にしていると誤解する人が多いが、じつは七月革命（1930年）を記念して描かれた。バスティーユ広場に立つ記念柱も同様である。ブルボン復古王政を倒した七月革命は、ヨーロッパ全体を自由主義に向かわせた大事件であった。

ナポレオンがエルバ島に流されたとき、亡命貴族（エミグレ。フランス革命期に国外逃亡した貴族や聖職者たち）は「何も学ばず、何も忘れず」に帰ってきた。ルイ16世の弟で「プロヴァンス伯」と呼ばれていたルイ18世もそのひとりである。

マリー・アントワネットとルイ16世の子でルイ17世であるはずだった少年は、王妃が処刑後もタンプル塔に幽閉され、「テルミドールの反動」のあと病死していた。

ルイ18世は革命以前から啓蒙派で、彼が国王であれば大革命はなかっただろう。亡命中も、あまり極端な行動に参加していなかったので、ナポレオンの大臣だったが失脚していたタレーラン

即位によって、ブルボン朝が復活した（復古王政）。このルイ18世の帰国と（元外相）やフーシェ（元警察相）にとって話し合いやすい相手だった。

だが、同じく亡命から戻って国王を継いだ弟のシャルル10世は、保守反動の頭目であった。言論の弾圧や革命で没収された資産への補償に踏み切ったことで人心を離れさせ、このころ普及しはじめた新聞の餌食《えじき》にもなった。

パリの街頭には抗議のバリケードが築かれ、ノートルダム大聖堂に「三色旗（トリコロール）」がひるがえった。この七月革命に登場したのがアメリカ独立戦争とフランス革命の英雄でブルジョワ民主主義を代表するラファイエット将軍である。パリ市役所のバルコニーで、ルイ15世の摂政の曾孫で自由主義的なオルレアン公ルイ・フィリップに「三色旗」を掲げさせて抱擁《ほうよう》した。

パリの市民は、新しい王制などつくるつもりではなかったが、この感動的な演出に幻惑されて歓呼し、ルイ・フィリップを王とする七月王政（1830〜48年）が成立した。七月王政は穏健で、アルジェリアの植民地化を進めたものの、あとは、対英協調で無理をしなかった。

七月革命が波及し、ベルギーがオランダからの独立を宣言して、ルイ・フィリップ王の次男を王として迎えようとした。だがルイ・フィリップは英国に配慮してドイツの小貴族ザクセン・コーブルク家のレオポルト1世（ヴィクトリア女王の叔父）を国王とし、自分の娘のルイーズ・マリーを王妃として嫁がせることで満足した。

七月王政ではナポレオンが復権し、凱旋門を完成させ、1840年にセントヘレナ島から皇帝の遺骸《いがい》をアンヴァリッド（廃兵院）に迎えた。とりあえず制限選挙を維持しつつも、初等教育の充実をはかって民主化への基礎をつくったが、この考え方は、約20年後に明治政府が採用するところとなった。

しかし、七月王政の終わりはあっけなかった。パリでのある集会を禁止したところ、民衆の抗議運動が起こり、バリケードが築かれ、民衆の放った銃弾に過剰反応した軍が発砲して死者が出たのを機に暴動が市内に広まり、王一家は逃亡した。そして第二共和政が樹立する。これが二月革命（1848年）である。

作家ヴィクトル・ユゴーは、はじめは七月王政に好意的でなかったが、のちにルイ・フィリップ王と親交が深まり、アカデミー・フランセーズの会員にして子爵、元老院（セナ。上院にあたる）議員となった。いまもリュクサンブール宮殿（フランス元老院議場）には、彼の議席が残されている。

二月革命のあとはルイ・ナポレオン（ナポレオン3世）を支持したが、やがて、批判派にまわり、英仏海峡のガーンジー島で亡命生活を送った。イザベル・アジャーニ主演で日本でもヒットした『アデルの恋の物語』は、娘のアデルが父を訪ねてこの島へ来たことを題材にしている。

そして、この島で書かれたのが『レ・ミゼラブル』で、そこに出てくる民衆蜂起は七月革命のあとに起きた六月暴動（１８３２年6月）という事件である。

▼ヴィクトリア女王の素顔と大英帝国全盛——英

「君臨すれども統治せず」といわれる英国女王だが、現在も「知らされ、意見を求められ、自分の意見を自由に述べる」権利をもっている。ただし、それを世間に口外することはタブーで、そんなことをしたら君主制の是非にまで議論が及んでしまう。

ただ、イギリスでは、首相は女王の指名だ。ヨーロッパでは、首相は君主か大統領の指名で、議会で選ばれることはない。議会の多数派からなどというのは、慣習の世界だ。それも国によりけりで、政治家を排した実務者内閣というのもときどきあって、近年では、イタリアやギリシアで実例がある。

また、前例がない事態だと君主の裁量に任すしかない。たとえば、イギリスでは２０１０年の総選挙で保守党が第一党になったが過半数は取れなかった。このとき、第三党の自由民主党が保守党との連立を選んだから女王の選択の余地はなかったが、もし、労働党との二・三位連合を選んでいたら前例では処理できなかった。単独過半数の第一党から選ぶ、というそれまでの慣習にない事態だからだ。

まして、19世紀のヴィクトリア女王のころは、まだまだそういう原則すら確立されておらず、総選挙で負けたにもかかわらず、女王がディズレーリの続投を望むというようなこともあったし、政策にもかなり干渉していたのである。

さて、ナポレオン戦争期のジョージ3世のあと、長男のジョージ4世がまず即位し、次男は子がないまま先に死んでいたので、三男のウィリアム4世が即位した。そして、いずれにも嫡出子がなかった。

五男以下は健在だったのだが、四男エドワードの娘にヴィクトリアがいたので即位した。父親のエドワードは50歳を過ぎても独身だったが、借金を返すためにザクセン・コーブルク・ゴータ（英語名サクス・コバーグ・ゴータ）公国の公女で未亡人だったヴィクトリアと結婚した。そして、翌1819年にのちのヴィクトリア女王が誕生したが、エドワードはその翌年に死んだ。

晩年のウィリアム4世は、この母親が大嫌いで、姪のヴィクトリアが17歳以下の即位だと母親が摂政になってしまうので、それまで必死に頑張った。また、ヴィクトリアの即位が喜ばれたのは、もし彼女がいなかったら、五男のカンバーランド公アーネストが王位につくはずだったが、評判が悪かったので、その悲劇を避けられたからだ。

ちなみに、イギリス王が兼ねていたハノーヴァー王位（ハノーヴァー選帝侯国がハノーヴァー王国となっていた）はこのアーネストが継いだので、イギリスはハノーヴァーとの同君連合を解消できた。

ヴィクトリア女王は、1837年から1901年まで王位についていた。18歳のときに即位するや、断固として母親を遠ざけて、国民を安心させた。結婚したのは1840年で、母の兄の子であるアルバートだった。二人にはエドワード7世やドイツ皇后ヴィクトリアなど四男五女がいたが、子孫たちの何人かは、ヴィクトリア自身の突然変異にもとづくとみられる血友病に悩んだ。

この子だくさんと円満さは、イギリス人中産階級にとって模範とされた。よいか悪いかはともかく、中産階級がモラルとしてもつ性的な快楽への拒絶感が社会に広まった。また、ヴィクトリアは、自分が女王であるにもかかわらず女性の社会進出には否定的だった。

性格は、ひどくわがままで、短気で、とくに、意見をされるのを極端に嫌った。ヴィクトリア時代の中ごろには、ディズレーリ（首相在職1868、74〜80年）とグラッドストーン（同1868〜74、80〜85、86、92〜94年）という2人の卓越した政治家がいた。

ディズレーリは「決して拒まず、決して反対もせず、受け入れがたい要求なら物忘れをすることだ」といい、ゴマすりでうまくつき合った。一方、真面目人間で気の利かないグラッドストーンは女王の意見を露骨に無視したので、女王は彼を嫌い抜いて、選挙で自由党が勝ってもなんとか彼が首相になるのを避けるべく工作までした。

それ以前には、メルバーン首相が女王の家庭教師的な役割を果たし、王宮に泊まり込んで1日に数時間も話し込んだので、結婚するのではないかとすら噂がたった。しかし、このころ外交は、メルバーンの義弟であるパーマストンで、こちらは、強引で女王に相談なく進めて怒りを買うことが多かった。

そののち、グラッドストーンとディズレーリの時代を経て、後期はソールズベリー首相の時代だが、彼は女王に、最終的な調停者としての地位を失わないためにも軽はずみに意見を通そうと思わないほうがよいと説得し、上手に納得させた。

ヴィクトリア女王時代の外交は、まさに帝国主義時代のものである。英仏関係がしごく円満だった時代であって、王位を失ったルイ・フィリップ王やルイ・ナポレオン（ナポレオン３世）も亡命先にロンドンを選んでいるし、ビスマルクのドイツは、娘の嫁ぎ先でもあり円滑だった。また、日本とは日英同盟（１９０２年）を結んだ。

非ヨーロッパ諸国に対しては強硬で、治世の初期には中国（清《しん》）にアヘン戦争（１８４０年）を仕掛けた。ディズレーリのイニシアティブでインド皇帝に就いて「ＶＲ＆Ｉ」（Ｒは王を意味するレックス、Ｉは皇帝であるインペラートルというラテン語）と署名することを好んだ。

末期には、アフリカの強引な植民地化を進めたセシル・ローズ（イギリスの南ア植民地首相）らの要望にそって、南アフリカでオランダ人相手にボーア戦争を仕掛けて国際的に非難された。

いずれにせよ、大英帝国の全盛（パクス・ブリタニカ）期——産業革命をなしとげたことによる繁栄と社会格差、大英帝国の栄華と帝国主義的横柄さのいずれもの名誉と責任を負うべき存在で、決してロボットではなかった。

▼再評価されるナポレオン3世とパリ大改造――仏

パリのオルセー美術館の展示は、19世紀の文明がテーマだ、時代は1848年から1914年までだ。だいたい、黒船来航から明治の終わりまでに合致する。

先進国では産業革命が進み、鉄道や蒸気船が大量高速輸送を実現し、教育が庶民にまで普及し、憲政が確立し、植民地化の進展で地球全体がどこかの文明国の支配に置かれた時代だ。

1848年の二月革命では、言論の自由、普通選挙、労働権の確立が主張され、それが実現する出発点となった。ドイツ西部トリーア出身のカール・マルクスもこのころ、パリを主たる活動の場のひとつにしており、『共産党宣言』は二月革命の直前に発表された。

二月革命でつくられた臨時政府には社会主義者も入り、生存権・労働権・結社権が確認され、「国立作業場」が設置され、言論・出版の自由が保障された。普通選挙で憲法制定国民議会が選ばれたが、パリの急進的な雰囲気は地方には広がらず、保守派が優勢だった。

一方、直接選挙での大統領選挙では、ナポレオン1世の甥で左派的心情への共感を表明していたルイ・ナポレオンが当選した。

議会は制限選挙を導入しようとしたが、ルイ・ナポレオンは1851年、クーデタを起こして議会を解散し、普通選挙と大統領の再選を許す憲法改正を国民投票にかけ、承認された。やがて、ナポレオン1世と同じように国民投票で第二帝政（1852〜70年）の開始が決まり、皇帝ナポレオン3世として即位した。フランスの秩序の維持と革命的精神の堅持、対外的栄光を実現できる選択肢はほかになかったのである。

ナポレオン1世とオーストリア皇女マリー・ルイーズとの子である、いわゆるナポレオン2世は、ウィーンでドイツ人ライヒシュタット公として育てられたが、1832年に21歳で病死した。次には、ナポレオン1世の兄である元スペイン王ジョゼフが推定皇位請求者となったが、その彼も1944年に死んだので、ナポレオン1世の弟でオランダ王だったルイと、ジョゼフィーヌがボーアルネ子爵との最初の結婚で得た娘であるオルタンスの三男であるルイ・ナポレオンが、ボナパルト主義者たちの希望の星となった。

スイスで亡命生活を送ったルイは、「スイス人のようにドイツ語を、フランス人のように英語を、ドイツ人のようにフランス語を話す」といわれた。イタリアのカルボナリ（炭焼党）の反乱に参加したり、フランス国内でも二度決起をはかった。空想社会主義者といわれるサン・シモンの愛読者で、思想は左派的だった。

ヴィクトル・ユゴーは、「冷淡で青白く眠たそうな鈍い様子をした、見栄っ張りで、下品で、芝居がかった人物」としたが、温厚で聞き上手であり威厳がなくもなかった。知的で万般にわたって理解力があったので、宰相を置かずに自ら判断し、経済政策や都市開発についてすぐれた判断を示した。

セーヌ県（パリ首都圏）知事オスマン男爵による大胆なパリ改造は、激しい抵抗にあったが、現在のパリの骨格をつくったものとして高く評価されている。さいわいにも最近では再評価が進み、北駅の近くにナポレオン3世広場が誕生した。

スペイン出身のウージェニー皇后を中心とした彼の宮廷は、高級娼婦など怪しげな人物も多く出入りし、いかがわしくはあったが、華やかで楽しく、小説『カルメン』などで知られるメリメなど文化人も参加した。

パリは「首都のなかの首都」となり、万国博覧会（1855年）が開かれて、日本から幕府と薩摩《さつま》が別々に参加してひと悶着《もんちゃく》起こしたり、駐日仏公使のロッシュが幕府を支援したのもこのころだ。

外交においては、英国と組んでオスマン帝国を助けてロシアと戦ったクリミア戦争（1853～56年）で勝利をおさめ、1812年のロシア遠征の屈辱を晴らした。イタリアでは、サルデーニャ王国のカブール首相が、王家の発祥の地であるサヴォアと、ニースをフランスに割譲するという大胆な提案をしたのと引き替えに統一を容認した。

アメリカ南北戦争で南軍に好意を見せたり、その混乱に乗じてメキシコにハプスブルク家のマクシミリアンを皇帝として送り込んだが、惨めな失敗に終わり、マクシミリアンは処刑された。皇妃シャルロッテ（ベルギー王女）は精神を病んだまま、ベルギーの古城で1927年まで夫の帰りを待つことになった。

この第二帝政があっけなく崩壊したのは、自由化への遅れとドイツ統一への対応の失敗の相乗作用がゆえであった。また、ほとんどの期間、宰相を置かずに親政をおこなったので逃げ場がなかった。皇帝ナポレオン3世は、いずれ政治的に自由化せざるを得ないことは理解していたので、1860年代に入ってそれに着手した。

しかし、統制を脱した世論は反政府色を強める一方、外交面での栄光も要求した。そんなときに、プロイセン王国首相ビスマルクはオーストリアと戦いながらドイツ統一を進めていた。

エピローグ

世界大戦とEU統合、ブレグジット

	イギリス	フランス	ドイツ	その他地域
	エドワード8世(1936.1〜.12) ジョージ6世(1936〜52)	1936 人民戦線内閣(〜38)	1932 ナチ党第1党となる 1933 ヒトラー、首相就任(ナチ党政権成立) 1934 ヒトラー、総統となる(〜45) 1936.3 ラインラント進駐。.8ベルリン五輪開催 1938.3 オーストリア併合。.9ミュンヘン会談でズデーテン地方獲得 1939.3 チェコスロヴァキア解体。.8独ソ不可侵条約締結	
1940	**1939.9 第二次世界大戦はじまる**			
	1940 チャーチル内閣成立(〜45。第2次51〜55)	1940.5 ドイツ軍侵入、征服される。.6ドイツに降伏(ヴィシー政府成立) ペタン(1940〜44) 1941 ドゴール、ロンドンに自由フランス国民委員会樹立 レジスタンス運動	1940.6 パリ攻略、フランスの北半分占領。.9日独伊三国同盟締結 1941.6 独伊、対ソ宣戦。.12独伊、対アメリカ宣戦 1942.8 スターリングラードに突入 1943.2 スターリングラードの独軍、降伏	1941.12 日本、真珠湾攻撃
	1944 連合軍、ノルマンディー上陸			
		1944 パリ解放	1944 東部戦線の敗北 1945.4.22 ソ連軍、ベルリン突入。4.30ヒトラー自殺。5.2ベルリン陥落。5.7無条件降伏。.6英米仏ソの4ヵ国による分割占領	
1945	**1945 第二次世界大戦おわる**			
	1945 アトリー労働党内閣 1947 インド独立 1949 アイルランド共和国成立	1945 ドゴール内閣成立(〜46) 1946 第四共和政成立	1945.11 ニュルンベルク軍事裁判(〜46.10) 1948.6 ベルリン封鎖(〜49.5) 東西ドイツに分裂(ドイツ連邦共和国、ドイツ民主共和国) 1949 西独、アデナウアー内閣成立(〜63)	1949 中華人民共和国成立
1950		**1952 欧州石炭鉄鋼共同体条約(ECSC)**		
	エリザベス2世(1952〜)		1955 西独、主権回復	
		1958 欧州経済共同体(EEC)条約調印		
	1957 マクミラン内閣成立(〜63)	1958 第五共和政はじまる ドゴール大統領(1959〜69)		
1960				

►年表・エピローグ

年	イギリス	フランス	ドイツ	その他地域
	1877 インド帝国成立			1877 ロシア・トルコ戦争（～78）
		1870 普仏戦争（～71。プロイセンの勝利）		
		1870 第三共和政宣言 1871 ナポレオン3世、スダンで降伏 1871 パリ・コミューン ティエール（1871～73）	1871 ドイツ帝国成立 ウィルヘルム1世（1871～88） 帝国宰相ビスマルク（1871～90） 1878 社会主義者鎮圧法可決	
	1878 ベルリン会議（ロシア・トルコ戦争の講和条約を受けて調停役ビスマルクが開催）			
1880	1882 エジプト領有		1882 独墺伊三国同盟	
	1884 アフリカ分割に関するベルリシ会議			
		1885 ベトナム保護国化 1889 エッフェル塔建設（パリ万博）	このころ社会政策充実（アメとムチ） フリードリヒ3世（1888） ウィルヘルム2世（1888～1918） 1890 ビスマルク引退	
1890		1894 ドレフュス事件		
		1895 三国干渉（露仏独が日本に遼東半島返還を勧告）		
	1898 ファショダ事件で英仏衝突			
	1899 ボーア戦争（南ア。～1902）			1898 エリザベート皇后暗殺
1900	エドワード7世（1901～10） 1902 日英同盟	1901 クレマンソー、急進社会党結成	1903 バグダード鉄道着工 3B政策推進	1905 第一次ロシア革命
		1905 タンジール事件で仏独対立		
		1907 英露協商成立により、三国協商成立（英仏露）		
1910	ジョージ5世（1910～36）			1912 第一次バルカン戦争 1913 第二次バルカン戦争 1914.6 サライェヴォ事件。7オーストリア、セルビアに宣戦
	1914 第一次世界大戦はじまる			
	1917 王室名をウィンザー家と改称			1916 オーストリア・ハンガリー帝国カール1世（～18。ハプスブルク・ロートリンゲン朝） 1917 ロシア二月革命。ロマノフ王朝滅亡 1917 ロシア十月革命。レーニン、ソヴィエト政府を組織
	1918 第一次世界大戦おわる			
	1919.1 パリ講和会議。6ヴェルサイユ条約調印			
			1919 ワイマール共和国成立	1918 オーストリア・ハンガリー帝国、分裂崩壊へ。皇帝退位
1920	1922 アイルランド自由国成立		ヒンデンブルク（1925～34）	1922 ソヴィエト社会主義共和国連邦成立
1930	1929 世界恐慌			

►年表・エピローグ-2

年	イギリス	フランス	ドイツ	その他地域	備考
	1963 EEC加盟交渉、仏の反対で失敗				
		1967 欧州共同体(EC)発足			
	1969 北アイルランド紛争激化	1968 五月革命 1969 ポンピドゥー大統領就任(～74)			
1970	1970 ヒース保守党内閣成立(～74)				
		1972 東西ドイツの和解(東西ドイツ基本条約)			
	1973 EC加盟(拡大EC発足)				
	1973 第一次石油危機				
	1974 北アイルランドに非常事態宣言	1974 ジスカールデスタン大統領就任(～81)	1974 西独、シュミット首相就任(～82)		
	1975 第1回先進国首脳会議(サミット)、第1回欧州首脳会議開催				
	1979 サッチャー保守党内閣成立(～90)				
1980	1982 フォークランド紛争(アルゼンチンに勝利)	1981 ミッテラン大統領(社会党)就任(～95)	1982 西独、コール首相(キリスト教民主同盟)就任(～98)		
			1990 東西ドイツ統一。初代首相コール	1991.1 湾岸戦争開始(～.2) 1991.12 ソ連邦解体、ロシア連邦と独立国家共同体(CIS)誕生	
	1992 EC加盟国、マーストリヒト条約(欧州連合条約)に調印				
	1993 EU発足				
	1994 英仏海峡トンネル開通				
1995		1995 シラク大統領			
2000	1998 北アイルランド紛争で和平合意(ベルファスト合意)	**1999 欧州単一通貨ユーロ導入(2002～流通開始)**			
				2001 対米同時多発テロおこる 2003 米英軍、イラク攻撃	
2005	**2004 EU基本法条約を25カ国全会一致で採択**				
	2005 IRA、武装闘争を全面停止と宣言 2005 ロンドン同時爆破テロ	2007 サルコジ大統領	2005 メルケル首相		
2015	2014 スコットランド独立住民投票で否決	2012 オランド大統領			
2020	2016 EU離脱をめぐる国民投票で離脱多数 2019 ジョンソン首相	2015.11 パリ同時多発テロ 2017 マクロン大統領	2015.8 ヨーロッパで難民問題が深刻化		
	2020.1 EU正式離脱				
		2020 新型コロナウイルスの流行			Spans all regions

▼ビスマルクの平和を壊したコスプレ王子ヴィルヘルム2世——独

「ドイツ第二帝国（正式国名はドイツ国でドイチェス・ライヒ、俗称としてドイチェス・カイザーライヒと呼ぶこともある）」の建国宣言は１８７１年、普仏戦争の勝利の美酒に酔うウィルヘルム1世とドイツ軍人が集まったヴェルサイユ宮殿鏡の間でおこなわれた。遠征先で王に推戴《すいたい》されることはゲルマン民族の伝統だった。宰相リシュリュー、ルイ14世、ナポレオン1世によって分裂させられていたドイツの復活を宣言する場として、これ以上の舞台はなかった。

ビスマルクによるドイツ統一の総仕上げとなった普仏戦争は、スペイン王位継承問題でナポレオン3世を挑発してはじまり、あっけなくプロイセンの勝利で終わった。

ウィルヘルム1世は、シャルルマーニュ（カール大帝）の継承者となり、ロタリンギアの故地であるエルザス（仏語名アルザス）とロートリンゲン（同ロレーヌ）は、ドイツ帝国に編入され皇帝の直轄《ちょっかつ》領となった。

第二帝国になってからは、議会ではカトリック勢力（中央党）、社会主義勢力（ドイツ社会民主党）などと合従連衡《がっしょうれんこう》をくり返し、社会主義者鎮圧法を制定する一方、ヨーロッパでもっとも先進的な社会政策を推進した。「飴《あめ》と鞭《むち》」の政策だった。

外交では、フランスによる復讐《ふくしゅう》を恐れて、ロシアやオーストリアと同盟する一方、ドイツ拡張を強引にはかることを避けた。ロシア・トルコ戦争によってバルカン半島でオーストリア・ロシア・オスマン帝国が対立した1878年には、調停役としてベルリン会議を主催し「公正なる仲介人」として和平案をまとめた。

また、ベルリン会議ののち、フランスの孤立化をねらって三国同盟（ドイツ・オーストリア・イタリア）を軸とした「ビスマルク体制」を構築した。

しかし、ビスマルクは、1888年に王となって、安定より世界帝国としての躍進をめざしたいウィルヘルム2世と対立し、2年後に引退した。


ウィルヘルム1世の息子のフリードリヒ3世は、ヴィクトリア女王の長女ヴィッキーことヴィクトリア王女と結婚した。才気煥発《かんぱつ》で両親から「この子が男だったら」と愛されて育ったお姫様だった。

ヴィッキーはプロイセンのお国柄になじめず、しかも、生まれたウィルヘルム2世は、難産だったことから左肩を脱臼《だっきゅう》して障害をかかえてしまった。ヴィッキーはウィルヘルムに冷たかったし、しかもなにかとイギリスびいきだったので、ウィルヘルムは反発して、ゲルマン的英雄を気取るようになった。それを具現化するコスプレも大好きだった。

父親のフリードリヒ3世は、妻に感化されたか自由主義的だったが、即位後わずか99日で死んでしまった。喉頭癌《こうとうがん》の治療をめぐって英独の医師団が対立して、治療方針が定まらなかったのも原因だ。

ウィルヘルム2世は、ドイツを統一した祖父を嗣《つ》いで、自分に与えられた使命はイギリスに対抗できる海軍国、そして、世界帝国にすることだと信じるようになった。

なかなか鋭いところもあって、「全イスラム教徒の友人」とぶち上げて、ベルリン、ビザンツ、バグダッドの３Ｂを結ぶ鉄道を敷設しようという３Ｂ政策は、３Ｃ政策（カイロ、ケープタウン、カルカッタを結ぶインド洋支配）をとる英国の痛いところをついていたし、南アフリカをめぐるボーア戦争（１８９９年）でイギリス支配に反抗するオランダ系の人々に肩入れしたときは、祖母であるヴィクトリア女王をあわてさせた。

「黄禍《こうか》論」を唱え、北清事変（１９００年、中国の義和団の乱に対する列国の出兵事件）のときには、中国兵は捕虜などにせずに殺せといったりした。優秀な日本人が中国を支配するといずれヨーロッパを脅かすだろうと、三国干渉（１８９５年、日清戦争で日本が得た遼東半島を返還させた露仏独の干渉）のイニシアティブをとったのは、日本の発展可能性を「正しく」評価した先見の明だったともいえる。

しかし、なにしろ思いつきでやるものだから、まるで各国から信用されなかった。ビスマルクは植民地獲得に熱心でなかったが、ウィルヘルムは、イギリスやフランスが価値がないので手を出さなかったようなところを集めた。第一次世界大戦のあと日本の委任統治領となった南洋諸島はそのひとつだ。タンザニアでドイツ人好みの薄いが香り高いキリマンジャロ・コーヒーを開発したことくらいが成果だ（日本のコーヒーは歴史的経緯とお茶に近いものを好む趣向から、苦みが少ないドイツ風だ）。

そして、ついには、サライェヴォ事件を機にさほど気乗りがしないオーストリアをけしかけて、1914年に第一次世界大戦を起こし、自滅した。戦後、ウィルヘルム2世はオランダに亡命して、なんとか裁判にはかけられずに済んだが、ヒトラーを嫌いながらも、多額の年金をもらってきちんと反対をいえなかったので、名誉回復の機会を逃した。

▼皇妃エリザベートとウィンナワルツの世紀末

ウィーンでは、実質上、最後のオーストリア皇帝だったフランツ・ヨーゼフ1世（在位1848～1916）のことがいまも親しみをもって語られる。ウィンナワルツもザッハトルテもクリムトの絵画も彼の治世に花開いた。

王妃となったバイエルン出身の美しい皇妃エリザベートは窮屈《きゅうくつ》な宮廷を避けてセレブ旅行をくり返し、ジュネーヴで暗殺された。ハンガリー系の作曲家とボヘミア系の作詞家によるミュージカル『エリザベート』は宝塚歌劇の人気演目だ。

このエリザベートの従兄弟でプラトニックラブを寄せられたのが、バイエルン国王でワグナーを庇護《ひご》しノイシュバンシュタイン城を築いたルートウィヒ2世であることは映画『ルートヴィヒ』（ヴィスコンティ監督）で描かれていた。

１８６７年には「オーストリア・ハンガリー二重帝国（正式名称は帝国議会において代表される諸王国および諸邦ならびに神聖なるハンガリーのイシュトヴァーン王冠の諸邦）」となった。二重帝国（ドッペル・モナルヒー）とは、オーストリア帝国とハンガリー王国が連合し、同一の君主（ハプスブルク・ロートリンゲン家の皇帝＝オーストリア皇帝）を戴くという同君連合の体制である。

帝国は民族的に二分され、たとえば、ハプスブルク家領域内のボヘミア王国を引き継ぐチェコ（スラヴ系チェコ人）はオーストリア側、スロヴァキア（スラヴ系スロヴァキア人）はハンガリー側となった。要は、ドイツ人とハンガリー人（マジャール人）が組んでスラヴ人を押さえ込もうとしたのである。だが、スラヴ人の民族主義の波を押さえ込めるはずもなく、弱体化していった。

皇太子のルドルフは『うたかたの恋』という映画で知られる情死事件で亡くなった。甥のフランツ・フェルディナントはボヘミアの伯爵家令嬢のゾフィー・ホテクと結婚したが、公式要件を欠く貴賤《きせん》結婚であるとして、ゾフィーは皇太子妃としては扱われず、子供たちもハプスブルク・ロートリンゲン家の人間としては認められなかった。

フランツ・フェルディナントはこの結婚がゆえにスラヴ人に融和的で、二重帝国をボヘミアも含めた三重帝国とするというスラヴ人優遇策を提案していた。

だが、こうした融和策がかえってスラヴ人を統合した領土拡大をもくろむスラヴ人国家セルビアを警戒させて、サライェヴォ（現在のボスニア・ヘルツェゴビナの首都）でのセルビア人による皇太子夫妻暗殺事件（1914年6月、サライェヴォ事件）の原因となった。

この暗殺を引き金に、オーストリア・ドイツ・オスマン帝国と英仏露とセルビア連合のあいだではじまった第一次世界大戦中にフランツ・ヨーゼフは亡くなり、その弟の次男で早くに死んでいたオットー・フランツの子であるカール1世が即位したが、国内の不満を抑えられずに二重帝国は自壊した。

その子が近年まで存命だったオットーで、ドイツ選出の欧州議会議員として活躍し、東欧自由化のころにはハンガリー国王に復位を期待する声もあった。現在、オーストリアでは貴族称号の使用が禁止されており、「フォン（フランス語のドゥに相当）」は使えず、オットーの子である現当主は、カール・ハプスブルク・ロートリンゲンを名乗っている。

▼パリ・コミューンとエッフェル塔の時代 ――― 仏

普仏戦争で皇帝ナポレオン3世がプロイセン軍の捕虜となると、歴史のない君主家にはだれも見向きもしなくなった。パリでは民衆が蜂起《ほうき》しブルボン宮（帝国議会）を囲んだので、議会は機能を停止し、穏健共和派のティエールがビスマルクと交渉し、総選挙をおこなうための停戦を勝ち取った。

多数派を占めたのは王党派だが、共和派のティエールが大統領となりヴェルサイユで政府（臨時政府）を組織した。だが、プロイセン軍がパリ入城のパレードをおこなったのに怒ったパリ市民は、給与が払われなくなった国防軍臨時兵士たちとともに立ち上がり、独自の選挙をおこない、1871年、パリ・コミューン（自治政権）の成立を宣言した。

それに対してヴェルサイユの政府は、パリを包囲し、反乱軍をペール・ラシェーズ墓地の壁の前に追い詰めて虐殺した。

事態が落ち着くと、もう少しで王政復古になりかけた。ブルボン家とオルレアン家（七月王政の国王家）が争ったが、ブルボン家のシャンボール伯爵アンリ（シャルル10世の孫）には子供がいなかったので、まずアンリがアンリ5世として王位について、その後はオルレアン家に引き継ぐことで話がついた。

だが、アンリは革命精神の象徴である三色旗の受け入れを拒否したので、王政復古は実現しなかった。暫定《ざんてい》的に共和制（第三共和政）になったが、そのうちに王政復古の熱は冷め、人々は「（カトリックに改宗してユグノー戦争を終わらせ王となった）アンリ4世の柔軟さと、アンリ5世の頑なさ」を対比して語った。

第三共和政は、大胆な改革はできない議会主導の体制だったが、ナポレオン3世の第二帝政下で強化された経済のおかげで、人々の生活は向上し、いわゆる「ベル・エポック」が到来した。

1889年には革命100周年を祝う第四回パリ万国博覧会が開かれ、その目玉としてエッフェル塔が建築され、百貨店ボン・マルシェは近代的なデパートの元祖となり、文部大臣フェリーは宗教的色彩を排除した無償の学校制度を完成させた。

そんななかでジャンヌ・ダルク、フランス革命、国旗『三色旗』、国歌『ラ・マルセイエーズ』といったものをシンボルに共和主義的なナショナリズムが高揚し、それが、ユダヤ人軍人の冤罪《えんざい》スパイ事件であるドレフュス事件（1894年）で「反ユダヤ主義（ユダヤ人への差別・排斥《はいせき》）」に結びついた。

人権擁護派・共和派が支持するドレフュス派と、軍部・右派・教会を中心とする反ユダヤ・反共和派が激しく対立し、ドレフュスの無実が判明したことから政教分離が進むことになった。この事件はまた、「シオニズム運動（パレスティナにユダヤ人国家を設立しようとする運動）」の出発点にもなった。

フランスでは伝統的な右派が勢力を減退したあと、左派だけでなく、中道派も力を増してきた。教会は長らく共和制と対立してきたが、自由放任主義や共産主義のようにキリスト教的な価値観と対立するものは困るが、政治体制としては民主主義でもかまわない、と教皇レオ13世が方針を転換したことから、カトリック圏では「キリスト教民主主義」というものが成立した。

一方、共和派のなかで小市民的な人々は、名前は急進主義（ラディカリズム）だが、現実には体制化した穏健改革派をなすようになってきた。そんななかに、議会の論戦を通じて多くの内閣を倒したことから「虎」というあだ名をもつ政治家ジョルジュ・クレマンソーがいた。

熱狂的な愛国主義者で、対独復讐の急先鋒だった。クレマンソーは、ドレフュス事件で威信を失った軍を再建し、仏英露の三国協商（１８９１年の露仏同盟、１９０４年の英仏協商、１９０７年の英露協商）を結ぶことに成功した。

英国はその前に日英同盟（１９０２年）を結んでいたので、これで第一次世界大戦の連合国の枠組みが完成し、準備は万端になった。

そして、第一次大戦後の体制を決めた１９１９年のパリ講和会議とヴェルサイユ条約では、日本の首席代表だった西園寺公望《さいおんじきんもち》とクレマンソーがかつてソルボンヌ大学の学友だったことが、日本の立場をおおいに有利にした。

英 帝国主義の時代から第一次世界大戦へ

現在の女王エリザベス2世のもとでのイギリス王家は、ウィンザー家を名乗っている。ヴィクトリア女王の夫で王配殿下（プリンス・コンソート。女王の配偶者の称号）となったアルバート公の実家であるドイツ出身のサクス・コバーグ・ゴータ家（独語名ザクセン・コーブルク・ゴータ家）が本来の名字であるが、第一次世界大戦でドイツが敵国となったので、ジョージ5世の提唱で家名を変更した。

ただし、チャールズ皇太子が即位すると、マウトバッテン・ウィンザー家になることになっているが、そのあたりはあとで説明する。

「パクス・ブリタニカ」の栄光に包まれたヴィクトリア女王だったが、1861年にアルバート公に先立たれるとほとんど隠棲《いんせい》していた。一方、王太子（のちのエドワード7世）の品行は悪く、政治的にも軽率で、さらにフランスでの第三共和政樹立もあって君主制は危機が予想された。しかし、女王は1901年まで生きて、エドワード7世の在位が9年間だけだったのは幸運だった。

その子のジョージ5世は第一次世界大戦のむずかしい時期を、ドイツの親戚への配慮を見せず、王家の名称も含めてドイツ色を払拭《ふっしょく》して乗り切った。

植民地に目を向けると、インドにはディズレーリ内閣のもとで「インド帝国」が1877年に発足した。ナポレオンのエジプト遠征やギリシアの独立運動を通じてオスマン帝国は解体に近づいていたが、1882年にはエジプトがイギリスによって事実上保護国化された。

19世紀後半になると、ビスマルクの主宰によって、列強によるアフリカ分割のためのベルリン会議（１８８４～85年）が開かれた。「勢力範囲の原則」と「実効支配の原則」を確立し、沿岸部を領有する国は、内陸の領有宣言をすることが可能だが、そのかわりに、ほかの国が通商や交通できる安全を保証できる義務も負うというものだった。

これを機に、アフリカなど世界中で地図に白地がほとんどなくなり、きれいに色分けされるようになって、フランスとの争いもなくなっていった。逆に、イギリスへの挑戦をつづけたのがロシアであり、ドイツだった。

そこで、イギリスは「名誉ある孤立」をやめて日英同盟を結び、それが日露戦争（１９０４～05年）の日本の勝利に結びついた。そして、ポーツマス条約（１９０５年）で日露の勢力圏も確定しロシアのアジア・太平洋進出も封じられたので、ロシアも敵ではなくなった。

残るはドイツ、そして、オーストリア、オスマン帝国だった。これに対する連合国（イギリス、フランス、ロシア）、これが第一次世界大戦の構図である。

第一次世界大戦（１９１４～18年）では、連合軍に日本とアメリカ、イタリア、中国などがのちに加わった。ロシアは途中で革命が起きて離脱した。

この戦争は凄惨を極め、戦没者はイギリス本国が１００万人、フランスが１７０万人、ドイツが２５０万人、オーストリアが１６０万人だった。ヨーロッパでは、単に世界大戦といえば第一次のほうを指すし、フランスにおいて革命記念日に次ぐ国家的に重要な行事は、第一次世界大戦休戦記念日（アルミスティス）の11月11日である。

▼第二次世界大戦下も親ヒトラーだった英ウィンザー公――独

第一次世界大戦の結果、ヴェルサイユ条約（１９１９年）でフランスは普仏戦争でドイツに取られたアルザス・ロレーヌ地方を回復し、ドイツの植民地は日本も含めた各国が山分けした。オーストリアとオスマン帝国は、民族自決で小国に分割された。

ドイツ、オーストリア、オスマン、ロシア帝国は解体され、ドイツには巨額の賠償金が課せられたが、ドイツとロシアは分割は免かれ、ひきつづき大国である保証を得た。中華民国（１９１2年成立）自身は不満だったが、満州人のつくった大帝国（清）の領土をそのまま維持し、各国の利権を回収していくきっかけを与えられ最受益者となった。

門戸開放によって植民地獲得の遅れを挽回《ばんかい》しようとするアメリカは、パリ講和会議で民族自決など理想を唱えたが、第一次大戦後の新たな世界秩序（ヴェルサイユ体制）の形成には熱心でなく、ウィルソン大統領が提唱した国際連盟にアメリカ自身は上院の反対で参加しなかった。

第二次世界大戦（１９３９～45年）は、つまるところ、ヴェルサイユ体制が、ドイツ、ロシアの復活の可能性と、清国の領土を中華民国がそのまま引き継ぐことを認めたことが、その原因だともいえる。もともと長持ちするはずがない体制だったのだ。

英仏にとってはドイツやソ連は解体すべきだったし、日本にとっては、満州族が支配していた清の領土を漢民族がそのまま入れ替わって支配することを無条件に認めるなど馬鹿げたことだった。

ドイツでは、いまもナチスの復活が禁止されているだけでなく、ジェノサイドの存在の否定、ナチス式敬礼、鈎《かぎ》十字（ハーケン・クロイツ）の販売などすべて禁止して、ヒトラーの亡霊が復活するのを根っこから押さえ込んでいるが、ナチスに対して英仏だって最初から否定的だったわけでないことは議論を避けている。

ヴィクトリア女王の曾孫《ひまご》にあたるエドワード8世は、アメリカ人で離婚経験がある人妻ウォリス・シンプソンと結婚を望み、結婚を諦めるよりはと退位を選択し、退位後はパリに住んだ。

しかし、ヒトラーとの極度の親密さはイギリス政府をひどく困らせた。ヒトラーの別荘に招かれたり、第二次大戦中にヒトラーとの和平をうながす声明を出したりしたのだから当然であろうし、そもそもドイツとの近さが退位の原因ともいわれる。ケネディ大統領の父でアメリカの駐英大使だったジョセフ・ケネディなども、親独派の典型だった。

▼ドイツのフランス占領とレジスタンスの勝利――英仏独

ドイツは敗戦後にいわゆるワイマール共和国となり小党分立がつづいたが、巨額の賠償《ばいしょう》に苦しみ、世界恐慌《きょうこう》（1929年）で大きな痛手を受けて国民は強力な政府を望むようになっていた。1933年にヒトラーはヒンデンブルク大統領のもとで首相に就任し、ヴェルサイユ条約で非武装地帯とされていたラインラント（ライン川中流域で左岸すべてと右岸の幅50キロ）に進駐（1936年）しオーストリアを併合、ミュンヘン会談でチェコのズデーテン地方を獲得した（ともに1938年）。

イギリスも、ミュンヘン会談のときまでは、「(ドイツに不利な）第一次世界大戦後レジームからの脱却」には、それなりの正当性があるとして理解を示していた。1936年にはベルリン五輪が空前の大成功をしていたし、1940年の東京五輪も決定された。

ユダヤ人排撃はヨーロッパ史ではしばしばあったことで、ヒトラーはユダヤ人をヨーロッパからマダガスカルかどこかに移住させようともしていたらしい。1942年あたりから、急にガス室送りがはじまったのであって、早くからあそこまでの悲劇を予想できたとはいえない。

だが、1939年になってチェコの保護領化、独ソ不可侵協定締結と進んだので、英仏も腹をくくり、9月のポーランド侵攻を機会に宣戦布告した。第二次世界大戦のはじまりである。

緒戦はドイツに有利で、翌１９４０年には準備不足だったフランスが降伏し、第一次世界大戦の英雄ペタン元帥《げんすい》を首班とするフランス国（エタ・フランセ。ヴィシー政府とも）政権が中部フランスの温泉地ヴィシーに樹立され、北フランスはドイツ占領下に置かれた。

しかし、ドゴール将軍はロンドンに亡命政府を設立し、国内ではレジスタンス（解放闘争）がはじまった（独ソ開戦後に共産党が加わって活発化した）。植民地の対応も分かれた。

第一次世界大戦後のフランスでは、ファシズムの台頭を前に、１９３６年、社会党・共産党・急進社会党による人民戦線（フロン・ポピュレール）内閣が成立して、週40時間労働制や有給休暇制度を実現したが、国防力の充実が遅れ、そのつけを払う羽目になった。

１９４１年には、ドイツは６月にソ連と開戦し、12月の日本軍真珠湾攻撃を機にアメリカとも戦争に突入した。

東部戦線ではドイツ軍の勝利が予想されていたが、スターリンが１０００万人を超える死者を出しながらももちこたえ、１９４３年のスターリングラードでの敗戦を機に流れが変わった。

日本はソ連の諜報員であるドイツ人ゾルゲの活躍でソ連との対決でなく南進を選択したが、そうでなかったらドイツが負けたかどうかはわからない、とロシアではいっている。プーチン大統領がＫＧＢ入りしたのは、子供のころにゾルゲ事件を描いた日仏合作映画『スパイ・ゾルゲ 真珠湾前夜』（イヴ・シャンピ監督、岸恵子《きしけいこ》出演）を見たからともいわれているほどだ。だが、日本ではこの事件に朝日新聞記者が関与していたせいか、その重要性はあえて軽視されている。

第二次世界大戦をコミンテルン（国際共産主義運動の指導・統制センター）の陰謀だけに帰するのは行きすぎだが、その工作は日本での通説よりはるかに深刻なものであったし、解明され責任を明らかにされるべきものだ。

１９４５年5月2日にベルリンが陥落し、ヒトラーはその直前4月30日に防空壕《ごう》で自殺。5月7日にドイツは無条件降伏したが、それまでに、ユダヤ人の排除を進め、５００万人の犠牲《ぎせい》者を出した。

人類史上でも希有《けう》な悪魔的人物であることはいうまでもないが、危険性にどこで気づくべきだったのか、どこで止めるべきだったのか回答するのは簡単でない。

一方、終戦のときに、話し合いでのドイツ降伏でなく、ソ連軍をベルリンに突入させて東欧を報酬として与えたことが賢明だったかどうか、疑問が残る。アジアにおいて、日本に過酷な条件を呑ませるためにソ連の参戦をうながしたことが、中国の共産化や朝鮮半島の南北分断を招いたのと同じだ。

▼第二次世界大戦後の三国政治の動き　英　仏　独

イギリスでは、第一次世界大戦後に、自由党にかわり労働党が二大政党のひとつに躍進した。

１９２４年にマクドナルド内閣が成立していたが、第二次世界大戦末期に保守党のチャーチル内閣にかわってアトリー内閣が成立し、インドなど植民地の独立をあっさり認めた。

しかし、「ゆりかごから墓場まで」といわれる福祉政策はいきすぎで英国病といわれるようになったが、サッチャー内閣が新自由主義的改革をおこなって再生に成功し、それを労働党のブレア内閣が中道路線で修正した。

アイルランドは、１９２２年に自治が認められ、１９３１年に英連邦内で独立、のちに英連邦からも離脱した。

プロテスタントが多い北アイルランドはイギリスに残留したが、これを不満とするカトリック派の抵抗で１９６９〜98年まで北アイルランド紛争がつづいた。当時は両国がＥＵに加盟していたことから、南北の国境を事実上廃止することで解決したのだが、イギリスのＥＵ離脱にともなってこれが足枷《あしかせ》となったのは記憶に新しい。

フランスでは、レジスタンスを指導したドゴール将軍に左翼も協力して第四共和政を樹立したが、強い権限を求めるドゴール将軍は満足せず下野《げや》した。しかし、アルジェリア独立を認めるか否《いな》かで内乱寸前にまでなり、ドゴールが復帰して大統領が強い権限をもつ第五共和政（サンキエム・レピュブリーク）が１９５８年に成立し、現在に至っている。

ドゴール政権末期の１９６８年には大学紛争が発端となった五月革命という騒乱があった。ドゴール大統領の巧みな指導で政権転覆にはいたらなかったが、フランスのみならず全ヨーロッパで階級社会から大衆社会への移行をうながすきっかけとなった。ラテン語が必須科目から外されるなど象徴的だった。

その後、このドゴール派の流れとミッテランら社会党系との二大勢力が拮抗《きっこう》していたが、2017年からは社会党から分離して中道路線をめざしたマクロンが大統領になった。

ドイツは第二次世界大戦後、西ドイツ（ドイツ連邦共和国）と東ドイツ（ドイツ民主共和国）に分裂させられた。ポーランドに東部の広い領土を譲らされ、東西あわせても面積は日本より小さくなった。ベルリンは東ドイツ地域にあったが、西ベルリンは英仏米軍の占領下に置かれ、西ドイツではその一部としたが、ソ連や東ドイツはそれを認めず不安定な地位に置かれていた。

東ドイツでは労働者の流出を防ぐために境界を封鎖したが、1989年に東ドイツが崩壊して西ドイツに併合され、統一国家となり、ベルリンが首都となった。

▼21世紀もつづく王侯貴族の国境を越えた交流　英仏

イギリスでは「世紀の恋」でエドワードが退位したのち、弟のジョージ6世が即位した。映画『英国王のスピーチ』でも知られているように、ひどい吃音《きつおん》だったこともあるが、結果的には大戦時の国王として十分に高い評価を受けた。ただ、心労のためか１９５２年に56歳で亡くなり、長女のエリザベス2世が女王となった。

エリザベス女王の夫エジンバラ公フィリップはギリシア王家の出身であるが、ギリシア王家はデンマーク王家の分家である。先にイギリスに帰化していた母の実家にならってマウントバッテンを姓とした。マウントバッテンとはドイツ・ヘッセン大公家分家のバッテンベルク家を英語風になおしたものだ。

ただし、４人の妹がドイツ諸侯に嫁《とつ》ぎヒトラーとの関係が深かったなどの理由もあって、チャーチルはヴィクトリア女王の夫アルバート公と違って王配殿下（プリンス・コンソート）の肩書を与えず、国家機密へのアクセスも認めなかった。

イギリス王家とフランスとのつながりも強い。フィリップ殿下はギリシア生まれだが、生後1年でフランスに亡命し、義理の叔母であるマリー・ボナパルトの所有するパリ郊外サン・クルーの別荘で住んだことがあるし、殿下がイギリスに移った後も母親はフランスに在住した。

ダイアナ妃は、スイスのフランス系の寄宿学校にいたし、離婚後のダイアナが死んだのは、セーヌ川のアルマ・マルソー橋の下をくぐり抜けるトンネルの中だった。通り抜け地上に出たらエッフェル塔の真下だった（ちなみにパリ在住時代の私の通勤路だ）。エリザベス女王やチャールズ皇太子のフランス語も上手だ。

フランスでは、戦争中に王位請求権者のアンリ6世がレジスタンスに参加したことから、王位や帝位保持者の子孫がフランス国内に住むことが禁止されていたが、戦後になって解除された。フランスでは国家的な危機のたびに王政復古が語られてきた。最後は、先述した第五共和政が発足したときだ。王政復古が実現することはなかったが、いまでもジャン4世は崇敬の対象でありつづけている。肩書はパリ伯爵（フランス公爵なども兼ねる）である。

パリ伯爵はその先祖であるユーグ・カペーの肩書で、伯爵であってもだれも公爵より下だとはいわない。母方祖母を通じてブルボン本家のシャルル10世のDNAも受け継ぐ正統性の高い貴公子だ。

ただし、彼には2人の競争者がいる。ひとりはボナパルト家のシャルル・ナポレオン大公、もうひとりは、スペイン王家の一族がルイ20世を名乗っているが、これは、ユトレヒト条約でスペイン王家がフランス王位請求権を放棄したのは無効という法的見解に基づくものだ。

▼EU統合とブレグジットの行方

第二次世界大戦が終わったとき、フランスとドイツでは、1世紀のうちに普仏戦争と2回の世界大戦で3回も戦ったといわれ、二度と戦わないために、ヨーロッパ統合が提唱された。

最初の成果は１９５２年のＥＣＳＣ（欧州石炭鉄鋼共同体）の発足で、１９５８年には、欧州経済共同体（ＥＥＣ、のちにＥＣ）などが創立された。

この試みを支持したのは、ドゴール仏大統領とアデナウワー西独首相で、両者はほとんど毎月のように会談した。頻繁な首脳会談という習慣はそれまでなく、この仏独首脳会談が嚆矢《こうし》となった。そして、１９７５年からは先進国首脳会議（サミット）や欧州首脳会議がジスカールデスタン仏大統領の提案ではじめられるなど、首脳外交隆盛の伏線になった。

父親の仕事の関係でドイツのコブレンツ（ライン川とモーゼル川の合流地点）に生まれ、ドイツには格別の親近感をもっていたジスカールデスタンは、第二次世界大戦終戦記念日を祝日からはずすことまでやってドイツとの和解に努め、ドイツ社民党のシュミット首相と蜜月時代を築いた。サミットの主役はこの二人だった。

社会党のミッテラン仏大統領はレジスタンスの闘士であり、終戦記念日を祝日に戻したが、保守のコール独首相と信頼関係で結ばれ、それを背景にコールは、サッチャー英首相の躊躇《ちゅうちょ》を排して１９９０年10月、ドイツを統一できた。

１９８５年にフランスのミッテラン大統領の蔵相だったドロールが欧州共同体（ＥＣ）委員会委員長に就任した。ドロールは１９６９年にドゴール大統領の後任としてポンピドゥー大統領が就任したとき、ドゴール左派の重鎮シャバンデルマス首相の補佐官として活躍したあと、社会党に転じていた。

ミッテランとコールという仏独指導者の強力な後ろ盾のもと、１９９３年に欧州連合（ＥＵ）への模様替えがおこなわれ、２００２年にはユーロへの通貨統合も実現した。

たしかに統合ヨーロッパは、順調に進展していないようにみえるが、これは、ＥＵが加盟国の全員一致主義から脱しきれないためだ。新しい制度を少々の弱点があっても、とりあえず発足だけさせる。そして、実際に運用がうまくいかないとなってから、事後的に反対していた国に圧力をかけて改善し、全員一致主義を少しずつ解消するようなことをしているからで、ユーロにしてもその将来を悲観する必要はないと思う。


イギリスは、はじめ加盟していなかったが、マクミラン内閣（保守党）で１９６３年にＥＥＣ加盟を申請したが、フランスのドゴールに拒否された。ただ、１９７３年のオイルショックでヨーロッパの団結強化が課題となり、ヒース内閣（保守党）のもとでＥＣに加盟した。

しかし、サッチャー政権（保守党）はＥＵへの模様替えには参加したが、通貨統合には反対し、ユーロを導入しなかった。さらに、移民問題が深刻化し、保守党のなかの反対派を抑えられなくなったキャメロン内閣は２０１６年、国民投票にかけてＥＵ残留を既成事実化しようとした。先にスコットランド独立問題をめぐる住民投票で勝利した成功体験を信じたのである。

ところが、結果は敗北だった。アイルランド問題という時限爆弾もあり、ＥＵ離脱は面倒極まりないことを国民は忘れていたのである。ブレグジット（英ＥＵ離脱）が決定した。

しかし、私はＥＵにとってブレグジットはよいことだと思う。これまでイギリスの反対で統合の深化ができなかったのが、邪魔者がいなくなれば好都合だ。また、ほかのわがままな国も離脱を口にしにくくなっていて、ユーロもむしろ安定した。

ヨーロッパは旧《ふる》い世界だが、環境、普遍的な人権、ジェンダー、情報公開、参加、障害者の保護など、ほとんどあらゆる新しい現代的発想は、あいかわらずヨーロッパからはじまっている。

ヨーロッパがクローヴィスとシャルルマーニュ（カール大帝）の国に戻るのはいいことだ。イギリスは外縁地域としてほどほどの関係というのが互いにとっていちばん幸福だ。

それは、仏独の枢軸《すうじく》を確固たるものにしておこうという仏独両国民の意思とヨーロッパ諸国民の支持があれば可能なのである。イギリスはよほど困らないかぎり、ヨーロッパで決めたことに追随しておくという肩の力を抜いた立ち位置であればいいのではないかと私は考えている。

►フランク王国メロヴィング朝

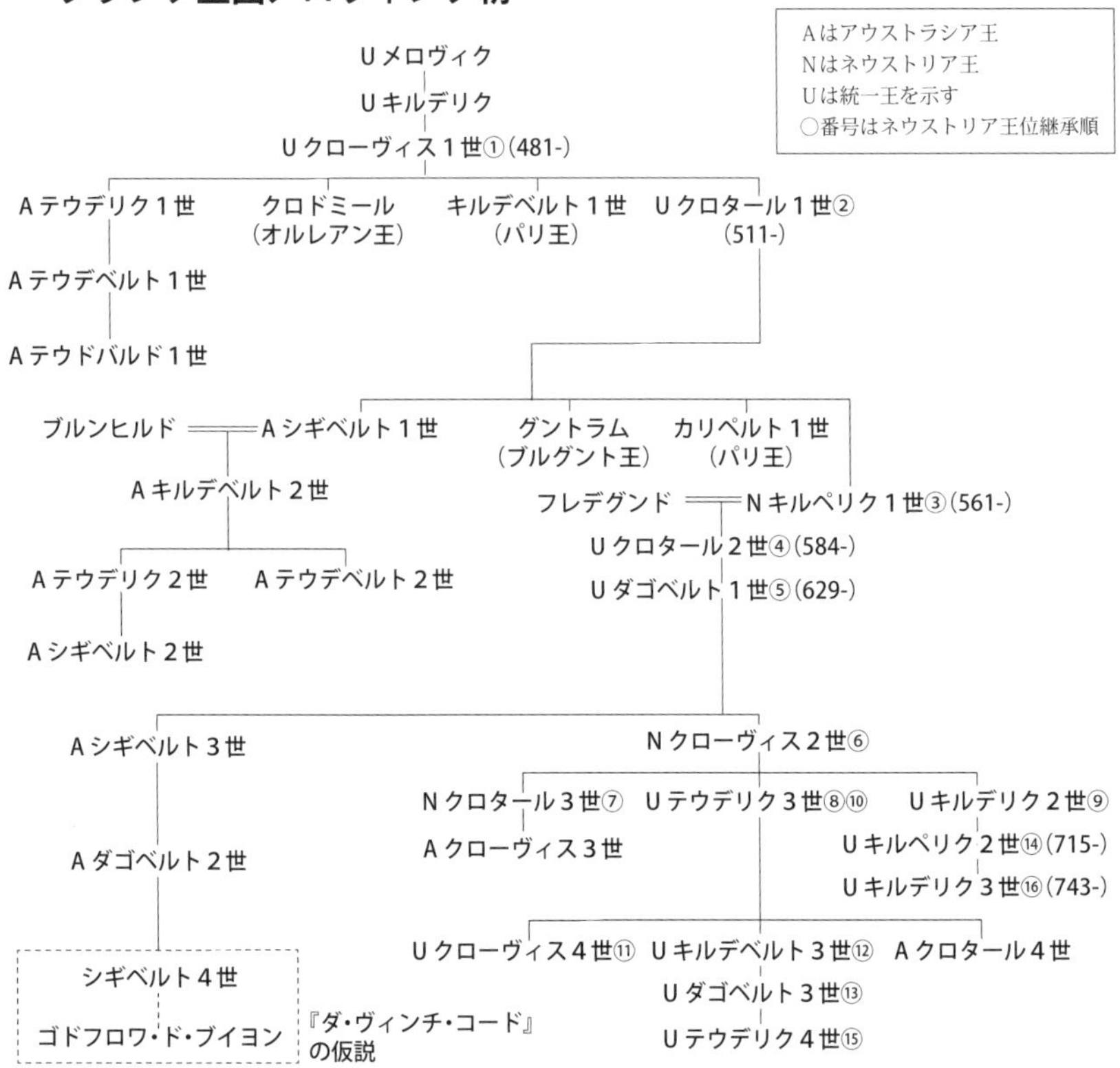
Aはアウストラシア王
Nはネウストリア王
Uは統一王を示す
○番号はネウストリア王位継承順
Uメロヴィク
Uキルデリク
Uクローヴィス1世①(481-)
Aテウデリク1世
クロドミール
(オルレアン王)
キルデベルト1世
(パリ王)
Uクロタール1世②
(511-)
Aテウデベルト1世
Aテウドバルド1世
ブルンヒルド
Aシギベルト1世
グントラム
(ブルグント王)
カリベルト1世
(パリ王)
Aキルデベルト2世
フレデグンド
Nキルペリク1世③(561-)
Uクロタール2世④(584-)
Aテウデリク2世
Aテウデベルト2世
Uダゴベルト1世⑤(629-)
Aシギベルト2世
Aシギベルト3世
Nクローヴィス2世⑥
Nクロタール3世⑦
Uテウデリク3世⑧⑩
Uキルデリク2世⑨
Aクローヴィス3世
Uキルペリク2世⑭(715-)
Aダゴベルト2世
Uキルデリク3世⑯(743-)
Uクローヴィス4世⑪
Uキルデベルト3世⑫
Aクロタール4世
シギベルト4世
Uダゴベルト3世⑬
ゴドフロワ・ド・ブイヨン
『ダ・ヴィンチ・コード』
の仮説
Uテウデリク4世⑮

►イングランド王
(アルフレッド大王以降)

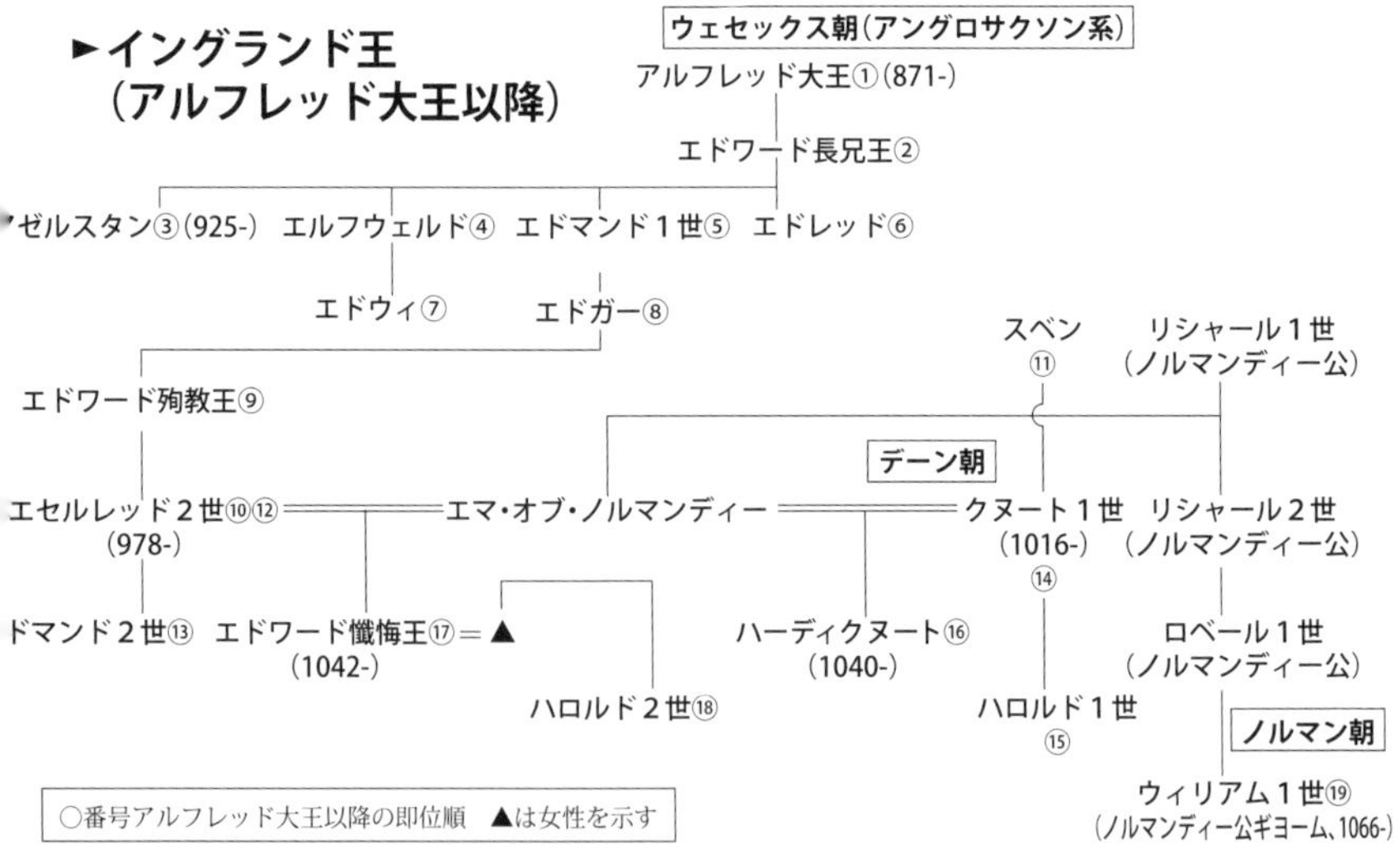
ウェセックス朝(アングロサクソン系)
アルフレッド大王①(871-)
エドワード長兄王②
ゼルスタン③(925-)
エルフウェルド④
エドマンド1世⑤
エドレッド⑥
エドウィ⑦
エドガー⑧
スベン
⑪
リシャール1世
(ノルマンディー公)
エドワード殉教王⑨
デーン朝
エセルレッド2世⑩⑫
(978-)
エマ・オブ・ノルマンディー
クヌート1世
(1016-)
⑭
リシャール2世
(ノルマンディー公)
ドマンド2世⑬
エドワード懺悔王⑰=▲
(1042-)
ハーディクヌート⑯
(1040-)
ロベール1世
(ノルマンディー公)
ハロルド2世⑱
ハロルド1世
⑮
ノルマン朝
ウィリアム1世⑲
(ノルマンディー公ギヨーム、1066-)
○番号アルフレッド大王以降の即位順　▲は女性を示す

►フランク王国カロリング朝と初期カペー家

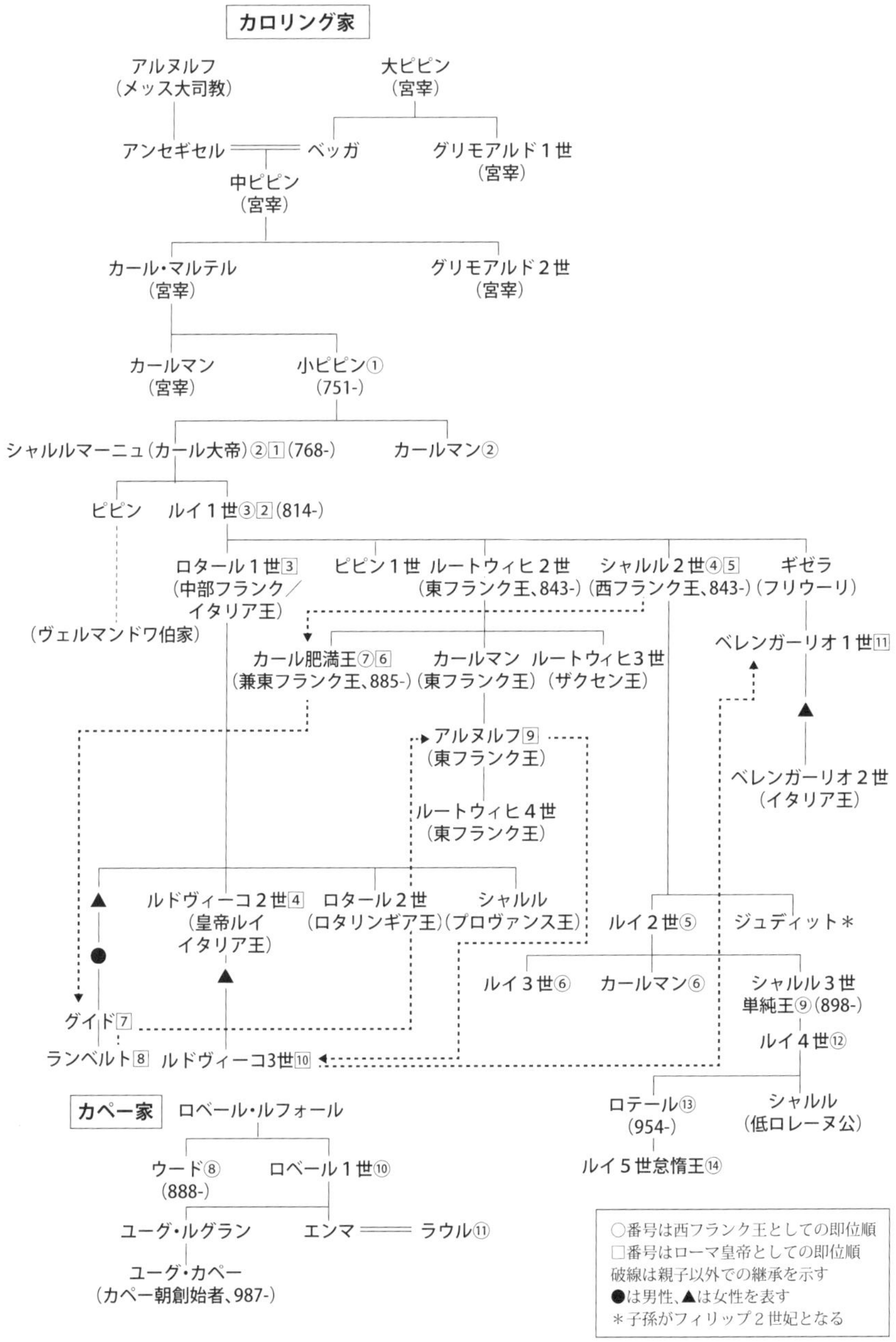
カロリング家
アルヌルフ（メッス大司教）
大ピピン（宮宰）
アンセギセル
ベッガ
グリモアルド１世（宮宰）
中ピピン（宮宰）
カール・マルテル（宮宰）
グリモアルド２世（宮宰）
カールマン（宮宰）
小ピピン①（751-）
シャルルマーニュ（カール大帝）②1（768-）
カールマン②
ピピン
ルイ１世③2（814-）
（ヴェルマンドワ伯家）
ロタール１世3（中部フランク／イタリア王）
ピピン１世
ルートウィヒ２世（東フランク王、843-）
シャルル２世④5（西フランク王、843-）
ギゼラ（フリウーリ）
カール肥満王⑦6（兼東フランク王、885-）
カールマン（東フランク王）
ルートウィヒ３世（ザクセン王）
ベレンガーリオ１世11
アルヌルフ9（東フランク王）
ルートウィヒ４世（東フランク王）
ベレンガーリオ２世（イタリア王）
ルドヴィーコ２世4（皇帝ルイ　イタリア王）
ロタール２世（ロタリンギア王）
シャルル（プロヴァンス王）
ルイ２世⑤
ジュディット＊
ルイ３世⑥
カールマン⑥
シャルル３世単純王⑨（898-）
グイド7
ランベルト8
ルドヴィーコ3世10
ルイ４世⑫
ロテール⑬（954-）
シャルル（低ロレーヌ公）
ルイ５世怠惰王⑭
カペー家
ロベール・ルフォール
ウード⑧（888-）
ロベール１世⑩
ユーグ・ルグラン
エンマ
ラウル⑪
ユーグ・カペー（カペー朝創始者、987-）
○番号は西フランク王としての即位順
□番号はローマ皇帝としての即位順
破線は親子以外での継承を示す
●は男性、▲は女性を表す
＊子孫がフィリップ２世妃となる

►イギリス王家

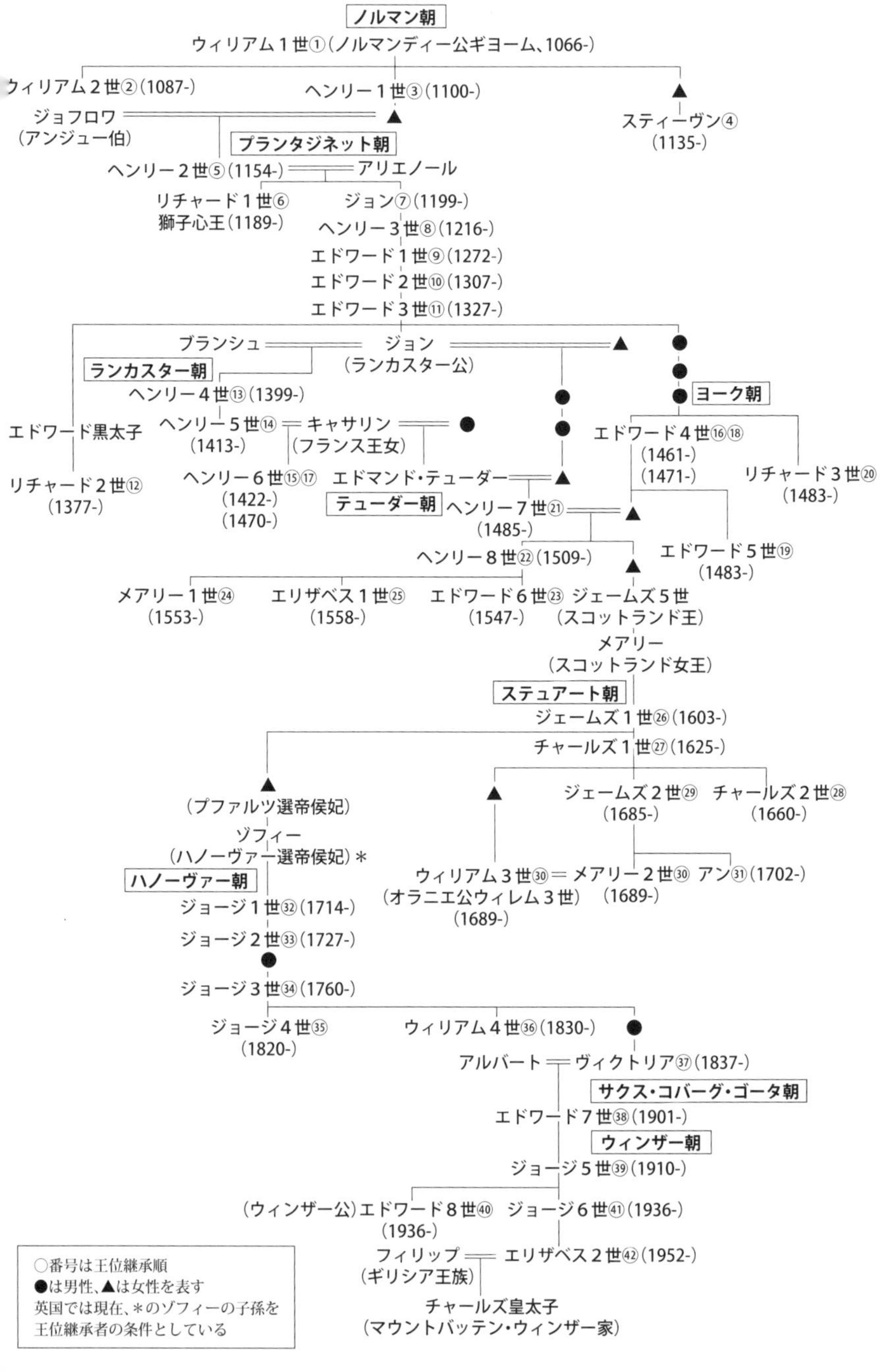

ノルマン朝
ウィリアム１世①（ノルマンディー公ギヨーム、1066-）
ウィリアム２世②（1087-）
ヘンリー１世③（1100-）
ジョフロワ（アンジュー伯）
スティーヴン④（1135-）
プランタジネット朝
ヘンリー２世⑤（1154-）
アリエノール
リチャード１世⑥ 獅子心王（1189-）
ジョン⑦（1199-）
ヘンリー３世⑧（1216-）
エドワード１世⑨（1272-）
エドワード２世⑩（1307-）
エドワード３世⑪（1327-）
ブランシュ
ジョン（ランカスター公）
ランカスター朝
ヘンリー４世⑬（1399-）
ヨーク朝
エドワード黒太子
ヘンリー５世⑭（1413-）
キャサリン（フランス王女）
エドワード４世⑯⑱（1461-）（1471-）
リチャード２世⑫（1377-）
ヘンリー６世⑮⑰（1422-）（1470-）
エドマンド・テューダー
リチャード３世⑳（1483-）
テューダー朝
ヘンリー７世㉑（1485-）
エドワード５世⑲（1483-）
ヘンリー８世㉒（1509-）
メアリー１世㉔（1553-）
エリザベス１世㉕（1558-）
エドワード６世㉓（1547-）
ジェームズ５世（スコットランド王）
メアリー（スコットランド女王）
ステュアート朝
ジェームズ１世㉖（1603-）
チャールズ１世㉗（1625-）
ジェームズ２世㉙（1685-）
チャールズ２世㉘（1660-）
（プファルツ選帝侯妃）
ゾフィー（ハノーヴァー選帝侯妃）＊
ハノーヴァー朝
ウィリアム３世㉚（オラニエ公ウィレム３世）（1689-）
メアリー２世㉚（1689-）
アン㉛（1702-）
ジョージ１世㉜（1714-）
ジョージ２世㉝（1727-）
ジョージ３世㉞（1760-）
ジョージ４世㉟（1820-）
ウィリアム４世㊱（1830-）
アルバート
ヴィクトリア㊲（1837-）
サクス・コバーグ・ゴータ朝
エドワード７世㊳（1901-）
ウィンザー朝
ジョージ５世㊴（1910-）
（ウィンザー公）エドワード８世㊵（1936-）
ジョージ６世㊶（1936-）
フィリップ（ギリシア王族）
エリザベス２世㊷（1952-）
チャールズ皇太子（マウントバッテン・ウィンザー家）
○番号は王位継承順
●は男性、▲は女性を表す
英国では現在、＊のゾフィーの子孫を王位継承者の条件としている

►フランス王家（直系カペー家・傍系ヴァロワ家・ブルボン家）

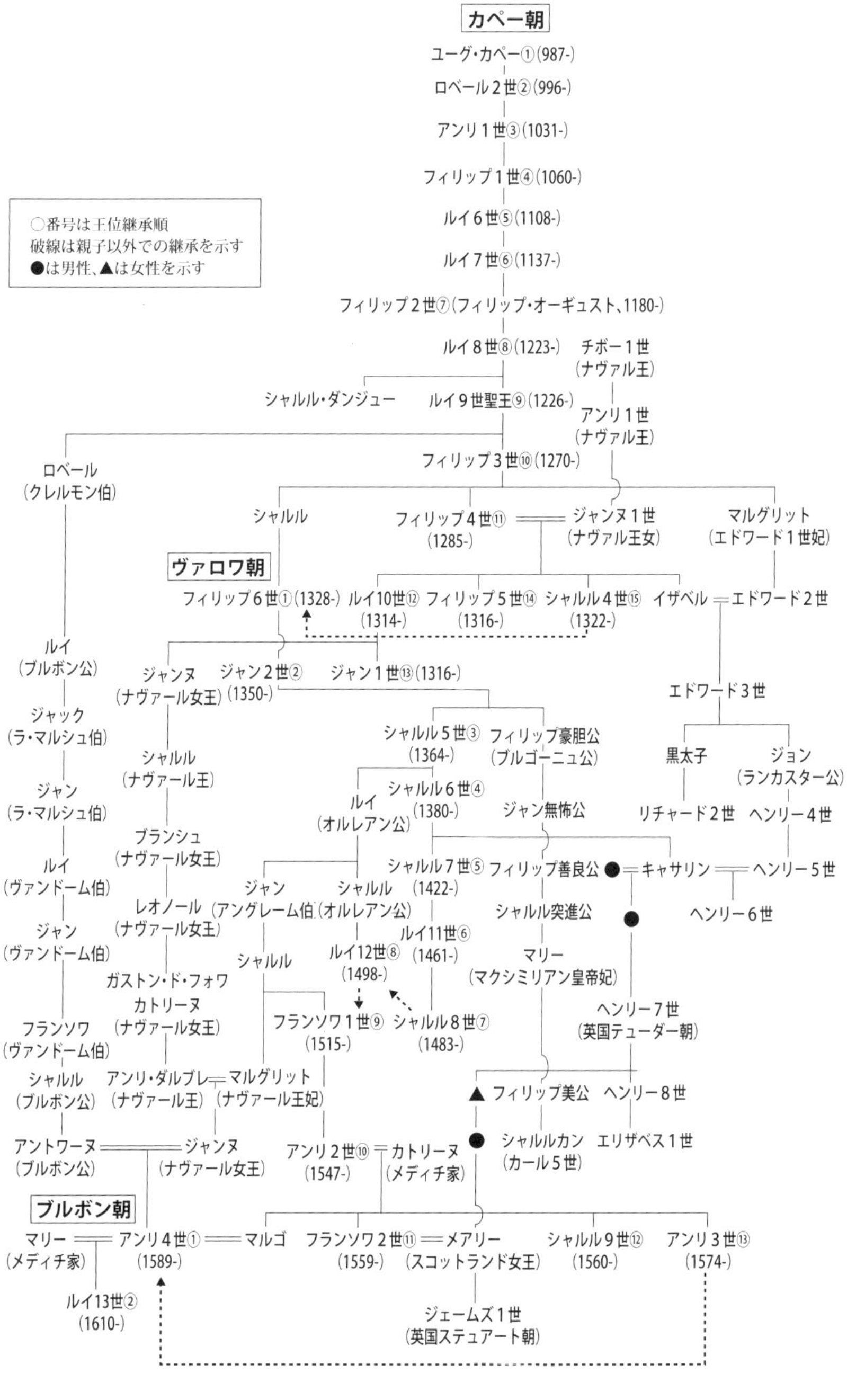

カペー朝
ユーグ・カペー①（987-）
ロベール２世②（996-）
アンリ１世③（1031-）
フィリップ１世④（1060-）
ルイ６世⑤（1108-）
ルイ７世⑥（1137-）
フィリップ２世⑦（フィリップ・オーギュスト、1180-）
ルイ８世⑧（1223-）
チボー１世（ナヴァル王）
シャルル・ダンジュー
ルイ９世聖王⑨（1226-）
アンリ１世（ナヴァル王）
ロベール（クレルモン伯）
フィリップ３世⑩（1270-）
シャルル
フィリップ４世⑪（1285-）
ジャンヌ１世（ナヴァル王女）
マルグリット（エドワード１世妃）
○番号は王位継承順
破線は親子以外での継承を示す
●は男性、▲は女性を示す
ヴァロワ朝
フィリップ６世①（1328-）
ルイ10世⑫（1314-）
フィリップ５世⑭（1316-）
シャルル４世⑮（1322-）
イザベル
エドワード２世
ルイ（ブルボン公）
ジャンヌ（ナヴァール女王）
ジャン２世②（1350-）
ジャン１世⑬（1316-）
エドワード３世
ジャック（ラ・マルシュ伯）
シャルル５世③（1364-）
フィリップ豪胆公（ブルゴーニュ公）
黒太子
ジョン（ランカスター公）
シャルル（ナヴァール王）
ジャン（ラ・マルシュ伯）
ルイ（オルレアン公）
シャルル６世④（1380-）
ジャン無怖公
リチャード２世
ヘンリー４世
ブランシュ（ナヴァール女王）
ルイ（ヴァンドーム伯）
シャルル７世⑤（1422-）
フィリップ善良公
●
キャサリン
ヘンリー５世
ジャン（アングレーム伯）
シャルル（オルレアン公）
レオノール（ナヴァール女王）
シャルル突進公
●
ヘンリー６世
ジャン（ヴァンドーム伯）
ルイ11世⑥（1461-）
ルイ12世⑧（1498-）
シャルル
マリー（マクシミリアン皇帝妃）
ガストン・ド・フォワ
カトリーヌ（ナヴァール女王）
ヘンリー７世（英国テューダー朝）
フランソワ（ヴァンドーム伯）
フランソワ１世⑨（1515-）
シャルル８世⑦（1483-）
シャルル（ブルボン公）
アンリ・ダルブレ（ナヴァール王）
マルグリット（ナヴァール王妃）
▲
フィリップ美公
ヘンリー８世
アントワーヌ（ブルボン公）
ジャンヌ（ナヴァール女王）
アンリ２世⑩（1547-）
カトリーヌ（メディチ家）
●
シャルルカン（カール５世）
エリザベス１世
ブルボン朝
マリー（メディチ家）
アンリ４世①（1589-）
マルゴ
フランソワ２世⑪（1559-）
メアリー（スコットランド女王）
シャルル９世⑫（1560-）
アンリ３世⑬（1574-）
ルイ13世②（1610-）
ジェームズ１世（英国ステュアート朝）

►フランス王家(ブルボン家・オルレアン家・ボナパルト家)

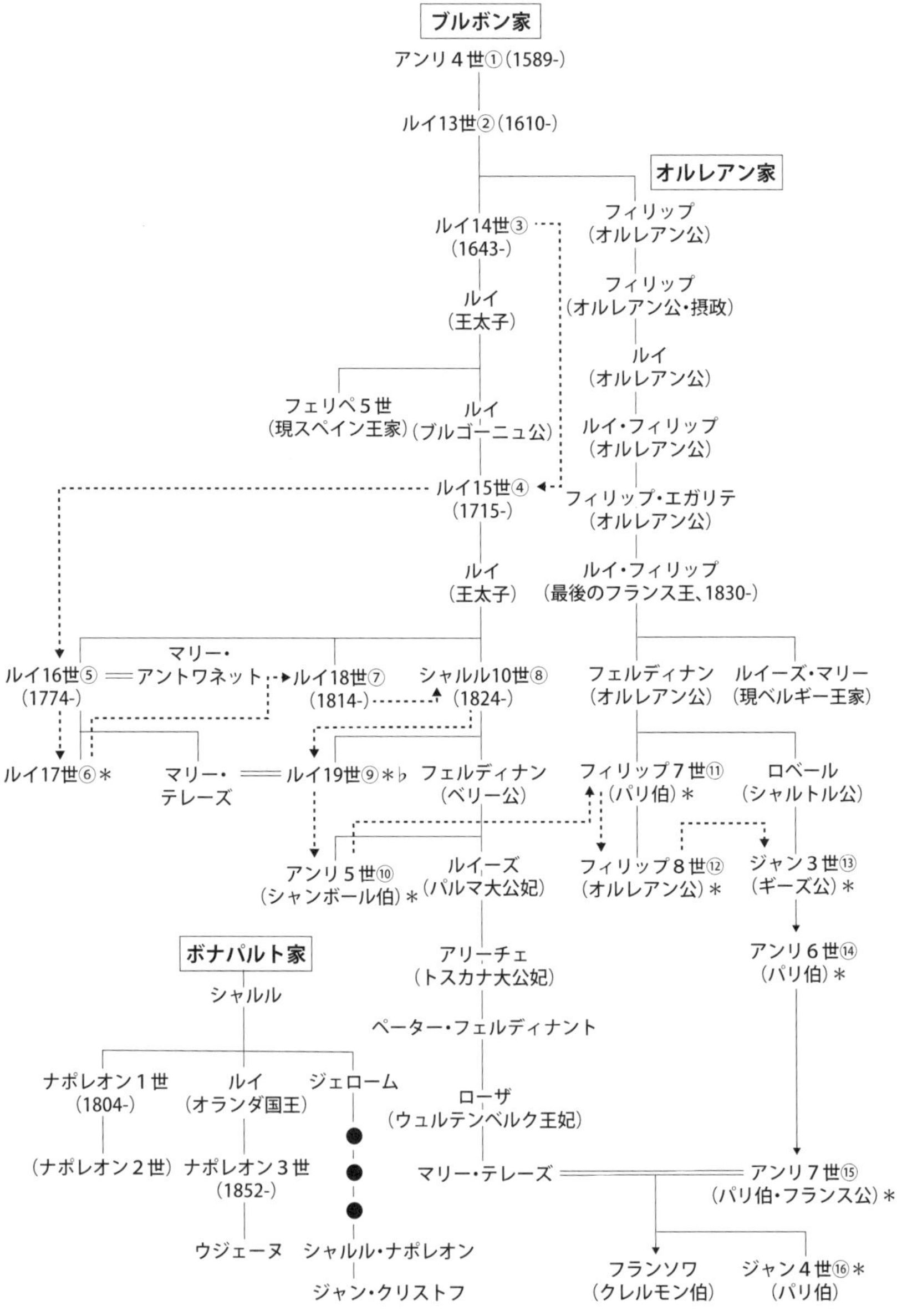

○番号はブルボン家当主の継承順
＊は王位請求者、●は男性を示す
破線は親子以外での継承を示す
♭＝ルイ19世の継承を否定する考え方もある

►ドイツ王・神聖ローマ帝国皇帝

○数字はドイツ王の即位順
＊は神聖ローマ帝国皇帝にならなかったドイツ王
●は男性、▲は女性を示す

系図に登場しない者
コンラート１世①(919-918)
ルドルフ・フォン・ラインフェルデン⑩＊
ヘルマン⑪＊
ハインリヒ・ラスペ㉑＊
ウィルヘルム・フォン・ホラント㉓＊
リチャード・プランタジネット㉔＊
アルフォンソ１０世㉕＊
アドルフ㉗＊
ルートウィヒ４世㉚
ギュンター・フォン・シュワルツブルク㉝＊
ループレヒト㉟＊

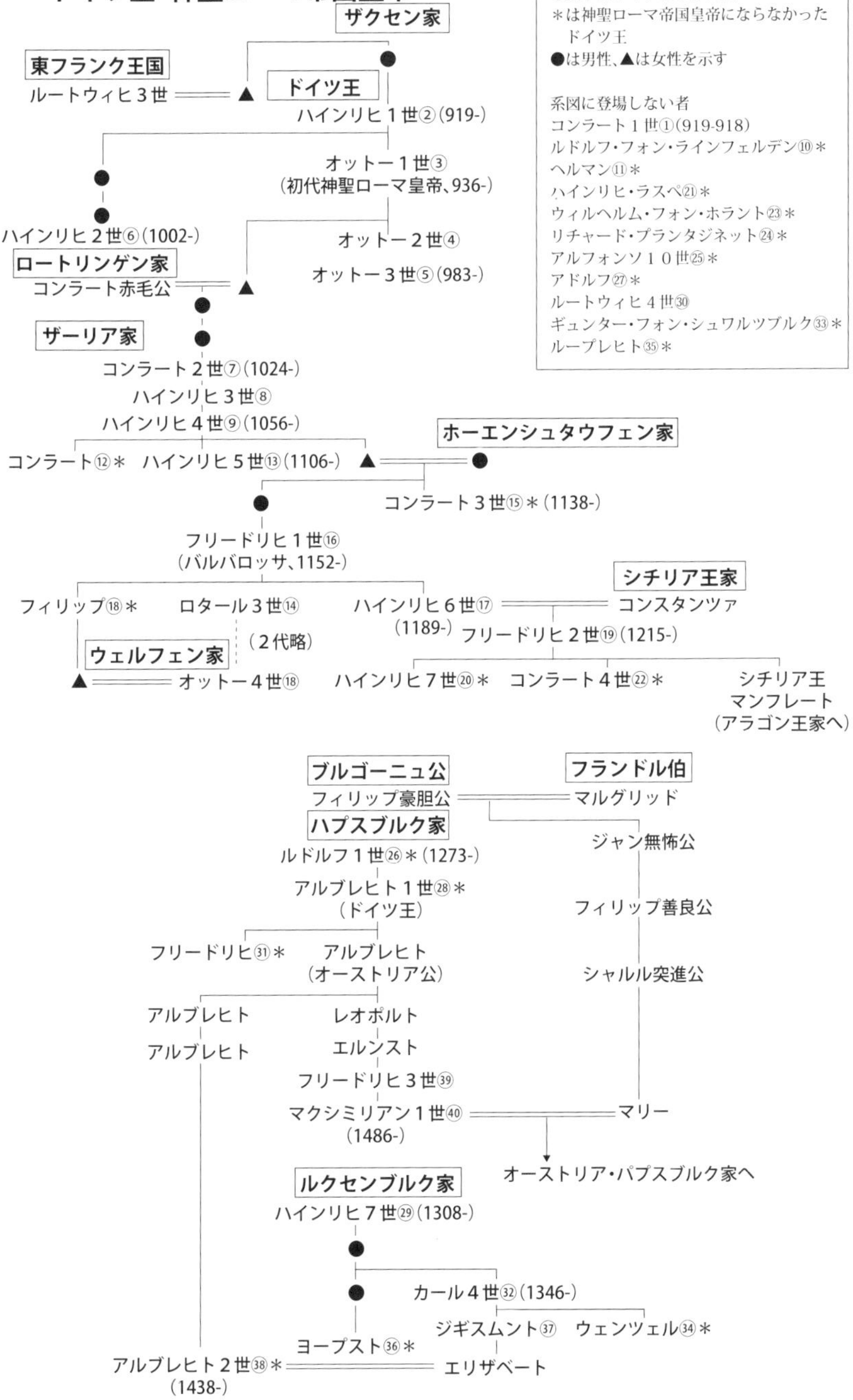

►オーストリア・ハプスブルク家

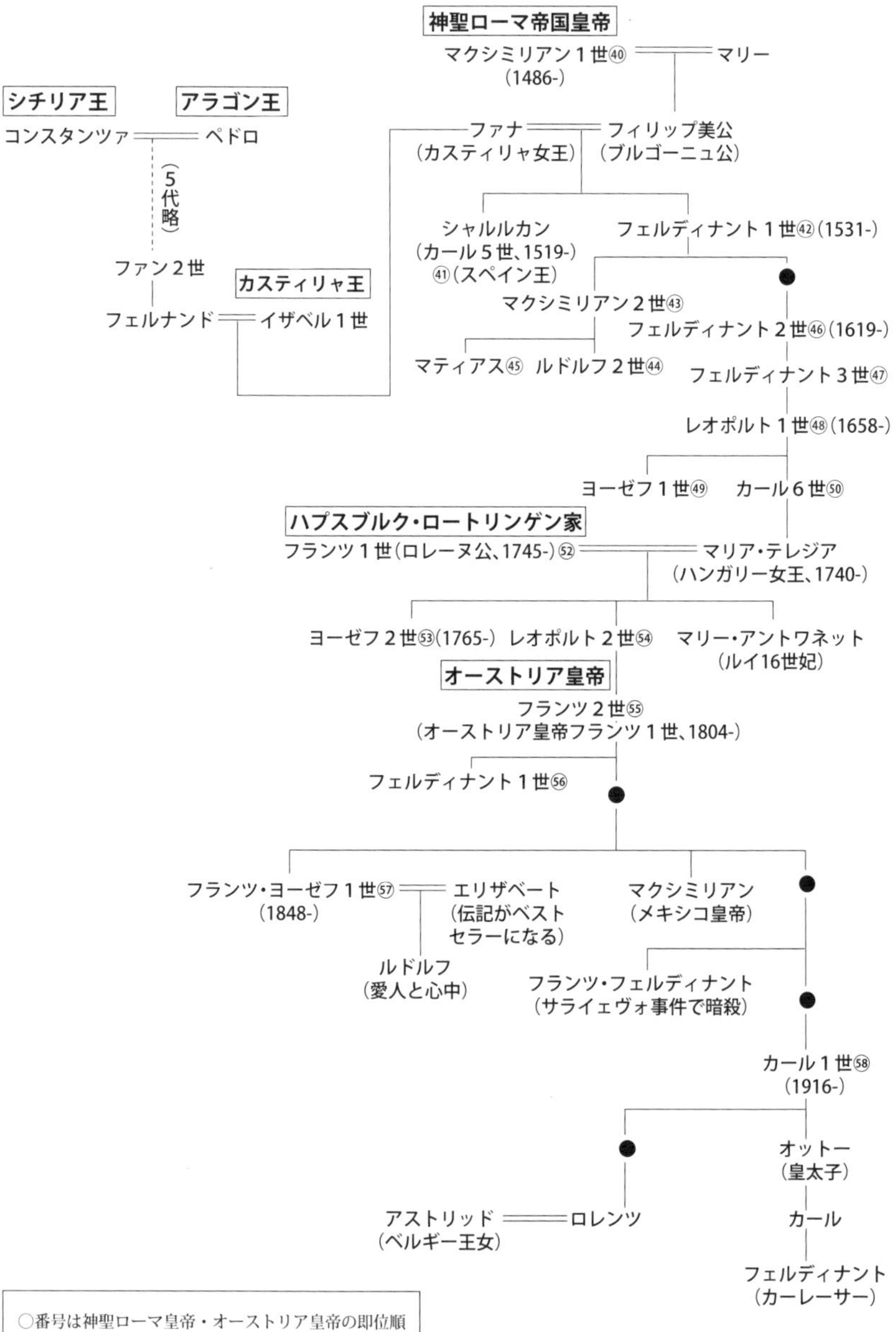

○番号は神聖ローマ皇帝・オーストリア皇帝の即位順
●は男性、▲は女性を示す
51カール７世はバイエルンのヴィッテルスバッハ家

►プロイセン＆中世ドイツ君主の一覧

ホーエンツォレルン家

ツォレルン伯爵家

ニュルンベルク伯爵
フリードリヒ１世①(1191-)

フリードリヒ２世②（シュワーベン系）
コンラート１世③（フランケン系）

（５代略）

ブランデンブルク選帝侯
フリードリヒ１世①(1415-)

フリードリヒ２世②

アルブレヒト・アヒレス③

ヨハン・ツィーツェロ④

ヨアヒム１世⑤

ヨアヒム２世⑥

ヨハン・ゲオルク⑦

ヨアヒム・フリードリヒ⑧

ブランデンブルク
選帝侯・プロイセン公
ヨハン・ジギスムント⑨(1618-)

ゲオルク・ウィルヘルム⑩

フリードリヒ・ウィルヘルム⑪

プロイセン国王

フリードリヒ１世①(1701-)

フリードリヒ・ウィルヘルム１世②(1713-)

フリードリヒ２世③
（大王､1740-）

フリードリヒ・ウィルヘルム２世④(1786-)

フリードリヒ・ウィルヘルム３世⑤(1797-)

フリードリヒ・
ウィルヘルム４世⑥(1840-)

ドイツ皇帝・プロイセン国王

ウィルヘルム１世①(1871-)

フリードリヒ３世②(1888-)

ウィルヘルム２世③(1888-)

ドイツ皇帝・プロイセン
国王僭称者
ウィルヘルム

ルイ・フェルディナント

ゲオルク・フリードリヒ

○番号は王位等継承順を示す

君主即位年	皇帝即位年	王朝名	名前	対立王
911		フランケン	コンラート1世	
919			ハインリヒ1世	
936	962		オットー1世	
973	973	ザクセン	オットー2世	
983	996		オットー3世	
1002	1014		ハインリヒ2世	
1024	1027		コンラート2世	
1039	1046	ザーリア	ハインリヒ3世	
1056	1084		ハインリヒ4世	ルドルフ、ヘルマン
1106	1111		ハインリヒ5世	
1125	1133	ザクセン	ロタール3世	コンラート3世
1138			コンラート3世	
1152	1155	ホーエンシュタウフェン	フリードリヒ1世	
1189	1191		ハインリヒ6世	
1198			フィリップ	オットー4世
1208	1209	ウェルフェン	オットー4世	
1215	1220	ホーエンシュタウフェン	フリードリヒ2世	ハインリヒ・ラスペ、ウイレム
1250			コンラート4世	
1254		大空位時代		
1257		プランタジネット	リチャード（コーンウォール）	アルフォンゾ10世
1273		ハプスブルク	ルドルフ1世	
1292		ナッソー	アドルフ	
1298		ハプスブルク	アルブレヒト1世	
1308	1312	ルクセンブルク	ハインリヒ7世	
1314	1328	ヴィッテルスバッハ	ルートウィヒ4世	フリードリヒ3世
1346	1355	ルクセンブルク	カール4世	ギュンター
1378			ウェンツェル	
1400		ヴィッテルスバッハ	ループレヒト	
1410	1433	ルクセンブルク	ジギスムント	ヨープスト
1438		ハプスブルク	アルブレヒト2世	

参考文献

『新版　世界各国史』（山川出版社）のうち福井憲彦『フランス史』、川北稔『イギリス史』、木村靖二『ドイツ史』および同シリーズの関係各国の歴史。アンドレ・モロア『フランス史　上下』（新潮文庫、平岡昇・中村真一郎・山中正太郎訳）『英国史　上下』（新潮文庫、水野成夫・小林正訳）、『ドイツ史 』（論創社、桐村 泰次訳）及びフランス語原書。ピエール・ガクソット『フランス人の歴史　ⅠⅡⅢ』（みすず書房、内海利朗・林田遼右訳）レジーヌ・ル・ジャン『メロヴィング朝』（文庫クセジュ、加納修訳）ギー・ブルトン『フランスの歴史をつくった女たち　1～10』（中央公論社、曽村保信他訳）及びフランス語原書。池上俊一『王様でたどるイギリス史』（岩波ジュニア新書）、小池滋・青木康『イギリス史重要人物 101 』（新書館）、森 護『英国王室史話』（大修館書店）アンリ・ラペール『カール５世 』（文庫クセジュ、染田秀藤訳）、菊池良生『ドイツ三〇〇諸侯 一千年の興亡』（河出書房新社）、池内紀『ヒトラーの時代－ドイツ国民はなぜ独裁者に熱狂したのか』（中公新書）、フランソワ・トレモリエール、カトリーヌ・リシ編『ラルース　世界史人物百科』（原書房、樺山紘一監修）、『詳説世界史図録』『世界史用語集』（山川出版社）、Jiri Louda&Michael Maclagan, *Les Dynastie d'EUROPE,* BORDAS.

なお、本書の内容については、私の過去の著作のうち、『愛と欲望のフランス王列伝』（集英社新書）、『世界の王室・うんちく大全』（平凡社新書）、『世界と日本がわかる最強の世界史』（扶桑社新書）、『お世継ぎ』（平凡社及び文春新書）、『アメリカもアジアも欧州に敵わない』（祥伝社新書）、『フランス式エリート育成法』（中公新書）などに同じテーマを書いている。

著者略歴
１９５１年、滋賀県大津市に生まれる。東京大学法学部を卒業後、１９７５年、通商産業省入省。入省後官費留学生としてフランス国立行政学院（ＥＮＡ）に留学。北西アジア課長（南北朝鮮担当）、大臣官房情報管理課長、国土庁長官官房参事官などを歴任し、１９９７年退官。国士舘大学大学院客員教授、徳島文理大学大学院教授を務めるかたわら、作家、評論家として活躍中。
著書には『世界と日本がわかる最強の世界史』『日本と世界がわかる最強の日本史』『歴史の定説１００の嘘と誤解』（以上、扶桑社新書）、『「領土」の世界史』（祥伝社新書）、『世界の王室うんちく大全』（平凡社新書）、『愛と欲望のフランス王列伝』（集英社新書）、『消えた国家の謎』（イースト新書Ｑ）、『令和日本史記』（ワニブックス）、『３６５日でわかる世界史 世界２００カ国の歴史を「読む事典」』（清談社Publico）などがある。

日本人《にほんじん》のための英仏独三国志《えいふつどくさんごくし》
――世界史《せかいし》の「複雑怪奇《ふくざつかいき》なり」が氷解《ひょうかい》！

二〇二〇年五月一五日 第一刷発行
二〇二〇年六月一一日 第二刷発行

著者 八幡和郎《やわたかずお》
発行者 古屋信吾
発行所 株式会社さくら舎 http://www.sakurasha.com
東京都千代田区富士見一-二-一一 〒一〇二-〇〇七一
電話 営業 〇三-五二一一-六五三三 ＦＡＸ 〇三-五二一一-六四八一
編集 〇三-五二一一-六四八〇 振替 〇〇一九〇-八-四〇二〇六〇
装丁 石間 淳
写真 アフロ
本文デザイン・組版 株式会社システムタンク（白石知美）
印刷・製本 中央精版印刷株式会社

ISBN978-4-86581-241-1